Schöningh

TEAM 5/6

Arbeitsbuch für Politik und Wirtschaft

Gymnasium
Nordrhein-Westfalen

Herausgegeben von:
Wolfgang Mattes

Erarbeitet von:
Karin Herzig, Wolfgang Mattes und Andreas Müller

www.schoeningh-schulbuch.de
Schöningh Verlag, Jühenplatz 1–3, 33098 Paderborn

Druck A 5 4 3 2 1 / Jahr 2019 18 17 16 15
Die letzte Zahl bezeichnet das Jahr dieses Druckes.
Alle Drucke der Serie A sind im Unterricht parallel verwendbar.

Umschlaggestaltung: Nora Krull, Bielefeld
Fotos: © vario images (U 1 beide), © blickwinkel/McPHOTOs (U 4 links), Dominique Ecken/Keystone (U 4 rechts)
Illustrationen: Reinhild Kassing, Kassel
Druck und Bindung: westermann Druck GmbH, Braunschweig

ISBN 978-3-14-023716-1

Inhaltsverzeichnis

8	Warum heißt dieses Arbeitsbuch für Politik und Wirtschaft TEAM?
9	Quiz für Einsteiger – Meinem Schulbuch TEAM auf der Spur
10	Wie könnt ihr erfolgreich lernen im Fach Politik und Wirtschaft?
12	Wie hilft euch TEAM beim Lernen?

Meine Klasse und ich
Wir gehen fair miteinander um

18	1. Wie werden wir ein gutes Team?	Wir erarbeiten Klassenregeln
24	2. Wie können wir Ausgrenzung verhindern?	Wir überlegen, wie wir gemeinsam besser leben und lernen können
28	3. Streit zwischen Klassenkameraden friedlich lösen: Wie geht das?	Wir planen Lösungen für Streitfälle
33	Kompetenzstationen	

Leben in der Schulgemeinschaft
Mitmachen lernen – Demokratie lernen

36	1. Wer hat das Zeug zur Klassensprecherin oder zum Klassensprecher?	Wir ermitteln die wichtigsten Eigenschaften
40	2. Welche Rechte und Pflichten sollen für uns gelten?	Wir bearbeiten Fallbeispiele in Gruppen
46	3. Wie können wir das Schulleben mitgestalten?	Ideen für die Mitarbeit in der SV sammeln
52	4. Demokratie lernen: Was dürfen wir und was nicht?	Wir sammeln Merkmale von Demokratie
54	Kompetenzstationen	

Zusammenleben in der Familie

Wir untersuchen Lebenssituationen von Kindern, Jugendlichen und Erwachsenen

58	1. Warum ist die Familie so wichtig?	Die Bedeutung der Familie für das Leben von Kindern beschreiben
60	2. Wie leben Kinder in unterschiedlichen Familien?	Wir beschreiben Unterschiede und Gemeinsamkeiten
64	3. Wie sollen die Rollen in der Familie verteilt werden?	Wir machen ein Rollenspiel über Konfliktsituationen in der Familie
68	4. Wie soll der Staat die Familien unterstützen?	Leistungen beschreiben und über Familienpolitik diskutieren
74	Kompetenzstationen	

Kinder in aller Welt

Wir machen uns stark für die Rechte von Kindern

78	1. Wie leben Kinder anderswo auf der Welt?	Wir vergleichen unterschiedliche Lebenssituationen
84	2. Schuften statt lernen?	Wir diskutieren über Kinderarbeit
88	3. Arme Kinder in Deutschland	Wir überlegen, was wir tun können
90	4. Kinder engagieren sich für Kinderrechte	Wir sammeln Projektideen
96	Kompetenzstationen	

Mit Unterschieden leben lernen

Wir finden Wege für ein faires Zusammenleben

100	1. Inländer – Ausländer: Was können wir für ein friedliches Miteinander tun?	Wir tauschen uns in einem Schreibgespräch aus
106	2. Behinderte sind ganz normal!	Wir erkunden, ob unsere Schule behindertengerecht ist
112	3. Alt und Jung: Wie können verschiedene Generationen gut zusammenleben?	Wir beurteilen das Wohnen in einem Mehr-Generationen-Haus
117	Kompetenzstationen	

Demokratie in der Gemeinde

Auch Kinder können mitmachen

120	1. Politik in der Gemeinde: Was habe ich damit zu tun?	Wir sammeln Leistungen, die für uns wichtig sind
122	2. Sollen Kinder sich für Gemeindepolitik interessieren?	Beispiele untersuchen und gemeinsam diskutieren
128	3. Was geschieht in einem Rathaus?	Wir treffen Entscheidungen und erkunden die Arbeit im Rathaus
134	4. Park oder Kino: Was soll mit dem Grundstück der Stadt geschehen?	Ein Planspiel durchführen
139	Kompetenzstationen	

Grundlagen des Wirtschaftens

Wir untersuchen die Bedeutung der Wirtschaft für unseren Alltag

142	1. Was habe ich mit Wirtschaft zu tun?	Wir ermitteln Merkmale guten Wirtschaftens
146	2. Das Grundproblem: Von allem gibt es immer zu wenig	Wir entscheiden, was wir zum Leben brauchen
152	3. Warum kümmern sich Politiker so intensiv um Wirtschaft?	Diskutieren und eine wirtschaftspolitische Entscheidung treffen
157	Kompetenzstationen	

Vom richtigen Umgang mit Geld

Wir planen wirtschaftliches Handeln

160	1. Welche Rolle spielt das Geld?	Wir erklären, warum Papierscheine wertvoll sein können
164	2. Sparen oder alles ausgeben?	Wir bewerten Vorschläge zum Umgang mit Geld
170	3. Wie können Familien mit ihrem Einkommen auskommen?	Wir beraten bei der Haushaltsplanung
177	Kompetenzstationen	

Kinder und Jugendliche als Verbraucher
Wir treffen gut überlegte Kaufentscheidungen

180	1. Darf ich einkaufen, was ich will?	Wir lösen Fälle zum Verbraucherrecht
184	2. Lassen wir uns zu sehr von der Werbung verführen?	Wir formulieren Tipps gegen Supermarktfallen
191	3. Wie werden Preise gemacht?	Wir finden in einem Spiel heraus, warum sich Preise ändern
197	Kompetenzstationen	

Umgang mit Medien
Wir nutzen sie klug

200	1. Beherrschen die Medien uns oder wir die Medien?	Wir erarbeiten Vorschläge für die kluge Nutzung des Internets
206	2. Wer klug sein will, muss sich informieren können	Wir analysieren Nachrichten aus Politik und Wirtschaft
212	3. Weltweit Kontakte knüpfen mit Medien	Wir planen eine Präsentation mithilfe des PCs
215	Kompetenzstationen	

Umweltschutz als Zukunftsaufgabe
Wir üben umweltfreundliches Verhalten

218	1. Wie gehen wir mit der Umwelt um?	Wir befragen uns selbst und andere
222	2. Warum ist Umweltschutz überlebenswichtig?	Stellung zum Thema nehmen – Sachtexte verstehen und bewerten
230	3. Umweltproblem Müll: Was kann man dagegen tun?	Weg des Mülls erläutern – Mülltrennung üben
237	Kompetenzstationen	

238	Glossar
243	Register
244	Bildquellenverzeichnis

Methodenkarten

Verzeichnis der Seiten

Nr.	Methode	Thema	Seite
1	Einzelarbeit	Gute Heftführung	14
2	Partnerinterview	Was wünsche ich mir? Was wünschst du dir?	19
3	Streitschlichtungsgespräch	Streit friedlich beenden	31
4	Erfolgsregeln für Gruppenarbeit	Schülerrechte und Schülerpflichten	41
5	Rollenspiel	Konflikte in der Familie	66
6	Zukunftswerkstatt	Wie kann eine bessere Welt für Kinder aussehen?	94
7	Ein Schreibgespräch führen	Lenas Traum	105
8	Erkundung	Das örtliche Rathaus	133
9	Diskussion	Sondersteuer für ungesunde Lebensmittel	156
10	Eine Befragung durchführen	Umgang mit Geld	168
11	Ein Plakat entwerfen	Einkaufstipps	190
12	Nachrichten analysieren	Aktuelle Tageszeitungen lesen	207
13	Eine Internetpräsentation gestalten	Unsere Klasse, unser Land	214
14	Detektivmethode: Schwierige Texte lesen	Umweltproblem Klimawandel	225

Infoseiten

Verzeichnis der Seiten

Regeln	20
Streit	29
Wahlen in der Demokratie	39
Merkmale von Demokratie	53
Familien heute	61
Familienpolitik	70
Kinder der Welt	83
Kinderarbeit	86
Inklusion	108
Demokratie in der Gemeinde	138
Wirtschaft	144
Bedürfnisse	148
Wirtschaft und Politik	153
Geld	162
Einkommen	172
Rechte beim Einkaufen	182
Werbung	187
Preisbildung	194
Bedeutung der Medien	205
Umweltschutz	224

Warum heißt dieses Arbeitsbuch für Politik und Wirtschaft TEAM?

Im Juli 2014 gewann die deutsche Nationalmannschaft der Männer in Brasilien die Fußballweltmeisterschaft. Nahezu alle fußballbegeisterten Zuschauer waren überzeugt, dass der gute Teamgeist in der Mannschaft der wichtigste Schlüssel für den Erfolg gewesen war.
Worin zeigte sich dieser gute Teamgeist?
Alle 23 Spieler hielten über die vielen Wochen fest zusammen, die sie vor und während des Turniers gemeinsam verbrachten. Niemand wurde ausgeschlossen.
Immer wieder betonten die Spieler und Trainer, dass alle 23 Mitspieler wichtig für das Team seien, sowohl die elf, die aktiv spielten, als auch die, welche auf der Ersatzbank saßen. Alle haben sich gegenseitig geholfen und unterstützt. Schoss jemand ein Tor, jubelte das Team gemeinsam. Machte jemand einen Fehler, halfen andere aus. Jedes Mannschaftsmitglied brachte seine Fähigkeiten ein und kämpfte für den Erfolg. Alle waren bereit, sich anzustrengen. Den Zuschauerinnen und Zuschauern an den Fernsehschirmen überall auf der Welt gefiel besonders, dass die Mannschaft sich nach Siegen nie über die Verlierer lustig machte. Stets reichten die Sieger den Verlierern die Hand.

Wir haben diesem Buch den Namen TEAM gegeben, weil Schülerinnen und Schüler damit lernen sollen, als Team gut zusammenzuarbeiten. Das hat auch viel mit Politik und Wirtschaft zu tun. Wer ganz alleine wirtschaften muss, kommt meist nicht zurecht. Und in der Politik geht es immer darum, Probleme zu lösen, die für das Zusammenleben der Menschen wichtig sind. Nie schafft man das alleine. Immer braucht man dazu starke Teams.

Die beiden Fotos zeigen das erfolgreiche Team der Fußballnationalmannschaft und Schülerinnen und Schüler in ihrer Klassengemeinschaft.

- Was kann eine Schulklasse von dieser Weltmeistermannschaft lernen?

Sammelt gemeinsam und möglichst in Teams.

Quiz für Einsteiger – Meinem Schulbuch TEAM auf der Spur

Mit der folgenden Übung hast du Gelegenheit, dir einen ersten Überblick über dein neues Schulbuch TEAM zu verschaffen.

Dein Auftrag:

- Blättere im Buch.
- Finde die richtigen Lösungen.
- Notiere sie auf einem Blatt.

Dabei kannst du testen, ob sich diese Aufgabe schneller allein oder in einem Team bewältigen lässt. Ihr könnt dazu die Klasse aufteilen. Die eine Hälfte macht die Übung in Einzelarbeit, die andere jeweils zu dritt in Gruppenarbeit.
Wenn ihr schon auf einem guten Weg zur Teamfähigkeit seid, sollten die Gruppen schneller fertig sein als die Einzelarbeiter – natürlich nur, wenn alle Lösungen stimmen.

Quiz

1. Worauf macht der Junge auf Seite 20 aufmerksam?
2. Wer möchte auf der Seite 22 die Klassengemeinschaft stärken?
3. Wer kommt auf der Seite 36 verärgert nach Hause?
4. Worüber sind Canan und Thomas auf Seite 51 unterschiedlicher Meinung?
5. Wer braucht Hilfe auf Seite 72?
6. In welchen Städten leben die Kinder Shem und Ariela? S. 80f.
7. Wie heißt das Mädchen, das Zigarillos drehen muss, statt in die Schule zu gehen? S. 84
8. Wer bekommt einen Preis auf der Seite 92?
9. Wovor sind Aya und Aiwan geflohen auf Seite 100?
10. Wofür demonstrieren Kinder in Berlin auf der Seite 124?
11. Von welchem Tier auf der Seite 143 können wir Menschen etwas lernen?
12. Woraus bestand in früherer Zeit das Geld auf der Insel Kiriwina? S. 161
13. Worüber könnt ihr Familie Böger beraten auf der Seite 173?
14. Was möchte Lilly umtauschen auf Seite 181?
15. Was möchte der Junge auf der Seite 200 später einmal werden?
16. Wer besucht zum ersten Mal die Umwelt-AG auf Seite 218?

Tipp: Ihr könnt auch selbst ein ähnliches Quiz erstellen.

Wie könnt ihr erfolgreich lernen im Fach Politik und Wirtschaft?

Schaut euch Selma und Frederic an und das, was sie tun. Die beiden wollten herausfinden, welche Aufgaben der Oberbürgermeister ihrer Heimatstadt hat. Diese Aufgabe haben sie erfolgreich gemeistert. Wie haben sie das gemacht?

Zuerst haben sie sich darüber informiert, wer Oberbürgermeister in ihrer Stadt ist und was er alles für seine Stadt unternimmt.
Nachdem sie das wussten, entwarfen sie für ihre Mitschüler eine Wandzeitung über die Aufgaben ihres Oberbürgermeisters.
Dann schauten sie sich den im Internet veröffentlichten Terminplan des Oberbürgermeisters noch einmal genauer an und überlegten, wie wichtig das ist, was er tagtäglich unternimmt – für seine Stadt und für die Menschen darin. Sie kamen zu der Überzeugung, dass ein Oberbürgermeister gut mit Menschen und gut mit Geld umgehen können muss und große Verantwortung trägt.
Dann meldeten sie sich im Rathaus an, bekamen einen Termin und durften dem Oberbürgermeister Fragen stellen.
Zurück in ihrer Schulklasse vervollständigten sie ihre Wandzeitung und präsentierten ihren Mitschülern die Ergebnisse ihrer Arbeit. So hatten ihre Klassenkameraden auch etwas davon.
Ihre Lehrerin lobte die beiden und sie selbst konnten stolz sein auf das, was sie gemacht und dabei gelernt hatten. Die Lehrerin sagte: „Selma und Frederic, ihr seid jetzt unsere Experten für alles, was mit dem Thema Oberbürgermeister zu tun hat, denn ihr habt bewiesen, dass ihr die notwendige Kompetenz dafür besitzt."
Was meinte die Lehrerin mit Kompetenz?

Kompetenz macht fit für das Leben

Das Wort Kompetenz bedeutet gute Eignung, gute Fähigkeiten. Bäckerinnen und Bäcker sind kompetent, wenn sie gutes Brot backen können, Ärzte, wenn sie den Patienten helfen, und Schülerinnen und Schüler, wenn sie erfolgreich lernen können. Kompetent zu werden, ist eines der wichtigsten Ziele im Unterricht und macht fit für das Leben außerhalb der Schule.
Aber: Kompetenzen fallen einem nicht in den Schoß. Man muss sie sich nach und nach erarbeiten.

Nehmen wir zum Beispiel den Umweltschutz. Wer etwas über dieses wichtige Thema lernen will, sollte auf vier Fragen nach Antworten suchen:

1. Was muss ich wissen, um gut informiert zu sein?
2. Wie kann ich vorgehen, um mir Wissen zu erarbeiten, um mir das Gelernte einzuprägen und um mein Wissen anderen zu präsentieren?
3. Welche verschiedenen Ansichten gibt es zu diesem Thema und wie bilde ich mir mein eigenes Urteil?
4. Wie kann ich mit möglichst allen anderen in der Klasse gemeinsam lernen und wie kann ich selbst beim Thema Umweltschutz mitmachen?

Die vier Fragen beziehen sich auf unterschiedliche Kompetenzbereiche. Erwachsene verwenden dafür vier Fachbegriffe. Ihr könnt sie verstehen, wenn ihr euch die Namen merkt und erklären könnt, was sie bedeuten.

1. Sachkompetenz
Ihr lernt, euch in eine Sache so einzuarbeiten, dass ihr hinterher gut darüber informiert seid und euer Wissen auch weitergeben könnt.

2. Methodenkompetenz
Ihr trainiert Methoden, die das eigene und das gemeinsame Lernen in der Klasse unterstützen.

3. Urteilskompetenz
Ihr findet heraus, welche unterschiedlichen Ansichten es zu einem umstrittenen Thema gibt, bildet euch dann ein eigenes Urteil und lernt, es gut zu begründen.

4. Handlungskompetenz
Ihr trainiert, wie ihr selbst mitmachen könnt (zum Beispiel beim Umweltschutz) und übt euch darin, mit anderen gut im Team zusammenzuarbeiten.

Sachkompetenz
Methodenkompetenz
Urteilskompetenz
Handlungskompetenz

Die Kompetenzampel hilft dabei

Erfolgreiches Lernen wird leichter, wenn man weiß, worum es geht. Um Klarheit zu schaffen, haben die Autorinnen und Autoren von TEAM eine Kompetenzampel entwickelt. Die vier Farben dieser Ampel stehen für die vier Kompetenzbereiche. Ihr werdet die Kompetenzampel an vielen Stellen im Buch entdecken. Je nachdem, welche Farbe aufleuchtet, seht ihr sofort, was der Sinn und der Schwerpunkt des Lernens sein wird. Prägt euch das aus den Anfangsbuchstaben gebildete Wort „Smuh" ein. So könnt ihr euch die Reihenfolge merken.

1. Zeichnet die Kompetenzampel groß in euer Heft.

2. Notiert die vier Kompetenzbereiche dazu.

3. Prägt euch die Farben und die Bedeutung der vier Ampellichter ein. Denkt an „Smuh"!

Wie hilft euch TEAM beim Lernen?

In diesem Buch gibt es verschiedene Seiten, die immer wieder vorkommen. Wir Autoren bezeichnen sie als die unterschiedlichen Elemente. Sie sollen euch das Lernen erleichtern, weil sie Ordnung schaffen. Wenn ihr beachtet, welches Element für welche Anforderung zuständig ist, werdet ihr sehen, dass ihr immer geübtere Lerner werdet.

ZIEL

Infoseite

D Wahlen in der Demokratie

1 Was bedeuten die folgenden Begriffe: Demokratie, aktives und passives Wahlrecht? Erkläre sie.

2 Notiere die im Text genannten Merkmale demokratischer Wahlen. Erkläre sie mündlich in ganzen Sätzen.

3 Warum kann es ohne Wahlen keine Demokratie geben? Erläutere diesen Zusammenhang mit eigenen Worten.

4 Kannst du die Person auf dieser Seite davon überzeugen, seine Meinung zu überdenken? Schreibe eine Entgegnung.

Wahlen überall

Schülerinnen und Schüler haben mehrere Möglichkeiten, an Wahlen teilzunehmen. Sie wählen ihre Klassensprecher, ihre Stellvertreter und ihre Vertreterinnen und Vertreter für die Schulkonferenzen. Im Schülerrat oder als Schülerversammlung wählen sie Schülersprecher und Stellvertreter. Der Schülerrat wählt Lehrerinnen und Lehrer zur Beratung aus. Auch die Eltern und Lehrer nehmen an Wahlen in der Schule teil. Wenn man jemanden wählt, ist man aktiv. Deshalb bezeichnet man das Recht zu wählen auch als das aktive Wahlrecht. Wenn man sich als Kandidat einer Wahl stellt, ist man passiv. Deshalb nennt man das Recht, gewählt zu werden, das passive Wahlrecht.

Die Bedeutung von Wahlen

Die Möglichkeit, wählen zu können, gehört zu den grundlegenden Merkmalen einer Demokratie*. Wörtlich übersetzt heißt Demokratie „Herrschaft des Volkes". Das Volk bestimmt darüber, wer für eine begrenzte Zeit in der Politik die Macht ausüben darf, und das geschieht durch Wahlen. Man kann also sagen, dass es ohne Wahlen gar keine Demokratie geben kann.

Merkmale demokratischer Wahlen

Nicht jede Wahl ist automatisch auch eine demokratische Wahl. Zu einer demokratischen Wahl gehört, dass man eine Auswahl unter mehreren Möglichkeiten hat. Würde sich für das Amt des Klassensprechers nur ein Kandidat zur Verfügung stellen, könnte man ihn per Handzeichen dazu bestimmen. Eine demokratische Wahl wäre das nicht, weil dazu gehört, dass man zwischen Personen, Programmen und Parteien auswählen kann. Weiterhin gilt, dass Wahlen in regelmäßigen Abständen erneut stattfinden und dass immer die Mehrheit den Ausschlag gibt.

Fünf Wahlgrundsätze

In Deutschland gibt es fünf Wahlgrundsätze. Wahlen müssen allgemein, unmittelbar, frei, gleich und geheim sein. Diese Grundsätze sind im Grundgesetz festgelegt. Sie müssen bei Wahlen in der Politik ebenso erfüllt sein wie bei den Wahlen der Klassensprecherinnen und Klassensprecher.
Allgemein bedeutet, dass alle Klassenmitglieder wahlberechtigt sind, egal woher sie kommen, welche Religion oder welche Ansichten sie haben.
Unmittelbar heißt, dass ihr eure Klassensprecher direkt durch Angabe des Namens wählt.
Frei ist eine Wahl, wenn man frei entscheiden kann, wen man wählt. Auch darf niemand zur Stimmabgabe gezwungen werden.
Weiterhin muss sie gleich und geheim sein. Das bedeutet, dass alle Stimmen gleich viel zählen und dass niemand dazu gezwungen werden darf, seine Wahlentscheidung offenzulegen.
Klassensprecher- und Schülersprecherwahlen folgen den gleichen Grundsätzen wie die Wahlen der Abgeordneten zu einem Parlament. Wer die Wahlen in der Schule ernst nimmt, lernt damit zugleich, wie das Wählen und das Mitmachen in der Politik funktionieren.

„Wahlen in der Schule halte ich für Zeitverschwendung. Außerdem sind die Schüler viel zu jung dazu."

* Zum Begriff Demokratie findest du weitere Informationen im Glossar.

39

Infoseiten

Hier informierst du dich über bedeutsame Themen des Faches. Wichtiges aus diesen Seiten kannst du dir aufschreiben und gut einprägen.

Ziel: „Ich weiß Wichtiges!"
= Sachkompetenz

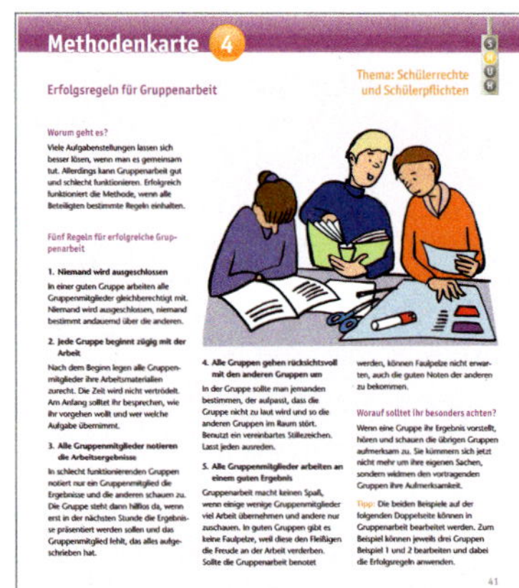

Methodenkarte 4

Erfolgsregeln für Gruppenarbeit

Thema: Schülerrechte und Schülerpflichten

Worum geht es?

Viele Aufgabenstellungen lassen sich besser lösen, wenn man es gemeinsam tut. Allerdings kann Gruppenarbeit gut und schlecht funktionieren. Erfolgreich funktioniert die Methode, wenn alle Beteiligten bestimmte Regeln einhalten.

Fünf Regeln für erfolgreiche Gruppenarbeit

1. Niemand wird ausgeschlossen

In einer guten Gruppe arbeiten alle Gruppenmitglieder gleichberechtigt mit. Niemand wird ausgeschlossen, niemand bestimmt andauernd über die anderen.

2. Jede Gruppe beginnt zügig mit der Arbeit

Nach dem Beginn legen alle Gruppenmitglieder ihre Arbeitsmaterialien zurecht. Die Zeit wird nicht vertrödelt. Am Anfang solltet ihr besprechen, wie ihr vorgehen wollt und wer welche Aufgabe übernimmt.

3. Alle Gruppenmitglieder notieren die Arbeitsergebnisse

In schlecht funktionierenden Gruppen notiert nur ein Gruppenmitglied die Ergebnisse und die anderen schauen zu. Die Gruppe steht dann hilflos da, wenn erst in der nächsten Stunde die Ergebnisse präsentiert werden sollen und das Gruppenmitglied fehlt, das alles aufgeschrieben hat.

4. Alle Gruppen gehen rücksichtsvoll mit den anderen Gruppen um

In der Gruppe sollte man jemanden bestimmen, der aufpasst, dass die Gruppe nicht zu laut wird und so die anderen Gruppen im Raum stört. Benutzt ein vereinbartes Stillezeichen. Lasst jeden ausreden.

5. Alle Gruppenmitglieder arbeiten an einem guten Ergebnis

Gruppenarbeit macht keinen Spaß, wenn einige wenige Gruppenmitglieder viel Arbeit übernehmen und andere nur zuschauen. In guten Gruppen gibt es keine Faulpelze, weil diese den Fleißigen die Freude an der Arbeit verderben. Sollte die Gruppenarbeit benotet werden, können Faulpelze nicht erwarten, auch die guten Noten der anderen zu bekommen.

Worauf solltet ihr besonders achten?

Wenn eine Gruppe ihr Ergebnis vorstellt, hören und schauen die übrigen Gruppen aufmerksam zu. Sie kümmern sich jetzt nicht mehr um ihre eigenen Sachen, sondern widmen den vortragenden Gruppen ihre Aufmerksamkeit.

Tipp: Die beiden Beispiele auf der folgenden Doppelseite können in Gruppenarbeit bearbeitet werden. Zum Beispiel können jeweils drei Gruppen Beispiel 1 und 2 bearbeiten und dabei die Erfolgsregeln anwenden.

41

Methodenkarten

Hier übst du Fähigkeiten ein, die du immer wieder in der Schule und im späteren Leben gut gebrauchen kannst, zum Beispiel: ein Heft gut zu führen, schwierige Texte zu verstehen und vieles mehr.

Ziel: „Ich kann Wichtiges anwenden!"
= Methodenkompetenz

START

Für jede und jeden etwas Passendes

Die durchnummerierten Arbeitsaufträge zu den Materialien in diesem Buch haben unterschiedliche Funktionen. Wir haben ihnen verschiedene Farben zugeordnet.

1 Für alle zuerst

Mit den grünen Fragen könnt ihr testen, ob ihr Wichtiges aus dem Inhalt des gelesenen Materials verstanden habt. Alle sollten immer mit diesem Auftrag beginnen.

2 Im Anschluss daran

Blau sind die Aufträge, mit denen ihr euch genauer mit den Materialien auseinandersetzen könnt. Wenn es mehrere davon gibt, könnt ihr auch eine Auswahl treffen oder die Arbeit aufteilen.

3 Zum Abschluss etwas kniffliger

Die orangen Aufträge regen zum selbstständigen Weiterdenken an. Da könnt ihr oft eigene Lösungsvorschläge entwickeln. Auch wenn sie etwas kniffliger zu beantworten sind, solltet ihr nicht davor zurückschrecken. Oft hilft es, wenn man sie in Partner- oder Gruppenarbeit gemeinsam bearbeitet.

Wahrscheinlich fördert es eure Freude am Unterricht, wenn ihr Fragen nachgehen könnt, die euch persönlich besonders interessieren. In den Aufgabenkästen geben wir euch dazu einige Anregungen unter dem Stichwort:

Was auch noch interessant sein kann

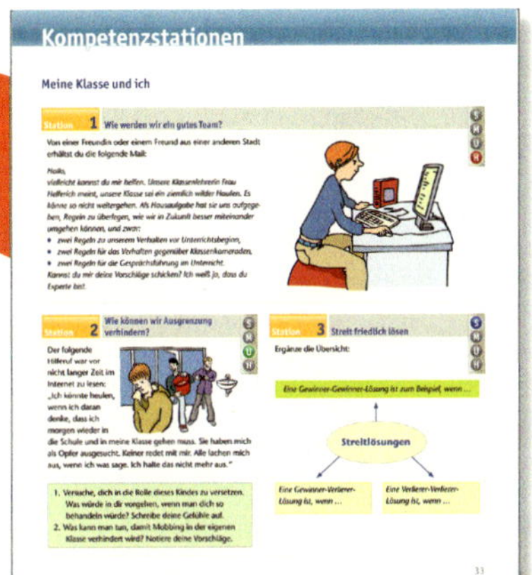

Kompetenzstationen
Hier wiederholst du das Gelernte mithilfe von interessanten Aufgaben zu den einzelnen Unterkapiteln. So bleibst du fit und prägst dir Gelerntes langfristig ein.

Ziel: „Ich behalte mir wichtige Sachen!"

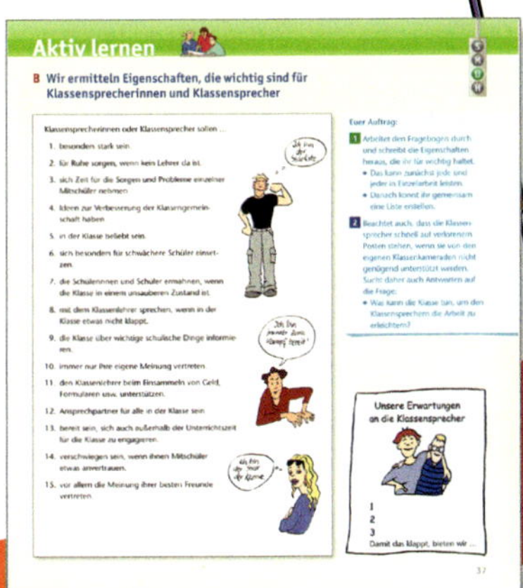

Aktiv lernen
Hier hast du die Gelegenheit, Aufgaben selbstständig zu bearbeiten – mal alleine, oft zu zweit oder in Gruppenarbeit. Die Lichter der Kompetenzampel *SMUH* zeigen auch an, worum es beim Lernen geht.

Ziel: „Ich lerne eigenverantwortlich!"

Auf allen Aufmacherseiten zu Beginn eines neuen Kapitels taucht dieser Detektiv auf. Er ist immer auf der Suche nach Lösungen für besonders knifflige Aufgaben. Nur mit eurer Hilfe findet der Detektiv die richtigen Lösungen.

Methodenkarte 1

Einzelarbeit

Thema: Gute Heftführung

Hier findet ihr die erste von insgesamt 14 Methodenkarten in diesem Buch. Diese Karten sollt ihr nach und nach aufmerksam durchlesen und euch jeweils in einem zweiten Schritt daraus notieren, was euch besonders wichtig erscheint und was ihr in Zukunft bei der Anwendung der Methode immer beachten werdet.

Worum geht es?

In dein persönliches Arbeitsheft trägst du alle Hausaufgaben ein und alles, was im Unterricht notiert werden soll. Manches kannst du zunächst vorschreiben, um es später sauber in dein Heft zu übertragen. Die schriftlichen Antworten zu den Fragen und Arbeitsaufträgen aus deinem Schulbuch TEAM sollen ebenfalls in dieses Heft eingetragen werden. Nimm dir von Beginn des Unterrichtes an fest vor, dein Arbeitsheft immer sorgfältig und vollständig zu führen.

Wie führt man ein gutes Heft? Sechs wichtige Regeln

1. Das Heft muss äußerlich einen guten Eindruck machen. Achte darauf, dass der Umschlag sauber bleibt.
2. Das Heft muss ordentlich, mit Sorgfalt und übersichtlich geführt werden. Bemühe dich stets um eine gut lesbare Schrift und um sauberes Zeichnen.
3. Wenn Arbeitsaufträge aus TEAM schriftlich zu beantworten sind, solltest du immer die Fragen und die dazugehörige Seitenzahl über den Antworten in deinem Heft notieren.
4. Jede Eintragung wird mit einem Datum und dem Hinweis versehen, ob sie als Schularbeit oder als Hausarbeit angelegt wurde.
5. Besonders ansprechend wirkt ein Heft, wenn mit mehreren Farben gearbeitet wird. Zum Beispiel kannst du für die Fragen und für die Antworten jeweils unterschiedliche Farben verwenden. Du kannst auch farbige Zeichnungen anfertigen.
6. Das Heft wird regelmäßig und immer parallel zum Unterricht geführt.

Heftkrankheiten

- Unvollständigkeit
- Flecken Schmutz
- Schmierereien
- Eselsohren
- Durcheinander
- Abgerissene Seiten
- Plötzliches und unerklärliches Verschwinden

Warum ist es wichtig, ein gutes Arbeitsheft zu führen?

So sehen es viele Eltern:
„Wir schauen uns gerne von Zeit zu Zeit die Arbeitshefte unserer Kinder an. So können wir uns informieren, was im Unterricht gemacht wird. Natürlich wollen wir auch sehen, ob unsere Tochter und unser Sohn sich Mühe geben und fleißig sind. Wenn wir wissen, was im Heft steht, können wir mit unseren Kindern über den Unterricht reden."

Das sagen Lehrerinnen und Lehrer dazu:
„Eine gute Heftführung zeigt mir, wie viel Mühe sich meine Schülerinnen und Schüler geben und wie fleißig sie bei der Sache sind. Wer sein Heft sorgfältig und vollständig führt, zeigt damit sein Interesse am Fach und seine Bereitschaft, sich dafür anzustrengen."

Das sagen Schülerinnen und Schüler:
„Es macht richtig Spaß, ein gutes Arbeitsheft zu führen. Wenn man einmal damit angefangen hat, es schön zu gestalten, möchte man immer damit weitermachen. Auf ein Heft, auf das man stolz ist, passt man ganz besonders gut auf. Das zeigt man auch gerne vor."

Meine Klasse und ich

1

Die Schülerinnen und Schüler dieser Klasse haben sich zum Klassenfrühstück getroffen. Sie wollen eine gute Klassengemeinschaft werden.

Wir gehen fair* miteinander um

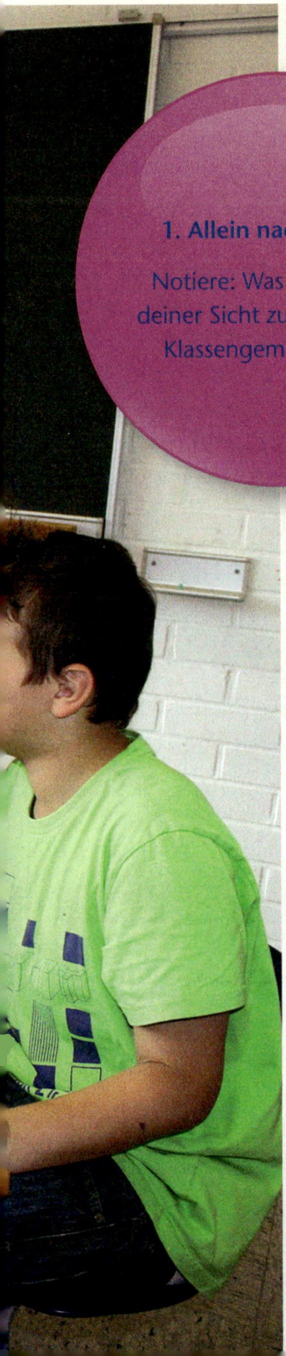

1. Allein nachdenken

Notiere: Was gehört aus deiner Sicht zu einer guten Klassengemeinschaft?

2. Zu zweit beraten

Tauscht euch in Partnerschaften aus: Was sind für euch die beiden wichtigsten Dinge?

3. In der Klasse sammeln

Was ist für euch alle zusammen besonders bedeutend?

Im Verlauf dieses Kapitels könnt ihr …

- gemeinsam überlegen, was man tun muss, um zu einer guten Klassengemeinschaft zu werden,
- erläutern, warum es zu Streit kommen kann,
- Lösungen für Streitfälle finden, die für die Streitenden akzeptabel sind,
- herausfinden, was Inklusion ist und warum sie für euch wichtig ist,
- darüber beraten, wie euer Zusammenleben in der Klasse so gestaltet werden kann, dass alle sich möglichst wohlfühlen.

Eigene Schwerpunkte könnt ihr setzen, indem ihr …

- einen Lehrer mit Namen Hilbig bei schwierigen Entscheidungen beratet,
- euch gegenseitig interviewt,
- im Internet nach weiteren Informationen sucht.

* Fairness ist ein englisches Wort. Es bedeutet, dass man sich an vereinbarte Regeln hält und anständig und gerecht mit seinen Mitmenschen umgeht. Man muss dazu nicht mit allen Menschen befreundet sein. Gegenseitiger Respekt kann genügen.

Detektivaufgabe für das ganze Kapitel:
Warum ist Nathalie traurig?

1 Wie werden wir ein gutes Team?

Wir erarbeiten Klassenregeln

A Der Fall: Ein wilder Haufen

Saskia und Rehan besuchen seit drei Wochen eine neue Schule. Leider fühlen sich die beiden in ihrer neuen Klassengemeinschaft überhaupt nicht wohl. Könnt ihr herausfinden, woran das liegt?

Es ist Freitag und die ersten drei Wochen des neuen Schuljahres sind fast vorüber.
28 Mädchen und Jungen der 5a gehen lärmend zu ihrem Klassenraum. An der Tür gibt es ein wildes Gerangel. Peter muss mal wieder der Erste sein und schubst Manuel weg. Der fällt gegen Martina – und die gibt ihm postwendend eine Ohrfeige. Manuel ist sauer und schreit Martina an: „Du blöde Gans!"
Irgendwann gelangen dann alle in den Klassenraum hinein.
Auf Heikos Platz liegt das Mäppchen von Irene. Er wirft es quer durch die Klasse und es landet vor der Tafel auf dem Boden, wo es unbeachtet liegen bleibt.
Sonja isst noch schnell ihr Butterbrot und steckt das Papier achtlos unter die Bank, von wo es auf den Boden fällt. Serena spitzt schon mal vorsichtshalber ihren Bleistift. In dem Moment pustet Katrin über den Tisch. Der ganze Bleistiftabfall weht auf Helgas Platz. Wütend fährt diese Katrin an, sie soll die Schweinerei wegmachen. Katrin hat überhaupt keine Lust dazu – und schon fangen die beiden an, sich lautstark zu zanken.
Ben und Mischa sind schon wieder in einem Handgemenge, sie können einander einfach nicht ausstehen. Hendrik will die beiden auseinanderhalten und bekommt einen Fußtritt ab. Angela und Natascha tuscheln über Heike, die beide grässlich finden, weil sie ständig losheult, wenn sie etwas nicht weiß oder kann. Heike, die das alles mithört, sitzt unterdessen still am Tisch und lässt den Kopf hängen. Da betritt Frau Schümke, die Klassenlehrerin, den Raum. Sie versucht sofort, die Kämpfenden auseinanderzubringen, doch diese wollen keine Ruhe geben. Jede Partei versucht, sich zu rechtfertigen und benutzt dabei die schlimmsten Ausdrücke. Insgesamt zehn Minuten vergehen, bis die Klasse endlich leise ist. Der Unterricht beginnt. Mehr als die Hälfte der Klasse passt heute nicht auf und gibt sich auch keine Mühe beim Lernen. Viele beginnen erst leise – dann immer lauter – Privatgespräche. Als dann Mehmed noch eine falsche Antwort gibt und die Klasse laut darüber lacht, ist Frau Schümke am Ende ihrer Nerven: „Was soll ich bloß machen mit euch? So werdet ihr nie ein gutes Team – ihr seid eher ein wilder Haufen ...!"

1 Saskia und Rehan fühlen sich in dieser 5a nicht wohl, weil ...
Führt diesen Satz schriftlich zu Ende. Lest euch eure fertigen Sätze gegenseitig vor.

2 Sammelt gemeinsam die Probleme in dieser 5a.

3 Frau Schümke möchte, dass ihre 5a von einem wilden Haufen zu einem guten Team wird. Könnt ihr dabei helfen und Verbesserungsvorschläge machen?

Methodenkarte 2

S M U H

Thema: Was wünsche ich mir? Was wünschst du dir?

Partnerinterview

Worum geht es?

Sicherlich habt ihr alle Vorstellungen davon, was zu einer guten Klassengemeinschaft gehört. Und sicherlich wird es hilfreich sein, wenn alle ihre Wünsche dazu äußern können. Die geeignete Methode dazu ist das Partnerinterview. Dazu werden Partnerschaften gebildet und die Rollen aufgeteilt. Einer stellt die Fragen, ein anderer antwortet. In einem zweiten Durchgang werden die Rollen getauscht. Dazu können die Partnerschaften neu gebildet werden. Partnerinterviews könnt ihr zu Beginn eines neuen Themas im Unterricht führen (Was erwartest du von diesem Thema? Was weißt du schon darüber?) und am Ende (Was fandest du am Thema besonders interessant? usw.).
In diesem Fall soll es darum gehen, die Ansichten der Befragten zum Thema Klassengemeinschaft zu erfahren.

Wie macht man das?

- Lest die Interviewfragen durch und überlegt, wie eure Antworten ausfallen sollen.
- Setzt euch dann zu zweit zusammen. Einer von euch beiden übernimmt die Rolle des Interviewers und führt mit dem Partner ein Interview durch.
- Im Anschluss daran fassen die Interviewer die Antworten der Befragten so zusammen, wie sie diese der Klasse vorstellen möchten.
- In einer zweiten Runde werden die Rollen getauscht (entweder in den gleichen oder auch in neu gebildeten Partnerschaften).
- Die Interviewer stellen die Befragungsergebnisse vor. Ihr könnt auch einige Interviews vor der Klasse vorspielen.

5 wichtige Regeln für gute Partnerarbeit

- Akzeptiere es, wenn Zufallspartnerschaften gebildet werden.
- Arbeite mit jeder Partnerin/jedem Partner zusammen, der dir zugeteilt wird.
- Gehe freundlich mit deinem Partner um.
- Höre gut zu und lass ihn ausreden.
- Bleibe sachlich und ruhig, auch wenn es Grund für Kritik gibt.

Partnerinterview

1. Was ist für dich das Wichtigste in einer guten Klassengemeinschaft?
2. Was soll es in unserer Klassengemeinschaft auf keinen Fall geben?
3. Was kann jede und jeder von uns zu einer guten Gemeinschaft beitragen?
4. Welche Bedeutung hat es für dich, dass es klare Klassenregeln gibt?
5. Was ich noch von dir wissen möchte …
   Überlege dir hierzu eine oder zwei weitere Fragen.

B Regeln

1 Achte in dem folgenden Text auf die Begriffe *Vorschrift, Vereinbarung* und *demokratische Art.* Erkläre ihre Bedeutung.

2 Worin unterscheiden sich gute und schlechte Regeln? Beschreibe die Unterschiede.

3 Warum müssen sich die Menschen auch in einem Staat an Regeln halten? Findet dazu Beispiele und stellt sie in der Klasse vor.

Wozu braucht man Regeln?

Eine Regel ist eine *Vorschrift*, an die sich alle Mitglieder einer Gemeinschaft halten müssen. Menschen brauchen Regeln, um friedlich miteinander leben zu können. Das ist so in der Familie, im Freundeskreis, im Verein und natürlich auch in der Schulklasse. Regeln machen deutlich, was man tun darf und was nicht. Im Zusammenleben sind sie ein Schutz für alle Gemeinschaftsmitglieder, vorausgesetzt, es halten sich alle daran.

Gute Regeln, schlechte Regeln

Schlecht sind Regeln, die dazu führen, dass einer alleine oder eine kleine Gruppe andere Menschen beherrschen und für seine Zwecke ausnutzen kann. Regeln dürfen nie dazu führen, dass einzelne Gruppenmitglieder ausgeschlossen oder unterdrückt werden. Sie orientieren sich an wünschenswerten Eigenschaften des Zusammenlebens miteinander wie zum Beispiel gegenseitige Rücksichtnahme, fairer Umgang, Verzicht auf Gewalt.
Besonders gut sind Regeln, wenn sie das Ergebnis einer gemeinsamen Beratung sind. Sie sind dann eine *Vereinbarung*. Auf demokratische Art kommen Regeln zustande, wenn über sie abgestimmt wird und wenn sie durch einen Mehrheitsbeschluss in Kraft gesetzt werden.

In dieser Klasse haben die Schülerinnen und Schüler Regeln vereinbart und fühlen sich wohl dabei.

Wie können Regeln eingehalten werden?

Schlimm ist ein Zustand, in dem sich niemand an die vereinbarten Regeln hält oder in dem Einzelne sich das Recht nehmen, die Regeln immer wieder zu verletzen. Es muss daher Maßnahmen geben, welche die Mitglieder einer Gruppe dazu veranlassen, sich an die Regeln zu halten. Das können Belohnungen sein für ein regelgerechtes Verhalten, das können aber auch Strafen sein, die den Regelverletzern klarmachen, dass ihr Verhalten nicht geduldet werden kann.

Warum beschäftigen wir uns im Politikunterricht mit Regeln?

Auch die Menschen in einem Staat müssen sich an Regeln halten, damit ein friedliches und geordnetes Zusammenleben möglich ist. In einem Staat sind die Regeln die Gesetze*. Wer sie verletzt, kann von einem Gericht dafür bestraft werden.
Im Fach Politik/Wirtschaft wird der Umgang mit Regeln behandelt, weil man so zwei Dinge lernen kann: Erstens lernt man, was man darf und was man nicht darf, und zweitens lernt man, die Rechte anderer zu achten.

* Zum Begriff Gesetz findest du weitere Informationen im Glossar.

C Wir formulieren Klassenregeln

Mithilfe dieser Seite könnt ihr für drei Bereiche nach möglichst vernünftigen Klassenregeln suchen. In dem Topf findet ihr Vorschläge für formulierte Regeln, die sich den Bereichen A, B und C zuordnen lassen. Ihr könnt natürlich auch nach weiteren Vorschlägen und nach anderen Formulierungen suchen. Für die Bearbeitung wird empfohlen, in Dreiergruppen zu arbeiten.

Euer Auftrag:
- Teilt die Bereiche A, B und C untereinander auf. Alleine sucht jedes Gruppenmitglied nach drei Regeln für seinen Bereich.
- In der Gruppe stellt ihr euch die Regeln gegenseitig vor.
- Sucht nach Begründungen, warum diese Regeln wichtig sind.
- Zu dritt präsentiert ihr eure Vorschläge in der Klasse.

Tipp: Fertige Regeln könnt ihr auf Plakate übertragen und in der Klasse aufhängen.

A Verhaltensregeln vor dem Unterrichtsbeginn	B Verhaltensregeln für den Umgang miteinander	C Gesprächsregeln im Unterricht
1.	1.	1.
2. ? ?	2. ? ?	2. ? ?
3. ?	3. ?	3. ?

* Unmittelbar nach dem Klingeln zum Unterrichtsbeginn setze ich mich auf meinen Platz.
* Ich tue keinem Mitschüler absichtlich weh.
* Wenn ich im Unterricht etwas sagen will, melde ich mich.
* Ich höre gut zu, wenn andere in der Klasse einen Beitrag zum Unterricht leisten.
* Ich mache mich über keinen Mitschüler lustig.
* Vor Stundenbeginn lege ich mein Schulbuch und mein Arbeitsheft auf den Tisch.
* Ich warte auf den Lehrer und verhalte mich ruhig.
* Ich mache nichts kaputt, was anderen gehört.
* Ich mache keine abfälligen Bemerkungen über die Beiträge von anderen im Unterricht.

D Lehrer Hilbig will die Klassengemeinschaft stärken: Könnt ihr ihn dabei beraten?

Das ist Lehrer Christian Hilbig. Er hat vor Kurzem seine Lehrerausbildung beendet und tritt nun seine erste Stelle an. Als Klassenlehrer übernimmt er die 5d in den Fächern Deutsch und Politik/Wirtschaft. Herr Hilbig freut sich auf seine Aufgabe. Er möchte, dass seine 26 Schülerinnen und Schüler sich wohlfühlen, möglichst viel lernen und eine gute Klassengemeinschaft bilden. Nach einigen Wochen merkt er allerdings, dass das gar nicht so einfach ist. Einige Situationen verlangen schwierige Entscheidungen von ihm. Könnt ihr Herrn Hilbig beraten?

Tipp: Ihr könnt die Fälle der Reihe nach durchgehen. Ihr könnt sie aber auch erst einmal in Ruhe durchlesen. Danach wählt ihr alle einen oder mehrere Fälle aus, für die ihr nach vernünftigen Lösungen sucht.

1. Gewalt

Der Klassensprecher und die Stellvertreterin beschweren sich bei Herrn Hilbig über den Schüler Ralf. Der bekäme beim kleinsten Anlass einen Wutausbruch und würde dann seine Klassenkameraden in den großen Pausen verprügeln.
Wie soll Herr Hilbig damit umgehen?

A Er soll die Gelegenheit nutzen, um im Unterricht Regeln für einen fairen Umgang miteinander für die gesamte Klasse zu formulieren.

B Er soll Ralf anhören, mit ihm reden und vereinbaren, dass dieser verspricht, nicht mehr zu prügeln.

C Er soll dafür sorgen, dass Ralf in eine andere Klasse versetzt wird.

2. Zu spät kommen

Schon zum dritten Mal kommen montags dieselben drei Schüler zu spät in den Deutschunterricht von Herrn Hilbig. Jedes Mal sagen sie, sie hätten den Bus verpasst, auch diesmal. Was soll Herr Hilbig tun?

A Er soll die Entschuldigung akzeptieren und dem Vorfall keine weitere Bedeutung beimessen.

B Er soll den drei Schülern vor der Klasse ins Gewissen reden und ihnen klarmachen, dass er diese Entschuldigung in Zukunft nicht mehr akzeptieren wird.

C Er soll sie zu einem Gespräch nach dem Unterricht bitten und dabei den Schülern sagen, dass er sich immer mit den Eltern in Verbindung setzen wird, wenn Schüler wiederholt zu spät kommen.

3. Undiszipliniertes* Verhalten

Von den neuen fünften Klassen in der Schule gilt die 5d als die undiszipliniertteste. Einige Lehrerinnen und Lehrer beschweren sich schon bei Herrn Hilbig über die vielen Unterrichtsstörungen. Wie soll er reagieren?

A Er soll gar nicht reagieren auf das, was die anderen Lehrer sagen.

B Er soll streng durchgreifen und den Unterrichtsstörern klarmachen, dass deren Benehmen nicht geduldet wird.

C Er soll weiterhin nett und freundlich zu seiner 5d bleiben, weil so die Schüler am ehesten auch nett und freundlich werden.

* Zum Begriff Disziplin findest du weitere Informationen im Glossar.

4. Bevorzugung

Salma kommt nach dem Unterricht zu Herrn Hilbig und sagt, sie hätte den Eindruck, dass sie in seinem Unterricht benachteiligt würde. Andere Schülerinnen würden immer bevorzugt behandelt. Wie soll Herr Hilbig damit umgehen?

A Er soll den Vorwurf zurückweisen, weil sonst die Schüler ständig mit Beschwerden kommen.

B Er soll Verständnis zeigen, erklären, dass ihm das nicht bewusst ist und dass er in Zukunft darauf achten wird.

C Er soll sagen, dass er zu Hause darüber nachdenken und dann wieder mit Salma sprechen wird.

5. Abschreiben

Bei der ersten Klassenarbeit, einem Diktat, haben Tobias und Olga, die nebeneinandersitzen, die gleichen merkwürdigen Fehler. Für Herrn Hilbig ist ziemlich klar, dass die beiden voneinander abgeschrieben haben. Was soll Herr Hilbig tun?

A Er soll das Diktat nicht bewerten und den beiden in einer Freistunde einen neuen Text als Klassenarbeit diktieren.

B Er soll den beiden eine Sechs erteilen, weil es sich um eine Täuschung handelt.

C Er soll die Sache ohne Kommentar durchgehen lassen. Schließlich ist es die erste Klassenarbeit im Fach Deutsch an der neuen Schule.

6. Unordnung in der Klasse

Immer wieder liegt eine Menge Abfall in der Klasse herum. Zum Beispiel werden gebrauchte Papiertaschentücher einfach auf den Boden geschmissen. Schon mehrfach haben sich Kolleginnen und Kollegen darüber beschwert, dass man sich in der 5d wegen des vielen Drecks nicht wohlfühlen könne. Wie soll Herr Hilbig reagieren?

A Er soll einen Ordnungsdienst einrichten, in dem abwechselnd zwei bis drei Schüler die Verantwortung für die Sauberkeit in der Klasse übernehmen.

B Er soll einen Vortrag über Ordnung und Sauberkeit halten und alle Schülerinnen und Schüler dazu aufrufen, stets den eigenen Arbeitsplatz aufzuräumen.

C Er soll sich regelmäßig in seinem Unterricht die Zeit nehmen, die Schuldigen zu ermitteln, um diese dann zum Aufräumen zu zwingen.

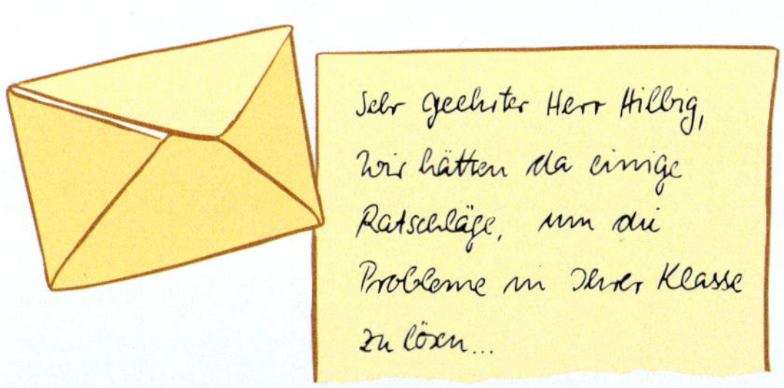

1 Sucht für jeden der Fälle die eurer Meinung nach beste Lösung. Notiert sie ins Heft oder auf einem Blatt. (Das können auch andere Lösungen sein als die hier vorgeschlagenen.)

2 Vergleicht verschiedene Lösungsvorschläge aus der Klasse.

Was auch noch interessant sein kann:

- Briefe schreiben: Stelle dir vor, du hättest wirklich die Aufgabe, Herrn Hilbig (oder eine andere Lehrerin, einen anderen Lehrer) zu beraten. Welche Tipps wirst du geben? Schreibe einen solchen Brief und stelle ihn vor.

2 Wie können wir Ausgrenzung verhindern?

Wir überlegen, wie wir gemeinsam besser leben und lernen können

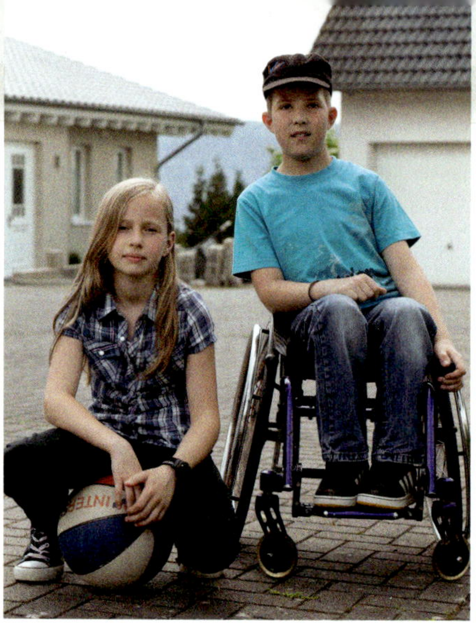

Am Beispiel des Umgangs mit behinderten Kindern und beim Thema Mobbing* geht es in diesem Unterkapitel um die Frage, was alle gemeinsam tun können, um Ausgrenzung zu verhindern.

A Der Rollstuhl spielt für die Freunde keine Rolle

Jannis H. und Antonia B. sind Freunde. Sie kennen sich seit dem Kindergarten und gehen gemeinsam zur Schule. Was kann man von ihnen über den Wert von Freundschaft lernen? Wenn die beiden ihre Termine erledigt haben, spielen sie zusammen Basketball auf der Straße vor Jannis Elternhaus, rocken an Antonias Schlagzeug oder „zocken" Nintendo – ganz wie sie Lust haben. Für die Freundschaft zwischen den beiden spielt Jannis' Handicap so gut wie keine Rolle. […] Das folgende Interview mit Jannis und Antonia wurde 2013 geführt:

Hallo Antonia, wie würdest du dich selbst beschreiben?

ANTONIA: Ich bin zehn Jahre alt. Ich lebe in Leubsdorf mit meiner Familie. Meine Hobbys sind Klavier, Gitarre und Schlagzeug, und ich hänge halt viel mit meinen Freunden ab. Ich interessiere mich auch sehr für Ägypten und für die Band „One Direction".

Stell dich bitte auch einmal vor, Jannis. Wer bist du?

JANNIS: Ich bin Jannis, bin auch zehn Jahre alt und wohne auch in Leubsdorf mit meinem kleinen Bruder und meiner Mama und meinem Papa. Meine Hobbys sind Rennrolli fahren und ich habe Fische. […]

Würdest du sagen, ihr seid wirklich gute Freunde?

JANNIS: Ja, wir sind echt gute Freunde …

Spielt denn in eurer Freundschaft eine Rolle, dass Jannis im Rollstuhl sitzt?

ANTONIA: Mich interessiert es nicht, ob der Jannis gehen kann oder nicht. Wir schlagen uns gegenseitig keine Spiele vor, bei denen der andere nicht mitmachen kann.

[…]

Kann man Basketball spielen, wenn man im Rollstuhl sitzt?

JANNIS: Ja klar, es geht schon. Man wirft auch Körbe. Aber die Körbe sind halt nicht so hoch wie bei den Telekom-Baskets oder so. Aus dem Sitzen ist es schwieriger zu werfen, als wenn du stehst. Weil man nicht springen kann.

[…]

Jannis, bist du der einzige Junge mit Rollstuhl an eurer Schule?

JANNIS: Ja, ich bin der einzige.

Und wie ist das für dich?

JANNIS: Eigentlich ist das kein Thema. Aber manchmal ist es doch ein bisschen blöd. Manche Kinder spielen dann da, wo ich nicht hin kann. Dann stehe ich nur am Rand. Aber ich bin froh, dass es auf der weiterführenden Schule nach den Sommerferien mehrere Rollifahrer gibt und auch andere behinderte Kinder.

Wie siehst du das, Antonia?

ANTONIA: Also, ich finde das ist eigentlich kein Problem in der Schule mit dem Jannis. Nur finde ich das halt doof, wenn wir zum Beispiel Fußball spielen und nicht Basketball oder irgendetwas, bei dem Jannis mitmachen kann. Das finde ich halt ein bisschen unfair.

(Aus: Aktion Mensch: Darf man Jungs doof finden, auch wenn sie im Rollstuhl sitzen? Im Internet unter www.aktion-mensch.de/inklusion, Zugriff: 01. August 2014)

* Zum Begriff Mobbing findest du weitere Informationen im Glossar.

1 Was erfährt man in diesem Interview über Antonia und Jannis? Fasse es in eigenen Worten zusammen.

2 Wie empfindest du die Freundschaft der beiden: Hältst du sie für ganz normal oder für etwas Besonderes? Berichte, wie du darüber denkst.

B Können behinderte und nicht behinderte Kinder gemeinsam lernen?

„Niemand darf wegen seiner Behinderung benachteiligt werden." Dieser Satz wurde vor über 30 Jahren in das Grundgesetz aufgenommen. Es ist das wichtigste Gesetz, das es in Deutschland gibt, und es enthält die grundlegenden Rechte, die jedem Menschen zustehen müssen. Leider ist es immer noch so, dass dieser Satz mit der Wirklichkeit nicht übereinstimmt. Immer wieder kommt es vor, dass Menschen ausgegrenzt, ungerecht behandelt oder auf andere Art benachteiligt werden – besonders dann, wenn sie mit irgendeiner Form von Behinderung leben müssen. „Das muss anders werden!" So lautet die Forderung derjenigen, die sich für Inklusion einsetzen. Was bedeutet das?

Inklusion

Inklusion ist ein lateinisches Wort und kann mit „einbeziehen" übersetzt werden. In einer inklusiven Klassengemeinschaft werden behinderte und nicht behinderte Schülerinnen und Schüler gemeinsam unterrichtet. Alle sollen miteinander lernen und gemeinsam auf das Zusammenleben in der Gesellschaft vorbereitet werden. Klar ist dabei, dass dieses Ziel nicht einfach zu erreichen sein wird. Schulen müssen zum Beispiel behindertengerecht umgebaut werden. Lehrerinnen und Lehrer müssen für den Umgang mit geistig und körperlich behinderten Kindern geschult werden. Und: Schülerinnen und

Unterricht in einer inklusiven Klasse

Schüler müssen die Bereitschaft entwickeln, freundlich und respektvoll miteinander umzugehen – auch wenn Mitschülerinnen und Mitschüler irgendwie anders sind oder weniger schnell und gut lernen können als sie selbst.

Ein umstrittenes Thema

Zum Thema Inklusion gibt es unterschiedliche Ansichten. Manche meinen, das gemeinsame Lernen von behinderten und nicht behinderten Kindern in einer Klasse sei zu schwierig zu verwirklichen. Besser sei es zum Beispiel, wenn Kinder mit einer geistigen Behinderung besondere Förderschulen besuchen.
Andere sehen in der Inklusion in einer Schulklasse große Chancen für alle – egal, ob mit und ohne Behinderungen – und letztendlich auch für die Schaffung einer freundlicheren und gerechteren Welt.

Mehr zu diesem Thema erfahrt ihr auch im Kapitel 5 dieses Buches.

Einige Ansichten zum Thema Inklusion

„Ich hätte gerne mehr Mitschüler mit Behinderungen, damit die Schüler mehr Verständnis füreinander haben. Ich möchte mehr und besser lernen."
(Fabian, 12 Jahre, bei dem eine Lernbehinderung vorliegt)

„Ich besuche ein Gymnasium, ich finde, in unserer Schule sollte es mehr Behinderte geben, damit wir lernen können, uns besser zu verstehen."
(Fé, 11 Jahre)

„Ich unterrichte in Klassen, in denen es Kinder mit einer geistigen Behinderung gibt, und in Klassen ohne Kinder mit speziellem Förderbedarf. In beiden Fällen lernen die Schülerinnen und Schüler gleich gut. In den gemischten Klassen lernen sie zusätzlich ein besseres soziales Verhalten."
(Andreas M., Lehrer an einer Gesamtschule)

1 Was versteht man unter Inklusion? Notiere eine Erklärung und präge sie dir ein. Das geht alleine.

2 Worin unterscheiden sich die Ansichten zum Thema Inklusion? Sammle die genannten Schwierigkeiten und die Chancen. (Das geht auch zu zweit.)

3 Sollen behinderte und nicht behinderte Kinder gemeinsam in einer Schulklasse lernen? Schreibe auf, wie du darüber denkst. Begründe deine Ansicht. Sprecht gemeinsam darüber.

C Mobbing – Nicht in unserer Klasse!

Die Autoren von TEAM befragten mehr als 100 Schülerinnen und Schüler, wie sie über Mobbing denken. Das Ergebnis: Alle finden Mobbing schlimm. Niemand möchte Opfer werden. Mobbing gilt allen Befragten als eine besonders gemeine Form der Ausgrenzung.

- Werdet ihr es schaffen, dass es kein Mobbing in eurer Klasse gibt?

Die folgenden Texte und Bilder sollen euch dabei unterstützen, dieses Ziel zu erreichen.

Ein Hilferuf

„Kennst du das Gefühl, Sonntagabend mit Angst und Grauen ins Bett zu gehen, weil du am nächsten Tag wieder in diese schreckliche Klasse gehen musst, in der es eine Person gibt, die sich immer wieder neue Qualen für dich ausdenkt? Kannst du dir vorstellen, wie das ist, wenn man nichts dagegen tun kann? Morgen muss ich wieder in die Klasse, in der alle Schüler mitbekommen, was mit mir passiert, und wo sich niemand traut, etwas dagegen zu tun."

Der abgedruckte Hilferuf ist nur einer von vielen anderen aus dem Internet. Er zeigt, wie sehr betroffene Schülerinnen und Schüler unter Mobbing leiden. Fachleute gehen davon aus, dass drei von zehn Schülern in der Schule bereits Opfer von Mobbing waren. Es kann jeden treffen – Mädchen genauso wie Jungen. Als besonders gefährdet gelten Klassenmitglieder, die sich durch eines oder durch mehrere Merkmale von anderen unterscheiden, zum Beispiel durch ihr Aussehen, ihre Art zu sprechen, ihre Kleidung, oder auch nur, weil sie gute Noten haben. Oft gibt es gar keinen erkennbaren Grund, warum jemand zum Opfer gemacht wird.

Die Opfer sind auf Hilfe von außen angewiesen. Sie brauchen Personen, denen sie sich anvertrauen können und die entschieden dafür eintreten, Mobbing zu beenden. Hilfsmaßnahmen sollten nicht nur die Opfer im Blick haben. Sie müssen auch bei den Tätern ansetzen. Ihnen muss unmissverständlich klargemacht werden, dass ihr Verhalten nicht länger geduldet wird. Die wirkungsvollste Hilfsmaßnahme besteht darin, Mobbing in der Klasse gar nicht erst entstehen zu lassen. Dieses Ziel kann man erreichen, wenn die ganze Klasse daran mitarbeitet.

Stimme eines Lehrers

„Ich dulde kein Mobbing in meiner Klasse. Und das sage ich den Schülern schon, wenn wir uns das erste Mal sehen. Wer gemobbt wird, soll sofort zu mir kommen! Und dann: Wehe den Tätern! Sie müssen mit den härtesten Strafen rechnen. Wenn es sein muss, ziehe ich das bis zum Verweis von der Schule durch."

1 Versuche einmal, dich in die Lage des Schülers zu versetzen, der den Hilferuf im Internet geschrieben hat. Was wäre in dieser Situation dein größter Wunsch? Beschreibe ihn.

2 Empfindest du die Ansicht des Lehrers als angemessen oder als übertrieben? Nimm dir Zeit zum Nachdenken und tausche dich mit anderen darüber aus.

Tipp: Bevor ihr weiter an diesem Thema arbeitet, solltet ihr eine Abstimmung in der Klasse machen: Können wir es schaffen, Mobbing in unserer Klasse zu verhindern: Ja oder Nein?

D Angenommen, dass …
Mobbing in der Klasse – Wir überlegen, was zu tun ist

Euer Auftrag:
- Lies den folgenden Fall.
- Gehe dann den Fragebogen durch und notiere in deinem Heft die Vorschläge, die du für gut hältst.
- Besprich deine Vorschläge mit einem oder mit zwei anderen Klassenmitgliedern.

Tipp: Ihr könnt euch nach dem Lesen auch sofort zu zweit oder zu dritt zusammensetzen und gemeinsam überlegen, was zu tun ist. Stellt dann eure Vorschläge in der Klasse vor.

„Du stinkst!"

Vor etwa vier Wochen hat die Klasse von ihrer Biologielehrerin Frau Lindner einen Test zurückbekommen. Marlon hat mitbekommen, dass Aisha eine Eins geschrieben hat und deren Tischnachbarin Emma eine Drei. Bisher dachte Marlon, Aisha und Emma seien Freundinnen. Doch dann sieht er, wie Emma in einer Pause mit Antonia und Mark zusammensteht und über Aisha spricht: „Die blöde Ziege ist jetzt eine richtige Streberin. Die bildet sich wer weiß was ein, weil sie bei der Lindner eine Eins geschrieben hat. Die wollen wir nicht mehr in der Gruppe haben."
Einige Tage später wird Marlon Zeuge, wie Emma zu Aisha sagt: „Was hast du denn für einen Pullover an? Habt ihr den aus dem Altkleidercontainer gefischt? Du stinkst." Aisha hält sich von diesem Tag an abseits von Emma, Antonia und Mark. Als Marlon Mark fragt, ob etwas Besonderes los ist, sagt dieser: „Aisha ist blöd, asozial und stinken tut sie auch. Keiner in der Klasse will mit der Schlampe was zu tun haben. Und du hältst dich ab sofort auch daran. Sonst geht's dir auch schlecht, verstanden?"

Was sollte Marlon in dieser Situation tun? Ich finde, er sollte …	Ja, das sollte er tun.	Nein, das sollte er nicht tun.
1. das Gespräch mit Mark sofort beenden.		
2. zu Aisha gehen und sie zu trösten versuchen.		
3. sich ganz raushalten aus der Sache.		
4. Emma, Mark und Antonia im Gespräch davon überzeugen, dass sie damit aufhören sollen.		
5. die Klassensprecherin oder den Klassensprecher darüber informieren, was mit Aisha geschieht und um deren/dessen Hilfe bitten.		
6. dafür sorgen, dass das Thema *Verhinderung von Mobbing* in der Klasse auf der nächsten Klassenratsitzung besprochen wird.		
7. mit der Biologielehrerin Frau Lindner sprechen.		
8. seinen Eltern vom Zustand in seiner Klasse berichten.		
9. den Vorfall seiner Klassenlehrerin bzw. seinem Klassenlehrer schildern, ohne die Namen der Täter zu nennen.		
10. den Vorfall der Klassenlehrerin/dem Klassenlehrer schildern und dabei klar sagen, dass Emma und Mark die Haupttäter sind.		

3 Streit zwischen Klassenkameraden friedlich lösen: Wie geht das?

Wir planen Lösungen für Streitfälle

Die Autoren von TEAM baten Schülerinnen und Schüler aus den Klassen 5 und 6 darum, von typischen Streitsituationen zu berichten. Den folgenden Fall hat Nathalie (12 Jahre alt) aus einer sechsten Klasse erzählt. Die Fotos haben wir nachgestellt.

A Der Fall: Nathalie erzählt

Der folgende Fall hat sich tatsächlich so zugetragen. Die Fotos dazu haben wir nachgestellt.

Der Streit begann im Sportunterricht. Wir übten Bodenturnen. Moritz hatte sich auf einen kleinen Bock gesetzt und als ich „Hi" zu ihm sagte, guckte er nur über mich hinweg. Ich fand das ziemlich eingebildet. Ich ging zu dem Bock hin und stellte einen Fuß neben seinen Sitzplatz. Schlecht gelaunt meinte er: „Hol deinen Fuß da runter!" Darauf ich: „Ich kann meinen Fuß auf den Bock setzen, so lange ich will. Das ist ja wohl nicht nervig!" „Doch, das ist es!", schrie er mich an, „du nervst total!" Ich begriff gar nicht, warum er so sauer reagierte. Als er meinen Fuß runterstieß, schnauzte ich ihn ebenfalls an: „Hör auf mit dem Quatsch, du hast sie wohl nicht mehr alle!" Jetzt schien er völlig von der Rolle zu sein: „Weißt du eigentlich, dass du immer noch dieses blöde Entengesicht hast?" Das sagte er so laut, dass auch die anderen es hören konnten.

Ich war unglaublich beleidigt und wütend darüber. In meiner Wut trat ich ihm ganz fest in den Rücken. Das hat dem Moritz sehr wehgetan. Nach der Sportstunde, als ich in die große Pause gehen wollte, rief er mir noch einmal vor allen anderen hinterher: „Du blödes Entengesicht!" „Ist ja schon gut", murmelte ich und ging schnell weg. Den ganzen Tag und die ganze Woche danach war ich unglaublich traurig.

1 Kleine Ursache – große Wirkung! Warum trifft dieser Spruch auf diesen Streit zu? Erläutere den Zusammenhang.

2 Mehrere Wochen lang herrschte nach diesem Streit Funkstille zwischen Nathalie und Moritz. Dabei waren sie vorher sogar befreundet gewesen. Findet ihr eine Erklärung dafür, warum dieser Streit so schlimme Folgen hatte?

3 Habt ihr Ideen, wie dieser Streit beendet werden könnte? (Anregungen für gute Streitlösungen findet ihr auf den folgenden Seiten.)

B Streit

1 Wann ist Streit schlimm und wann nicht? Erkläre den Unterschied.

2 Im Text werden drei mögliche Streitlösungen genannt. Was unterscheidet sie und welche ist die beste?

3 Versucht einmal, eine wahre oder eine erfundene Geschichte zu erzählen, in der es zwischen Klassenkameraden zum Streit kam und in der eine gute Lösung gefunden wurde.

Streit unter Jungen: oft mit Gewalt?

Gehört Streit immer dazu?

Unter einem Streit versteht man eine heftige Auseinandersetzung zwischen einzelnen Personen oder Gruppen. Streiten gehört zum Alltag und muss nicht unbedingt etwas Schlechtes sein. Man kann streiten und sich hinterher wieder vertragen.
Negativ ist ein Streit, wenn er nicht zu Ende geht. Dann kann es passieren, dass ein Streit eine Freundschaft für immer zerstört. Besonders schlimm wird ein Streit, wenn Gewalt ins Spiel kommt oder wenn er dazu führt, dass ein Mensch auf Dauer ausgegrenzt wird.

Streitursachen in der Klasse

Streitauslöser kann sein, dass man nicht aufpasst und etwas kaputt macht, was anderen gehört, oder dass man jemand anderem etwas wegnimmt. Eine häufige Streitursache sind Beleidigungen. Manchmal haben die Stärkeren einfach Lust, kleinere oder schwächere Schüler zu quälen. So entsteht Streit aus Gedankenlosigkeit.
Oft sagen Schüler, sie hätten etwas „nur zum Spaß" gemacht. Dabei haben sie in Wahrheit einen Mitschüler oder eine Mitschülerin seelisch oder körperlich verletzt.

Streit unter Mädchen: oft mit Mobbing?

Schlechte Streitlösungen

Gewalt ist immer die schlechteste Lösung. Damit ist die Gewalt gemeint, bei der es Opfer gibt, die leiden müssen, und deren Ziel darin besteht, einen schwächeren Gegner fertigzumachen. Spielerische Raufereien, bei denen es nur um das gegenseitige Kräftemessen geht, können dagegen relativ harmlos sein.
Im schlimmsten Fall hat ein Streit nur Verlierer, zum Beispiel weil eine Freundschaft durch einen Streit zerbricht. Man spricht dann von einer *Verlierer-Verlierer-Lösung*. Alle Beteiligten haben dabei Schaden erlitten.
Nicht viel besser ist die *Gewinner-Verlierer-Lösung*. Hier gibt es Sieger und Besiegte und der Streit kann nur beigelegt werden, weil einer der Beteiligten den gesamten Schaden erträgt.

Gute Streitlösungen

Als gute Streitlösung sollte eine *Gewinner-Gewinner-Lösung* angestrebt werden. Sie bedeutet, dass alle Beteiligten mit der Lösung einverstanden sind und mit einem guten Gefühl auseinandergehen.
Wenn es zum Streit kommt, sollten die Streitenden nach der ersten Wut eine Verschnaufpause einlegen. Meist ist es gut, wenn man sich zunächst einmal aus dem Weg geht. Danach sollte man das Gespräch suchen. Dabei sollten die Streitenden ihre Sicht der Dinge sagen können und dann gemeinsam darüber beraten, wie der Streit beendet werden kann. Oft brauchen die Streitenden jemanden, der vermittelt und der ihnen dabei hilft, wieder zueinanderzufinden.
In der Schule kann diese Aufgabe von Streitschlichtern übernommen werden. Sie sollten speziell dafür ausgebildet sein, weil diese Aufgabe alles andere als leicht ist.

C Wie kann der Streit zwischen Nathalie und Moritz friedlich beigelegt werden?

Streitschlichterin Ariane vermittelt

Wir kehren noch einmal zum Streit zwischen Nathalie und Moritz zurück. Allein bekamen die beiden ihren Streit nicht geregelt. Darum wendeten sie sich an die 15-jährige Ariane, die zur Streitschlichterin ausgebildet ist. Sie trafen sich mit Ariane zu einem Gespräch.

ARIANE: Wir gehen nach Plan vor. Jeder von euch stellt zunächst einmal die Gründe für den Streit aus seiner Sicht dar. Fängst du bitte an, Nathalie.
NATHALIE: Es war gemein von Moritz, dass er mich so schlimm beleidigt hat. Nach der Sportstunde hat er seine Beleidigung sogar noch einmal wiederholt – vor anderen Schülern aus der Klasse.
ARIANE: Und du, Moritz, worin siehst du den Grund?
MORITZ: Sie hat mir in den Rücken getreten. Das kann ich mir nicht gefallen lassen.
NATHALIE: Du bist vielleicht gut. Das ist doch kein Spaß, wenn du jemanden vor allen anderen zweimal beleidigst.
ARIANE: Moment mal, bitte fallt euch nicht ins Wort. Jeder soll ausreden können. War der Streit wirklich unvermeidlich?
NATHALIE: Na ja, ich war an dem Morgen schon sowieso irgendwie schlecht gelaunt.
MORITZ: Ich war auch genervt, weil Aisha, unsere Klassensprecherin, mich wegen einer anderen Sache angegiftet hatte.
ARIANE: Nathalie, versuche du einmal, den Streit aus der Sicht von Moritz zu sehen, und du, Moritz, aus der Sicht von Nathalie.
NATHALIE: Ich kann irgendwie schon verstehen, dass du sauer warst, als ich nach dir getreten habe. Vor den anderen Jungs aus der Klasse kam das wahrscheinlich ganz schlecht bei dir an.
MORITZ: War wahrscheinlich auch blöd von mir, dass ich das mit der Ente zweimal gesagt habe.
ARIANE: Könnt ihr euch jetzt gegenseitig sagen, was das Ziel dieses Gesprächs sein soll?
NATHALIE: Ich finde es schade, dass wir nicht mehr miteinander reden. Ich würde mich gerne wieder mit dir vertragen.
MORITZ: Ich würde auch gerne wieder mit dir befreundet sein. Das mit der Beleidigung war ein Fehler. Das tut mir leid.
ARIANE: Wie wollt ihr in Zukunft miteinander umgehen?
NATHALIE: Mir tut leid, was passiert ist. Ich werde dich bestimmt nicht mehr treten. Das verspreche ich dir.
MORITZ: Ich werde dich nicht mehr beleidigen, weil ich dich ja eigentlich gut leiden kann.
ARIANE: Gut, dann lasst uns das jetzt in einem Vertrag festhalten, den ihr bitte beide unterschreibt.

Am Ende des Streitschlichtungsgesprächs wird ein Vertrag unterzeichnet. Darin steht, dass die beiden ihre Fehler einsehen und sich wieder vertragen wollen.

1 Was unternimmt Ariane, damit das Gespräch fair verläuft? Sammle die Schritte, nach denen die Streitschlichterin vorgeht.

2 Warum fordert Ariane die Streitenden auf, den Streit aus der Sicht des anderen zu sehen? Finde eine Erklärung. (Das geht auch zu zweit.)

3 Was kann man aus diesem Fall und seiner Lösung über die Fähigkeit lernen, einen Streit friedlich zu lösen? Formuliert dazu eure Ansichten und tauscht sie untereinander aus.

Methodenkarte 3

S M U H

Streitschlichtungsgespräch

Thema:
Streit friedlich beenden

Worum geht es?

Streit schlichten zu können, ist eine schwierige Aufgabe. Schlichten bedeutet „ebnen, glätten, Streitigkeiten friedlich beilegen". Vielleicht existiert an eurer Schule ein Streitschlichterprogramm, in dem Schülerinnen und Schüler auf die Aufgabe der Streitschlichtung vorbereitet werden. Auch wenn ihr nicht zu diesen Schülern gehört, könnt ihr die Streitschlichtung trainieren, zum Beispiel indem ihr Rollenspiele durchführt, die das Thema Streit behandeln.

Was ist die Rolle einer Streitschlichterin oder eines Streitschlichters?

Streitschlichter vermitteln zwischen den streitenden Parteien. Sie verhalten sich neutral, dürfen also nicht für die eine oder andere Seite Partei ergreifen und auch keine Strafen aussprechen. Bei ihrer Gesprächsführung gehen sie nach einem Plan vor, der aus fünf Schritten besteht. Alles, was ihnen von den Streitenden erzählt wird, behandeln sie streng vertraulich. Am Ende des Gesprächs formulieren sie gemeinsam mit den Streitenden eine schriftliche Vereinbarung, die von den Betroffenen unterschrieben wird.

Die fünf Schritte in einem Streitschlichtungsgespräch

1. Die Streitschlichter erklären den Streitenden wichtige Gesprächsregeln.

Als wichtigste Regel gilt, dass die Streitenden sich gegenseitig gut zuhören und sich nicht ins Wort fallen dürfen. Der Schlichter fordert die Beteiligten auf, jede Art von Beleidigung zu unterlassen.

2. Jede der streitenden Parteien erläutert die eigene Sicht des Streites.

Wichtig ist, dass die Streitenden Gelegenheit zur ausführlichen Darstellung ihrer Sichtweise haben. Gegebenenfalls kann der Schlichter Nachfragen stellen: Worin siehst du die Ursache für den Streit? Wie sehr bist du über den Vorfall verärgert? …

3. Der Schlichter fordert dazu auf, die Sichtweise des jeweils anderen einzunehmen.

Das ist der wichtigste Teil in einem Streitschlichtungsgespräch. Nur wenn es den Streitenden gelingt, sich in die Lage des anderen hineinzuversetzen, können sie Verständnis füreinander entwickeln. Verständnis füreinander ist eine wichtige Voraussetzung für zufriedenstellende Lösungen.

4. Die Parteien entwickeln Vorschläge zur Streitlösung.

Hierbei sollte sich der Streitschlichter so weit wie möglich zurückhalten.

5. Die Lösung wird von den Streitenden vertraglich besiegelt.

Ein erfolgreiches Streitschlichtungsgespräch endet damit, dass sich ursprünglich zerstrittene Parteien die Hand zur Versöhnung reichen.

D Wir üben Streitschlichtungsgespräche ein

Von den folgenden Fällen haben Schülerinnen und Schüler berichtet. Ihr könnt euch in Gruppen zusammensetzen und für die beiden Fälle Streitlösungsgespräche vorbereiten.

Fall 1: Das ist mein Platz

Im Kunstunterricht geht die 5b in den dafür vorgesehenen Raum. Ihren Sitzplatz können die Schülerinnen und Schüler dort frei wählen. Alina hat sich aber angewöhnt, stets den Platz ganz vorne zu nehmen, weil sie von dort so gut erkennen kann, was an der Tafel steht. Alina ist Brillenträgerin. An diesem Tag sitzt Lara bereits auf diesem Platz, als Alina ankommt. „Das ist mein Platz, steh sofort auf!", herrscht Alina sie an. „Ich will auch mal vorne sitzen. Wir haben doch vereinbart, dass keiner einen festen Platz hat", gibt diese zurück. Darauf Alina: „Du weißt doch, dass ich nicht so gut sehe." Lara bleibt sitzen: „Mit deiner Brille siehst du genauso gut, wie alle anderen auch." „Blöde Kuh, hau ab!", schreit Alina jetzt und es versammelt sich eine Gruppe von Mitschülern um die beiden. „Behinderte Brillenschlangen können auch hinten sitzen!", kontert Lara. Alina kocht vor Wut. Sie packt Lara an den Haaren und versucht, sie vom Stuhl zu ziehen. Diese schlägt ihr daraufhin ins Gesicht. Die Brille fällt auf den Boden, ist aber zum Glück nicht kaputt.

3 Personen nehmen am Gespräch teil: Alina, Lara, Streitschlichter.

Euer Auftrag:

- Wählt einen der beiden Fälle aus, um dazu ein Streitschlichtungsgespräch vorzubereiten.
- Übt die Gespräche in Gruppen ein. Haltet euch dabei an die in der Methodenkarte 3 empfohlenen fünf Schritte.
- Spielt sie anschließend vor und besprecht sie gemeinsam. Nach folgenden Merkmalen können die Zuschauenden die Gespräche bewerten:
  - ➢ Wurden die fünf empfohlenen Schritte richtig beachtet?
  - ➢ Haben die Teilnehmer ihre Rollen glaubwürdig gespielt?
  - ➢ Gibt es am Ende eine Gewinner-Gewinner-Lösung?

Fall 2: Kaputter Füller

Sascha und Jens aus der 6c sind dicke Freunde. Wenn sie etwas ärgert, passiert es schon mal, dass einer von beiden oder sogar beide Schulmäppchen von Mitschülern gegen die Wand werfen. Dieses Mal war es das Mäppchen von Tatjana, das im hohen Bogen durch die Klasse flog. Dabei ist Tatjanas Füller zerbrochen. Sie will, dass einer der beiden den Schaden wiedergutmacht. Sie will auch, dass Sascha und Jens endlich damit aufhören, sich an Sachen anderer zu vergreifen. Sascha sagt, sie hätte vorher extra gegen seine Schultasche getreten und gegen die von Jens. Sie hätte daher zuerst Schaden angerichtet.

4–5 Personen nehmen am Gespräch teil: Sascha, Jens, Tatjana (plus ein Freund oder eine Freundin), Streitschlichter.

Meine Klasse und ich

Station 1 Wie werden wir ein gutes Team?

Von einer Freundin oder einem Freund aus einer anderen Stadt erhältst du die folgende Mail:

Hallo,
vielleicht kannst du mir helfen. Unsere Klassenlehrerin Frau Helferich meint, unsere Klasse sei ein ziemlich wilder Haufen. Es könne so nicht weitergehen. Als Hausaufgabe hat sie uns aufgegeben, Regeln zu überlegen, wie wir in Zukunft besser miteinander umgehen können, und zwar:

- *zwei Regeln zu unserem Verhalten vor Unterrichtsbeginn,*
- *zwei Regeln für das Verhalten gegenüber Klassenkameraden,*
- *zwei Regeln für die Gesprächsführung im Unterricht.*

Kannst du mir deine Vorschläge schicken? Ich weiß ja, dass du Experte bist.

Station 2 Wie können wir Ausgrenzung verhindern?

Der folgende Hilferuf war vor nicht langer Zeit im Internet zu lesen: „Ich könnte heulen, wenn ich daran denke, dass ich morgen wieder in die Schule und in meine Klasse gehen muss. Sie haben mich als Opfer ausgesucht. Keiner redet mit mir. Alle lachen mich aus, wenn ich etwas sage. Ich halte das nicht mehr aus."

1. Versuche, dich in die Rolle dieses Kindes zu versetzen. Was würde in dir vorgehen, wenn man dich so behandeln würde? Schreibe deine Gefühle auf.
2. Was kann man tun, damit Mobbing in der eigenen Klasse verhindert wird? Notiere deine Vorschläge.

Station 3 Streit friedlich lösen

Ergänze die Übersicht:

Eine Gewinner-Gewinner-Lösung ist zum Beispiel, wenn …

Streitlösungen

Eine Gewinner-Verlierer-Lösung ist, wenn …

Eine Verlierer-Verlierer-Lösung ist, wenn …

Leben in der Schulgemeinschaft

2

Schülerinnen und Schüler
in einer Schülerversammlung

Mitmachen lernen – Demokratie lernen

1. Allein nachdenken

In der Schule gibt es Unterricht, Pausen, Ausflüge, Feste, Schülervertretungen. Wo sollten Schülerinnen und Schüler gut mitwirken können?

2. Zu zweit beraten

Diese Mitmachmöglichkeiten halten wir für besonders wichtig: …

3. In der Klasse sammeln

Unsere gemeinsamen Wünsche für die Mitwirkung der Schüler am Schulleben sind: …

Im Verlauf dieses Kapitels könnt ihr …

- herausfinden, welche Kandidatinnen oder Kandidaten für das Amt des Klassensprechers geeignet sind,
- ermitteln, welche Rechte und Pflichten Schülerinnen und Schüler haben,
- Aufgaben und Zusammensetzung der Schülervertretung erklären,
- darüber diskutieren, auf welche Art die Schülersprecher gewählt werden sollen,
- die Regeln für erfolgreiche Gruppenarbeit trainieren.

Eigene Schwerpunkte könnt ihr setzen, indem ihr …

- Stellung nehmt zur Bedeutung der SV, zu einheitlicher Schulkleidung und zu gemeinsamen Putzaktionen,
- im Internet nach weiteren Informationen zur Arbeit der SV sucht,
- die Schülersprecherinnen und Schülersprecher an eurer Schule über deren Arbeit befragt.

Detektivaufgabe für das ganze Kapitel:
Wer ist das Herzstück in der Bismarckschule?

1 Wer hat das Zeug zur Klassensprecherin oder zum Klassensprecher?

Wir ermitteln die wichtigsten Eigenschaften

Eine Einstiegsübung für alle:

- Was ist deine wichtigste Erwartung an einen guten Klassensprecher? Notiere sie und vergleiche mit deinem Nachbarn.

A Der Fall: Warum ist Jasmin sauer?

Jasmin knallt ihre Schultasche in die Ecke und verschwindet in ihr Zimmer. Als nach einer Stunde ihr Vater an ihre Tür klopft, hört er nur: „Lass mich in Ruhe. Ich bin sauer!“ Erst am Nachmittag setzt sich Jasmin mit verheulten Augen an den Küchentisch zu ihrem Vater: „So eine Ungerechtigkeit, diese Idioten!“, jammert sie. „Was ist denn los? Erzähl doch mal!“
„Ach Mensch, heute war Klassensprecherwahl. Alle meine Freundinnen, auch meine Freunde Kamil und Dimitrij, haben mich überredet zu kandidieren. Erst wollte ich nicht. Aber dann hat Leonie mich vorgeschlagen.“
„Prima, dass sie dich vorgeschlagen hat, da bin ich ja richtig stolz auf meine Tochter!“, versucht ihr Vater zu trösten.
„Spar dir das! Gewählt haben sie nämlich den blöden Adrian und im zweiten Wahlgang seinen Freund Lars. Von den beiden hat noch keiner etwas Gutes für die Klasse gemacht. Adrian, wenn ich den schon sehe! Der hat immer eine große Klappe, wenn er mit seinen Freunden zusammensteht und erzählt, was er alles machen würde, wenn er der Chef in der Klasse wäre. Wenn es aber darauf ankommt, dann hält er schön brav seinen Mund. Neulich in der Klassenversammlung haben wir darüber gesprochen, ob wir für alle, die in der letzten Mathearbeit eine Fünf geschrieben haben, ein Helfersystem einrichten sollten. An dem Gespräch hat er sich überhaupt nicht beteiligt. Zufällig habe ich mitgekriegt, wie er zu seinem Freund Lars gesagt hat: „Ich hab' doch eine Zwei in der Arbeit. Was soll ich mich um die Blöden kümmern.“
„Ich finde, du solltest nicht traurig sein“, meint ihr Vater, „wenn man zu einer Wahl antritt, muss man damit rechnen, dass man verlieren kann. Das ist doch ganz normal.“
„Es wäre mir ja auch egal, ob ich Klassensprecherin bin oder nicht, aber dass sie ausgerechnet Adrian gewählt haben, das finde ich so doof. Als wir in Deutsch Gruppenarbeit gemacht haben, hat er sich nicht an der Arbeit beteiligt. Die Zwei plus, die wir bekommen haben, hat er dann gerne mitkassiert. Leonie und ich, Kamil und Dimitrij, wir haben uns darum gekümmert, dass der Klassenraum schön gestaltet wird. Aber das spielte bei der Wahl überhaupt keine Rolle.“

1 Hast du Verständnis für Jasmins Ärger? Überlege einen Moment, tausche dich mit einer Partnerin/einem Partner darüber aus und äußere dich dann im Klassengespräch.

2 Zur gleichen Wahl hat Tim folgende Meinung: „Ich habe Adrian gewählt, weil er cool ist. Der hat auch keine Angst vor den Lehrern. Adrian und Lars, die sehen stark aus.“ Wie bewertest du diese Begründung?

B Wir ermitteln Eigenschaften, die wichtig sind für Klassensprecherinnen und Klassensprecher

Klassensprecherinnen oder Klassensprecher sollen …

1. besonders stark sein.
2. für Ruhe sorgen, wenn kein Lehrer da ist.
3. sich Zeit für die Sorgen und Probleme einzelner Mitschüler nehmen.
4. Ideen zur Verbesserung der Klassengemeinschaft haben.
5. in der Klasse beliebt sein.
6. sich besonders für schwächere Schüler einsetzen.
7. die Schülerinnen und Schüler ermahnen, wenn die Klasse in einem unsauberen Zustand ist.
8. mit dem Klassenlehrer sprechen, wenn in der Klasse etwas nicht klappt.
9. die Klasse über wichtige schulische Dinge informieren.
10. immer nur ihre eigene Meinung vertreten.
11. den Klassenlehrer beim Einsammeln von Geld, Formularen usw. unterstützen.
12. Ansprechpartner für alle in der Klasse sein.
13. bereit sein, sich auch außerhalb der Unterrichtszeit für die Klasse zu engagieren.
14. verschwiegen sein, wenn ihnen Mitschüler etwas anvertrauen.
15. vor allem die Meinung ihrer besten Freunde vertreten.

Euer Auftrag:

1 Arbeitet den Fragebogen durch und schreibt die Eigenschaften heraus, die ihr für wichtig haltet.
- Das kann zunächst jede und jeder in Einzelarbeit leisten.
- Danach könnt ihr gemeinsam eine Liste erstellen.

2 Beachtet auch, dass die Klassensprecher schnell auf verlorenem Posten stehen, wenn sie von den eigenen Klassenkameraden nicht genügend unterstützt werden. Sucht daher auch Antworten auf die Frage:
- Was kann die Klasse tun, um den Klassensprechern die Arbeit zu erleichtern?

Unsere Erwartungen an die Klassensprecher

1
2
3
Damit das klappt, bieten wir …

C Demokratisch wählen: Wie machen wir das richtig?

Vor der Wahl machen die Kandidaten Wahlkampf mit Vorstellungen und Plakaten.

So lief das in unserer Klasse ...

Selma T. und Markus S. (beide 12 Jahre) berichten:

Vorbereitung

Wir haben im Unterricht besprochen, welche positiven Eigenschaften ein Klassensprecher/eine Klassensprecherin haben sollte. Dann haben wir Kandidaten vorgeschlagen und es konnten sich auch Kandidaten selbst vorschlagen. Die Kandidaten wurden gefragt, ob sie für das Amt kandidieren wollen. Dann haben sie sich vorgestellt und gesagt, was sie für die Klassengemeinschaft tun würden. Wir haben ihnen auch Fragen gestellt.

Durchführung

Gewählt wurde in der zweiten Stunde. So hatten wir zwischen den beiden Stunden Zeit, uns eine Meinung zu bilden. Die Kandidaten haben in Plakaten Werbung für sich gemacht. Die Klassenversammlung wurde von unserer Klassenlehrerin geleitet. Sie hatte aber kein Stimmrecht. Gewählt wurde in geheimer Wahl. Dazu wurden Wahlzettel verteilt. Alle haben einen Namen darauf geschrieben und ihren Zettel zusammengefaltet in einen Karton geworfen. Das war unsere Wahlurne. Es gab zwei Wahlgänge, einen für die Klassensprecherwahl und einen für die Stellvertreterwahl. Gewählt war, wer in jedem der Wahlgänge die meisten Stimmen bekam.

Nach der Wahl

Nach der Wahl wurden die Gewählten gefragt, ob sie die Wahl annehmen. Unsere Klassenlehrerin gratulierte ihnen und wünschte sich eine gute und vertrauensvolle Zusammenarbeit. Das war richtig feierlich. Das Wahlergebnis haben wir in einem Protokoll festgehalten. Davon erhielten unsere Klassenlehrerin und die Schulleitung eine Abschrift.

1 Wie ist diese Klasse bei der Wahl vorgegangen? Zähle die Schritte der Reihe nach auf. (Das geht auch zu zweit.)

2 Bei dieser Wahl gab es einen Wahlkampf, in dem die Kandidatinnen und Kandidaten für sich werben konnten. Belebt und verbessert das die Wahl? Überlege dir dazu deine Bewertung.

D Wahlen in der Demokratie

1 Was bedeuten die folgenden Begriffe: Demokratie, aktives und passives Wahlrecht? Erkläre sie.

2 Notiere die im Text genannten Merkmale demokratischer Wahlen. Erkläre sie mündlich in ganzen Sätzen.

3 Warum kann es ohne Wahlen keine Demokratie geben? Erläutere diesen Zusammenhang mit eigenen Worten.

4 Kannst du die Person auf dieser Seite davon überzeugen, seine Meinung zu überdenken? Schreibe eine Entgegnung.

Wahlen überall

Schülerinnen und Schüler haben mehrere Möglichkeiten, an Wahlen teilzunehmen. Sie wählen ihre Klassensprecher, ihre Stellvertreter und ihre Vertreterinnen und Vertreter für die Schulkonferenzen. Im Schülerrat oder als Schülerversammlung wählen sie Schülersprecher und Stellvertreter. Der Schülerrat wählt Lehrerinnen und Lehrer zur Beratung aus. Auch die Eltern und Lehrer nehmen an Wahlen in der Schule teil. Wenn man jemanden wählt, ist man aktiv. Deshalb bezeichnet man das Recht zu wählen auch als das aktive Wahlrecht. Wenn man sich als Kandidat einer Wahl stellt, ist man passiv. Deshalb nennt man das Recht, gewählt zu werden, das passive Wahlrecht.

Die Bedeutung von Wahlen

Die Möglichkeit, wählen zu können, gehört zu den grundlegenden Merkmalen einer Demokratie*. Wörtlich übersetzt heißt Demokratie „Herrschaft des Volkes". Das Volk bestimmt darüber, wer für eine begrenzte Zeit in der Politik die Macht ausüben darf, und das geschieht durch Wahlen. Man kann also sagen, dass es ohne Wahlen gar keine Demokratie geben kann.

Merkmale demokratischer Wahlen

Nicht jede Wahl ist automatisch auch eine demokratische Wahl. Zu einer demokratischen Wahl gehört, dass man eine Auswahl unter mehreren Möglichkeiten hat. Würde sich für das Amt des Klassensprechers nur ein Kandidat zur Verfügung stellen, könnte man ihn per Handzeichen dazu bestimmen. Eine demokratische Wahl wäre das nicht, weil dazu gehört, dass man zwischen Personen, Programmen und Parteien auswählen kann. Weiterhin gilt, dass Wahlen in regelmäßigen Abständen erneut stattfinden und dass immer die Mehrheit den Ausschlag gibt.

Fünf Wahlgrundsätze

In Deutschland gibt es fünf Wahlgrundsätze. Wahlen müssen allgemein, unmittelbar, frei, gleich und geheim sein. Diese Grundsätze sind im Grundgesetz festgelegt. Sie müssen bei Wahlen in der Politik ebenso erfüllt sein wie bei den Wahlen der Klassensprecherinnen und Klassensprecher.
Allgemein bedeutet, dass alle Klassenmitglieder wahlberechtigt sind, egal woher sie kommen, welche Religion oder welche Ansichten sie haben.
Unmittelbar heißt, dass ihr eure Klassensprecher direkt durch Angabe des Namens wählt.
Frei ist eine Wahl, wenn man frei entscheiden kann, wen man wählt. Auch darf niemand zur Stimmabgabe gezwungen werden.
Weiterhin muss sie *gleich* und *geheim* sein. Das bedeutet, dass alle Stimmen gleich viel zählen und dass niemand dazu gezwungen werden darf, seine Wahlentscheidung offenzulegen.
Klassensprecher- und Schülersprecherwahlen folgen den gleichen Grundsätzen wie die Wahlen der Abgeordneten zu einem Parlament. Wer die Wahlen in der Schule ernst nimmt, lernt damit zugleich, wie das Wählen und das Mitmachen in der Politik funktionieren.

* Zum Begriff Demokratie findest du weitere Informationen im Glossar.

2 Welche Rechte und Pflichten sollen für uns gelten?

Wir bearbeiten Fallbeispiele in Gruppen

Menschen wollen Rechte haben. Die Frage ist, ob Menschen, die ihre Rechte in Anspruch nehmen, auch bereit sind, dafür Pflichten zu übernehmen. In dem folgenden Fall geht es um dieses Problem.

Tipp: Lest den Fall in Einzelarbeit und setzt euch zur Bearbeitung in Dreiergruppen zusammen.

A Der Fall: Ein Klassenaquarium für die 6d

Fasziniert schauen die Sechstklässler den Film über das Leben im Wasser an, den Lehrer Mallauf in die Biostunde mitgebracht hat.

„Nach vorne zu schwimmen, ist für Fische kein Problem", sagt Rabia, „dazu haben sie ja die Flossen."

„Prima! Wie aber hat sich der Kugelfisch, den ihr gesehen habt, nach oben und nach unten bewegt?" Die 25 Schülerinnen und Schüler überlegen: „Wenn er seine Schwimmblase mit Luft füllt, wird er kugelrund und steigt nach oben, und wenn er die Luft rauslässt, sinkt er ab." An dieser Stelle meldet sich Amelie, die Klassensprecherin: „Eine Freundin, die in eine andere Schule geht, hat mir erzählt, dass sie ein Aquarium in der Klasse eingerichtet haben. Das könnten wir doch auch machen."

Mit ihrem Vorschlag löst Amelie ziemlich große Begeisterung in der Klasse aus. „O ja, das sollten wir machen." So und ähnlich lauten fast alle Beiträge. Als alle durcheinanderreden, macht Herr Mallauf das Ruhezeichen und dazu noch sein Gesicht mit den Sorgenfalten:

„Ich weiß, wie so etwas läuft," sagt er. „Erst herrscht große Begeisterung und dann, wenn die laufenden Pflichten zu erfüllen sind, ist es damit schnell vorbei."

„Welche Pflichten meinen Sie?", fragt Katharina. „Nun, Fische sind Lebewesen, kein Spielzeug. Sie benötigen Futter, regelmäßige Pflege, die Wasserqualität muss stimmen. Habt ihr bedacht, dass Fische nicht in Urlaub fahren? Sie müssen auch in den Ferien versorgt werden."

„Typisch Lehrer", seufzt Noah, „sagen Sie doch gleich, dass sie dagegen sind und dass wir wieder einmal keine Rechte haben."

„Doch", lautet die Antwort, „ihr habt das Recht dazu, und ich finde eure Idee auch gut. Wir könnten viel über das Leben der Fische lernen." Dann erzählt Herr Mallauf von einem Vorfall, der sich in einer anderen Klasse ereignet hat: „Wir hatten ein schönes Aquarium eingerichtet. Doch dann, eines Nachmittages, haben Schüler eine ganze Dose Trockenfutter ins Wasser gekippt. Am nächsten Tag trieben alle Fische tot an der Oberfläche. Wahrscheinlich hatten die Schüler das nicht böse gemeint. Sie waren nur mit der Verantwortung überfordert. Ihr versteht, dass ich das nicht noch einmal erleben möchte. Wenn ihr das Recht in Anspruch nehmen wollt, ein Aquarium einzurichten, werde ich euch unterstützen, vorausgesetzt, ihr bedenkt Folgendes: Wer Rechte hat, der muss auch Pflichten übernehmen!"

Noch einmal meldet sich Amelie: „Wenn wir gut planen, kriegen wir das mit dem Aquarium auch hin."

Das könnt ihr in den Gruppen tun:

1. Aussagen sammeln: Wie begründen die Schüler ihren Vorschlag und wie begründet Herr Mallauf seine Sorgen? Notiert in Stichworten.
2. Eine Liste erstellen: Welche Pflichten muss eine Klasse übernehmen, wenn sie das Recht wahrnimmt, ein Aquarium einzurichten?
3. Beispiele finden und vorstellen: „Wer Rechte hat, der muss auch Pflichten übernehmen!", sagt Herr Mallauf. Welches weitere Beispiel aus dem Schulleben fällt euch ein, das zu diesem Spruch passt?

Methodenkarte 4

S M U H

Erfolgsregeln für Gruppenarbeit

Thema: Schülerrechte und Schülerpflichten

Worum geht es?

Viele Aufgabenstellungen lassen sich besser lösen, wenn man es gemeinsam tut. Allerdings kann Gruppenarbeit gut und schlecht funktionieren. Erfolgreich funktioniert die Methode, wenn alle Beteiligten bestimmte Regeln einhalten.

Fünf Regeln für erfolgreiche Gruppenarbeit

1. Niemand wird ausgeschlossen

In einer guten Gruppe arbeiten alle Gruppenmitglieder gleichberechtigt mit. Niemand wird ausgeschlossen, niemand bestimmt andauernd über die anderen.

2. Jede Gruppe beginnt zügig mit der Arbeit

Nach dem Beginn legen alle Gruppenmitglieder ihre Arbeitsmaterialien zurecht. Die Zeit wird nicht vertrödelt. Am Anfang solltet ihr besprechen, wie ihr vorgehen wollt und wer welche Aufgabe übernimmt.

3. Alle Gruppenmitglieder notieren die Arbeitsergebnisse

In schlecht funktionierenden Gruppen notiert nur ein Gruppenmitglied die Ergebnisse und die anderen schauen zu. Die Gruppe steht dann hilflos da, wenn erst in der nächsten Stunde die Ergebnisse präsentiert werden sollen und das Gruppenmitglied fehlt, das alles aufgeschrieben hat.

4. Alle Gruppen gehen rücksichtsvoll mit den anderen Gruppen um

In der Gruppe sollte man jemanden bestimmen, der aufpasst, dass die Gruppe nicht zu laut wird und so die anderen Gruppen im Raum stört. Benutzt ein vereinbartes Stillezeichen. Lasst jeden ausreden.

5. Alle Gruppenmitglieder arbeiten an einem guten Ergebnis

Gruppenarbeit macht keinen Spaß, wenn einige wenige Gruppenmitglieder viel Arbeit übernehmen und andere nur zuschauen. In guten Gruppen gibt es keine Faulpelze, weil diese den Fleißigen die Freude an der Arbeit verderben. Sollte die Gruppenarbeit benotet werden, können Faulpelze nicht erwarten, auch die guten Noten der anderen zu bekommen.

Worauf solltet ihr besonders achten?

Wenn eine Gruppe ihr Ergebnis vorstellt, hören und schauen die übrigen Gruppen aufmerksam zu. Sie kümmern sich jetzt nicht mehr um ihre eigenen Sachen, sondern widmen den vortragenden Gruppen ihre Aufmerksamkeit.

Tipp: Die beiden Beispiele auf der folgenden Doppelseite können in Gruppenarbeit bearbeitet werden. Zum Beispiel können jeweils drei Gruppen Beispiel 1 und 2 bearbeiten und dabei die Erfolgsregeln anwenden.

B Wozu sollen wir uns verpflichten in der Schule?

Zur Bearbeitung dieser Doppelseite solltet ihr Dreiergruppen bilden und euch die Arbeit aufteilen.

Thema 1: Einheitliche Schulkleidung: Ja oder nein?

Schulen in Nordrhein-Westfalen und in anderen Bundesländern können einheitliche Schulkleidung einführen, vorausgesetzt alle Schülervertreter in der Schulkonferenz stimmen zu. (§ 43 Absatz 8 Schulgesetz)

- Sollen Schülerinnen und Schüler sich verpflichten, einheitliche Schulkleidung zu tragen?

Das ist die Frage, über die ihr in der Gruppe diskutieren könnt.

Das sollt ihr in der Gruppe tun:

1 Fertigt Notizen an, mit deren Hilfe ihr das Beispiel des Genoveva-Gymnasiums vorstellt.

2 Sprecht über die beiden Ansichten zum Thema einheitliche Schulkleidung. Tauscht euch darüber aus, welcher Ansicht ihr eher zustimmt.

3 Sammelt gemeinsam möglichst viele Gründe, die für und gegen einheitliche Schulkleidung sprechen.

4 Formuliert eure eigenen Ansichten zum Thema, schreibt Begründungen dazu auf und stellt sie nach der Gruppenarbeit in der Klasse vor.

Einheitliche Schulkleidung am Gymnasium in Köln

Am Genoveva-Gymnasium in Köln gibt es einheitliche Schulkleidung in Form von T-Shirts, Polohemden und Kapuzenjacken. Obwohl niemand zum Tragen gezwungen ist, machen viele mit.

Zur Pflicht werden die Oberteile am Genoveva-Gymnasium aber nicht, denn man wolle niemanden zwingen, sich zu uniformieren oder Geld für Klamotten auszugeben. Die Kleidungsstücke kosten zwischen 9.90 und 24.80 Euro, später sollen eventuell noch Hosen, Westen und langärmelige T-Shirts dazukommen. Auch an Schüler, die sich die Kleidung nicht leisten können, wurde gedacht. Es besteht die Überlegung, den Rabatt, den der Hersteller bei einer Großbestellung gewährt, ärmeren Schülern zugutekommen zu lassen.
Wider Erwarten wird die Schulkleidung von den 750 Schülerinnen und Schülern sehr gut angenommen, was vielleicht auch daran liegt, dass sie im Gegensatz zur englischen Schuluniform eher locker daherkommt. […]
Symbolisch stehen Logo und T-Shirts nun für das Gemeinschaftsgefühl der Schule, denn das ist in dem Gymnasium, auf dem zu 80 Prozent Schüler mit Migrationshintergrund lernen, besonders wichtig. „Unsere Schüler kommen aus 30 Ländern“, erklärt Müller [Lehrer und Ideengeber], „da wollen wir etwas Einendes finden.“
Schon seit Jahren bemüht man sich an dem Gymnasium um Integration und multi-kulturelles Beisammensein. Das zeigt sich sogar in der Wahl des Herstellers. „Wir haben darauf geachtet, dass die Kleidung fair und sauber hergestellt worden ist“, betonte Karsten Müller. „Wir wollen nicht, dass unsere Schüler in Bekleidung herumlaufen, die von Kindern hergestellt wurde.“

(Aus: Julia Kunze, Auch Lehrer machen mit, Artikel in der Kölnischen Rundschau vom 30.04.2009)

Zwei unterschiedliche Ansichten

„Einheitliche Schulkleidung löst viele Probleme. Zum Beispiel wird niemand mehr gehänselt, weil er keine Markenklamotten trägt. Außerdem entwickeln die Schüler ein besseres Verhältnis zu ihrer Schule.“

„Einheitliche Schulkleidung löst gar kein Problem. Mobbing und Ausgrenzung gibt es auch, wenn alle gleich angezogen sind. Außerdem ist Einheitskleidung uncool. Jeder soll tragen, was er will.“

Thema 2: Sollen Schülerinnen und Schüler ihre Schule selbst putzen?

Das sollt ihr in der Gruppe tun:

1 Fertigt Notizen an, mit deren Hilfe ihr das Beispiel der Wittener Schulen vorstellt.

2 Sprecht über die Ansichten zum Thema Schule putzen. Tauscht euch darüber aus, welcher Ansicht ihr eher zustimmt.

3 Sammelt gemeinsam möglichst viele Gründe, die dafür und dagegen sprechen, dass Schüler ihre Schule selbst putzen.

4 Formuliert eure eigenen Ansichten zum Thema, schreibt Begründungen dazu auf und stellt sie nach der Gruppenarbeit in der Klasse vor.

Sicherlich gibt es Tätigkeiten, die Schüler lieber machen, als die eigene Schule auf Hochglanz zu bringen. Aber: Sollen immer nur andere den Dreck wegmachen, den man selbst mit verursacht hat?

- Ist es sinnvoll und vertretbar, dass Schülerinnen und Schüler zu gemeinsamen Putzaktionen in der Schule verpflichtet werden?

Das ist die Frage, über die ihr in der Gruppe diskutieren könnt.

Das Foto zeigt Schülerinnen und Schüler der Helene-Lange-Schule in Wiesbaden bei einer Putzaktion. Regelmäßiger Reinigungsdienst gehört hier zum Schulalltag. Mit dem eingesparten Geld für Putzdienste werden das Schultheater und Anschaffungen finanziert.

Schüler putzen, weil die Stadt sparen muss

Immer seltener werden die Klassenräume in Wittener Schulen von städtischen Reinigungskräften gesäubert. Bereits in acht Schulen wurde der Rhythmus auf zweimal pro Woche verlängert. Vereinzelt beklagen sich nun Eltern, dass stattdessen die Schüler zum Besen greifen müssten. An jeder Klassentür in der Holzkamp-Gesamtschule hängt ein Plan, wann die städtischen Reinigungskräfte kommen und an welchen Tagen sich die Klasse selbst um die Sauberkeit kümmern muss, berichtet Schulleiter Dietmar Kurz. Dass die Schüler dabei hin und wieder selbst mit anpacken müssen, darin sieht er kein Problem. Ordnungsdienste wie Tafelputzen, Stühlehochstellen oder das Säubern des Schulgeländes sollten selbstverständlich sein. Die Kassen der Stadt sind halt leer. […] „Gerade aus pädagogischen Gesichtspunkten kann das den Schülern nicht schaden, sagt Dietmar Krahn, stellvertretender Schulleiter des Ruhr-Gymnasiums. Hier sorgen die Schüler bereits seit einigen Jahren für die nötige Sauberkeit in den Räumen. Seine Erfahrungen seien positiv und auch bei den Schülern sei das kein Thema mehr. Besen, Kehrblech und Handfeger seien in den meisten Klassen bereits selbstverständlich.

(Aus: Kathrin Feldhofer, Schüler putzen ihre Schule, weil die Stadt sparen muss, Artikel vom 18.11.2009 in: www.derwesten.de; letzter Zugriff 15.08.2014)

Ansichten zum Thema

„Ich sehe nicht ein, dass ich Dreck wegmachen soll, den ich nicht selbst gemacht habe."
Noah H., Gymnasiast, 12 Jahre

„Um Schülerinnen und Schüler anzuhalten, Abfälle nicht auf den Schulhof, sondern in dafür vorgesehene Abfallbehälter zu werfen, ist es zulässig, die Reinigung des Schulhofes von den Schülerinnen und Schülern selbst vornehmen zu lassen."
Empfehlung des Schulministeriums Nordrhein-Westfalen

„Ich finde die Putzaktionen klasse und bin mit Begeisterung dabei."
Nele, Gymnasiastin, Klasse 5

C Rechte und Pflichten, die Schülerinnen und Schüler kennen sollen

Rechte wahrnehmen in der Schule und …

Unter einem Recht versteht man etwas, was man tun darf. Ein Recht ist eine garantierte Freiheit. Nicht alle Rechte, die den Erwachsenen zustehen, stehen auch schon Kindern und Jugendlichen zu. Zum Beispiel haben Kinder noch nicht das Recht, einen Führerschein zu erwerben oder Kaufverträge über große Summen abzuschließen. Rechte nehmen allmählich zu. Dahinter steht die Auffassung, dass man einem Kind keinen Gefallen tut, wenn man ihm zu früh zu viele Rechte und damit auch zu viel an Verantwortung übergibt.
Nie hat jemand grenzenlose Rechte. Zum Beispiel darf niemand, der das Recht hat, ein Motorrad zu fahren, eine rote Ampel missachten, und das Recht auf eine eigene Meinung darf nicht dazu missbraucht werden, Menschen zu beleidigen.
Unter einer Pflicht versteht man eine Aufgabe, die man zu erfüllen hat. Schüler haben zum Beispiel die Aufgabe, etwas zu lernen in der Schule. Sie können nicht tun und lassen, was sie wollen, sondern sind an die Einhaltung von Pflichten gebunden.

Rechte und Pflichten im Schulgesetz

Das wichtigste Recht der Schülerinnen und Schüler steht im Schulgesetz direkt im ersten Abschnitt. Darin heißt es:

„Jeder junge Mensch hat ohne Rücksicht auf seine wirtschaftliche Lage, Herkunft und sein Geschlecht ein Recht auf schulische Bildung.“ (Schulgesetz NRW vom 17.07.2014)

Komisches Recht, mag da manch einer denken, weil er das eher als eine Pflicht empfindet. Man stelle sich jedoch vor, es gäbe dieses Recht nicht und nur reiche Leute könnten sich schulische Bildung leisten. Weitere Rechte, die das Schulgesetz nennt, sind zum Beispiel das Recht auf Mitgestaltung des Unterrichts und das Recht, eine Interessenvertretung zu wählen und über die SV das Schulleben aktiv mitzugestalten.
Dem Recht auf Bildung steht die Pflicht zum Schulbesuch gegenüber. Mindestens neun Jahre ist jedes Kind und jeder Jugendliche schulpflichtig in Deutschland.
Zwischen Rechten und Pflichten gibt es einen inneren Zusammenhang, weil aus einem Recht oft auch eine Pflicht entsteht. So haben zum Beispiel alle Schülerinnen und Schüler in Nordrhein-Westfalen das Recht, an einer freiwilligen Arbeitsgemeinschaft teilzunehmen. Wenn sie dieses Recht in Anspruch nehmen, müssen sie sich zugleich verpflichten, für mindestens ein Halbjahr dabeizubleiben. So steht es im Paragraph 43 des Schulgesetzes.

… lernen, Pflichten zu erfüllen.

1 Was versteht man unter Rechten und Pflichten? Erkläre die Begriffe.

2 Schülerinnen und Schüler haben das Recht, ihre Meinung frei äußern zu dürfen. Finde heraus, welche Pflicht zugleich damit verbunden ist und welche Grenzen diese Freiheit haben muss.

3 Angenommen, dass: Du lebst in einem Land, in dem die Mädchen kein Recht auf Bildung haben und daher auch kein Recht, eine Schule zu besuchen (leider gibt es das noch). Schreibe einen Tagebucheintrag:
- Wie es mir als Mädchen in einem Land geht, in dem ich kein Recht auf Schulbildung habe.
- Wie es mir als Junge in einem Land geht, in dem nur Jungen Schulen besuchen dürfen.

Lest euch die Texte gegenseitig vor.

D Wir erstellen eine Übersicht über Schülerrechte und Schülerpflichten

Das Schulgesetz eures Bundeslandes enthält die grundlegenden Schülerrechte und Schülerpflichten. Wer seine Rechte wahrnehmen und seine Pflichten ordnungsgemäß erfüllen will, sollte sie kennen. Als Beispiel für die gesetzlichen Regelungen findet ihr hier Auszüge aus dem Schulgesetz für Nordrhein-Westfalen. Die Schulgesetze in anderen Bundesländern enthalten ganz ähnliche Bestimmungen. Ihr sollt die Gesetzesaussagen benutzen, um daraus eine Übersicht zu erstellen.

Euer Auftrag:

- Setzt euch in kleinen Gruppen zusammen und ermittelt gemeinsam die Zahl der in den Texten genannten Rechte und Pflichten. (Mindestens fünf Rechte und Pflichten solltet ihr finden.)
- Sprecht in der Gruppe darüber, welches eurer Meinung nach das wichtigste Recht und welche die wichtigste Pflicht ist.
- Entwerft Übersichten, mit denen sich andere Personen über Schülerrechte und Pflichten informieren können.
- Stellt eure Ergebnisse in der Klasse vor.

Beispiel: Auszüge aus dem Schulgesetz für Nordrhein-Westfalen

§ 42 Allgemeine Rechte und Pflichten

(2) Schülerinnen und Schüler haben das Recht, im Rahmen dieses Gesetzes an der Gestaltung der Bildungs- und Erziehungsarbeit der Schule mitzuwirken und ihre Interessen wahrzunehmen. Sie sind ihrem Alter entsprechend über die Unterrichtsplanung zu informieren und an der Gestaltung des Unterrichts und sonstiger schulischer Veranstaltungen zu beteiligen.

(3) Schülerinnen und Schüler haben die Pflicht daran mitzuarbeiten, dass die Aufgabe der Schule erfüllt und das Bildungsziel erreicht werden kann. Sie sind insbesondere verpflichtet, sich auf den Unterricht vorzubereiten, sich aktiv daran zu beteiligen, die erforderlichen Arbeiten anzufertigen und die Hausaufgaben zu erledigen. Sie haben die Schulordnung einzuhalten und die Anordnungen der Lehrerinnen und Lehrer, der Schulleitung und anderer dazu befugter Personen zu befolgen.

§ 43 Teilnahme am Unterricht

Schülerinnen und Schüler sind verpflichtet, regelmäßig am Unterricht und an den sonstigen verbindlichen Schulveranstaltungen teilzunehmen. Die Meldung zur Teilnahme an einer freiwilligen Unterrichtsveranstaltung verpflichtet zur regelmäßigen Teilnahme mindestens für ein Schulhalbjahr.

§ 45 Meinungsfreiheit, Schülerzeitungen

Die Schülerinnen und Schüler haben das Recht, Schülerzeitungen herauszugeben und auf dem Schulgrundstück zu verbreiten.

(Aus: Schulgesetz Nordrhein-Westfalen in der Fassung vom 15. Juli 2014, Überschriften der Paragraphen gekürzt)

3 Wie können wir das Schulleben mitgestalten?

Ideen für die Mitarbeit in der SV sammeln

Eine Einstiegsübung für alle:
- Was weißt du bereits über die Arbeit der SV an deiner Schule?

Überlege und tausche dich mit deinen Tischnachbarn darüber aus.

A Die Schülervertretung* tagt

Ein wenig aufgeregt ist die neue Schülersprecherin Jessica aus der 10c schon, als sie zusammen mit ihrem Stellvertreter Ramesh die erste Klassensprecherversammlung im neuen Schuljahr leitet. Heute muss die SV-Arbeit für das neue Schuljahr auf den Weg gebracht werden. Jessica ruft den ersten Tagesordnungspunkt auf.

Top 1: Fortsetzung von Projekten aus dem vergangenen Schuljahr

Abwechselnd tragen Jessica und Ramesh vor, was die SV unternommen hat: „Das Schulfest vom letzten Sommer und die von der SV angeregte Pflanzaktion von jungen Bäumen auf dem Schulgelände ist bei den meisten der 600 Schülerinnen und Schüler gut angekommen. Auch mit dem von uns in Zusammenarbeit mit den Lehrern organisierten Weihnachtsbazar und der Sammlung für eine von einem Erdbeben in Pakistan zerstörte Schule können wir zufrieden sein, ebenso mit der Rock-Gegen-Rechts-Party."

Top 2: Bericht der Schülervertreter aus der Gesamtkonferenz

Luisa aus der 11. Klasse gehört zum Team der Schülervertreter in der Gesamtkonferenz. Sie berichtet von der letzten Sitzung. „Die Schultoiletten sollen demnächst modernisiert werden. Mehrere Lehrer meinten, das mache nur Sinn, wenn die Schülerinnen und Schüler sich verpflichten würden, die Toilettenanlage pfleglicher zu behandeln. Die Konferenz hat uns darum gebeten, in der SV zu überlegen, was wir dazu beitragen können." Paul schlägt vor, die SV solle ein Schild gestalten, um es vor den Toiletten aufzustellen mit dem Motto: Behandle die Schultoilette so wie deine eigene. Dunja, Klassensprecherin der 8c, hält dagegen. Sie meint, dass die Sauberkeit auf den Schülertoiletten kein Thema für die SV sei. Eine Entscheidung wird auf die nächste Sitzung vertagt.

Top 3: Ideensammlung für neue Aktivitäten der SV

Hierzu meldet sich spontan Claudia, Klassensprecherin der 5c, und beschwert sich, dass die Unterstufe bei den Aktionen der SV immer zu kurz komme. „Wir wollen, dass bei den kommenden Schulfesten Aktionen angeboten werden, von denen auch die unteren Klassen etwas haben, zum Beispiel die Durchführung von interessanten Spielen, Torwandschießen und anderes mehr." „Meinst du, wir hätten die Zeit und die Lust, uns mit so einem Kinderkram zu befassen?", fragt nun leicht verärgert Simon, Klassensprecher der 10b, in die Runde.

1 Von welchen Aktivitäten der SV ist hier die Rede? Nenne sie.

2 Welche der von dieser SV durchgeführten Maßnahmen hältst du für nachahmenswert? Begründe deine Wahl.

3 Was antwortest du einem Schüler wie Simon, der die Vorschläge der „Kleinen" als „Kinderkram" bezeichnet? Formuliere eine Antwort.

4 Soll die SV mithelfen, dass die Schultoiletten pfleglich behandelt werden oder nicht? Sprecht darüber in der Klasse.

Was auch noch interessant sein kann:
- Leute befragen: Befrage einzelne Mitglieder der SV oder den Verbindungslehrer, was aktuell passiert in eurer SV, wie zufrieden sie mit ihrer Arbeit sind usw.

* Zum Begriff Schülervertretung findest du weitere Informationen im Glossar.

S M U H

B Was soll die SV tun? – Wir erstellen eine Liste mit Vorschlägen

1. Projektideen für eine geplante Projektwoche entwickeln
2. Einen Flohmarkt für einen guten Zweck durchführen
3. Bei Konflikten mit Lehrerinnen oder Lehrern beraten
4. Für das regelmäßige Erscheinen einer Schülerzeitung sorgen
5. Patenschaften zwischen älteren und jüngeren Schülern organisieren
6. Bei der Planung und Durchführung eines Schulfestes aktiv sein
7. Einen Schüleraufenthaltsraum schön gestalten
8. Eine Infowand über die Arbeit der SV einrichten
9. Mithilfe der Verbindungslehrer ein SV-Seminar über Gewaltvermeidung durchführen
10. Einen Kummerkasten für die Sorgen von Schülern einrichten
11. Die Aufstellung von Getränkeautomaten fordern
12. Streitschlichter ausbilden, die in Konfliktfällen vermitteln können
13. Schulinterne Sportfeste organisieren (Tischtennis, Handball, Volleyball)
14. Pausenradio organisieren
15. Die beliebteste Lehrerin oder den beliebtesten Lehrer wählen
16. Die Ausgabe von Pausenspielen organisieren
17. Interessante Ideen für Unterrichtsthemen und Unterrichtsformen entwickeln
18. Über E-Mail Kontakte zu Partnerschulen und anderen Schulen aufnehmen
19. An der Gestaltung der Homepage der Schule mitwirken
20. Kleinen Schülern Hilfe anbieten, die von den Großen geärgert wurden

sehr wichtig

???

einigermaßen wichtig

???

eher unwichtig

???

Und was noch?

Euer Auftrag:

Hier findet ihr eine Reihe von Dingen, die Schülervertretungen planen können. Welche davon haltet ihr für sehr wichtig, welche für wichtig und welche für eher unwichtig?

- Sucht zunächst alleine etwa zehn Maßnahmen aus, die ihr für sinnvoll haltet.
- Setzt euch dann in Gruppen zusammen und erstellt eine gemeinsame Liste. Setzt darin die wichtigste Maßnahme auf Platz eins, die zweitwichtigste auf Platz zwei usw.

Einigt euch am Ende auf eine gemeinsame Klassenliste.

Tipp: Ihr könnt die Liste über eure Klassensprecher dem Schülerrat zukommen lassen oder in der Schülerzeitung veröffentlichen.

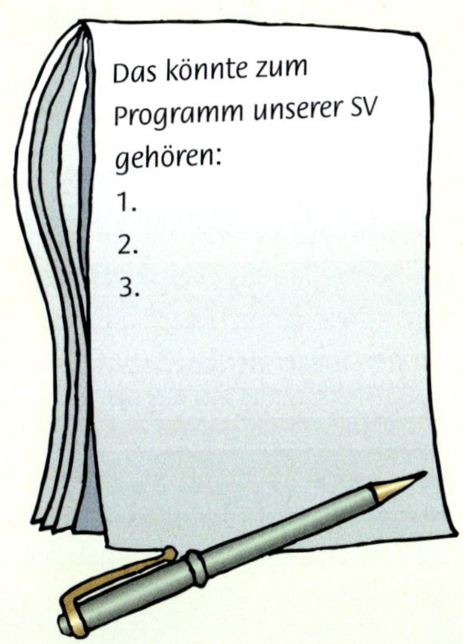

C Aufgaben und Zusammensetzung der Schülervertretung

Recht auf Mitgestaltung

Die wichtigsten Aufgaben der Schülervertretungen* bestehen darin, die Rechte der Schülerinnen und Schüler wahrzunehmen und deren Interessen zu vertreten. Die Vertreter der SV sind in ihren Entscheidungen frei, jedoch der Schülerschaft verantwortlich.
Die SV soll partnerschaftlich mit den Lehrkräften und der Schulleitung zusammenwirken.
Sie sollte offen und fair mit allen Beteiligten diskutieren, sachlich argumentieren und in Konfliktfällen* nach gemeinsamen und nicht nach einseitigen Lösungen suchen.
Die Rechte der SV sind im Schulgesetz eures Bundeslandes verankert. Zusätzlich werden sie in einem Erlass des Schulministeriums beschrieben. Schulgesetz und SV-Erlass sind leicht im Internet zu finden.

Tipp: Oft findet ihr die gesetzlichen Grundlagen auch in den Aufgabenheften abgedruckt.

* Zu den Begriffen Schülervertretung und Konflikt findest du weitere Informationen im Glossar.

Mitwirkungsorgane

Klassensprecher
Sie kümmern sich um die Wünsche, Anregungen und Sorgen in ihrer Klasse. Sie vertreten im Schülerrat die Interessen ihrer Klasse, sind aber in ihren Entscheidungen frei. Sie informieren ihre Klasse über wichtige Angelegenheiten und Beschlüsse und berufen die SV-Verfügungsstunden ein.

Schülersprecher
Sie vertreten die Interessen aller Schülerinnen und Schüler ihrer Schule. Sie wenden sich mit Anregungen und Kritik an die Lehrerschaft, die Schulleitung und die Elternvertreter. Sie berufen den Schülerrat ein, leiten die Sitzungen und führen die Beschlüsse des Schülerrates aus.

Der Schülerrat
Der Schülerrat ist für alle Fragen der SV zuständig. Er setzt sich aus den Klassensprecherinnen und Klassensprechern zusammen und berät über deren Wünsche und Anregungen. Auf Beschluss des Schülerrates können stellvertretende Klassensprecher an den Sitzungen teilnehmen, sofern für sie dadurch kein Unterricht ausfällt.

Die Schulkonferenz
Sie ist das oberste Mitwirkungsgremium in der Schule und berät und entscheidet über alle wichtigen Angelegenheiten. Sie verabschiedet zum Beispiel die Schulordnung und berät über die Gestaltung von Hausaufgaben und die Verteilung von Klassenarbeiten. In der Schulkonferenz sind die Schülerinnen und Schüler in gleicher Anzahl vertreten wie die Elternvertreter und die Lehrerschaft.

1 Wie soll die Zusammenarbeit der SV mit der Schulleitung und den Lehrkräften gestaltet werden? Beschreibe die Grundsätze der Zusammenarbeit.

2 Fasse die Aufgaben der genannten vier Mitwirkungsorgane in je einem Satz zusammen.

Was auch noch interessant sein kann:
- weitere Informationen besorgen: Gebt die Suchbegriffe „Mitwirkung der Schülervertretung in der Schule" und den Namen eures Bundeslandes im Internet ein. Vervollständigt damit die Informationen dieser Seite.

S M U H

D Wir diskutieren: Lohnt sich die Mitarbeit in der SV: Ja oder Nein?

Über die Mitarbeit in der SV der eigenen Schule gibt es unterschiedliche Ansichten. Vier häufig geäußerte Meinungen dazu findest du in den Sprechblasen auf dieser Seite. Der Text über die Mitarbeit in der SV wurde der Homepage der Bismarckschule in Hannover entnommen. Sprechblasen und Text sollen dir dabei helfen, ein eigenes Urteil über die Bedeutung der Mitarbeit in der Schülervertretung zu bilden.

Wir Schülerinnen und Schüler sind das Herzstück unserer Schule und bestimmen den Schulalltag durch unser Engagement mit. Wir brauchen eine aufmerksame und engagierte Schülerschaft, die den Schulalltag mitgestalten und verbessern möchte. Die Schülervertretung der Bismarckschule sitzt nicht still und leise in der letzten Ecke des Schulhofs. Im Gegenteil, wir nutzen alle Möglichkeiten der Mitsprache. Denn wir Schülerinnen und Schüler sind letztlich das Herz einer jeden Schule! [...]

Die Hauptidee unserer SV ist, dass wir uns **gemeinsam** engagieren. Wenn jeder dabei sein will, alle mitmachen und sich produktiv um das Wohl unserer Schule kümmern – dann haben wir unser Ziel erreicht. Wir setzen uns für eine aktive Schülerschaft ein, die in der Schule nicht nur Schule sieht, sondern auch eine große Gemeinschaft.

Jeder kann an der SV teilnehmen. [...] Damit allen Schülerinnen und Schülern die Gelegenheit geboten werden kann, über die schulinternen Fragen informiert und beteiligt zu bleiben, bilden die Klassensprecher die wichtige Verbindung zur SV. Außerdem haben Klassensprecherinnen und Klassensprecher die Aufgabe, die Interessen ihrer Klasse zu bündeln und in den SV-Sitzungen einzubringen. [...]

Doch nicht nur Klassensprecher sind in der SV willkommen. Auch andere Interessierte können sich am Anfang eines Schuljahres für eine Mitarbeit melden [...]. Kommt einfach **freitags in der 7. Stunde in den Raum N101** und diskutiert mit. **Jeder kann mitmachen!**

Die Schülervertretung der Bismarckschule

(Quelle: http://bismarckschule.de/unsere_schule/schuelervertretung-sv; Zugriff 03.09.2014)

1 Wie begründet die Schülervertretung der Bismarckschule die Notwendigkeit der SV? Fasse zusammen.

2 Welche Äußerungen in den Sprechblasen finden deine Zustimmung, welche nicht? Entscheide.

3 Siehst du die Mitarbeit in der SV als Chance für dich und für andere? Soll man sie nur einigen wenigen Schülerinnen und Schülern überlassen? Kann man durch die SV Demokratie lernen? Schreibe deine Antworten auf diese drei Fragen auf. Stellt dann eure Urteile vor und diskutiert miteinander.

Was auch noch interessant sein kann:

- die Homepage der eigenen Schule sichten: Recherchiere im Internet, wie sich die SV deiner Schule präsentiert.

E Die SV-Stunde: Wie nutzt man sie richtig?

Der SV-Erlass sieht vor, dass den Schülerinnen und Schülern ab Klasse 5 einmal im Monat eine Stunde während der allgemeinen Unterrichtszeit als SV-Stunde zu gewähren ist. Hier soll alles besprochen werden, was für die Klassengemeinschaft und für die SV wichtig ist. In den Klassen 5 bis 7 ist die Anwesenheit des Klassenlehrers Pflicht. SV-Stunden können zum Ärgernis werden, wie das Beispiel 1 zeigt.

- Was könnt ihr tun, damit sie sinnvoll ablaufen kann?

Beispiel 1: Die Chaosklasse

Sabine verrammelt die Klassentür von innen, indem sie das Pult vor die Tür schiebt, dieses mit zwei Stühlen beschwert und das Lineal als zusätzliche Sicherheit unter die Klinke klemmt. Paul und Thomas bearbeiten den kleinen schreienden Sebastian mit ihren Fäusten. Manuela bemalt die Tafel mit anzüglichen Zeichnungen, während Karl den neuesten Hit der Toten Hosen zum Besten gibt. Claudia und Sarah beschießen sich mit Papierkügelchen, Frederike strickt. Bernhard versucht, mit dem Kartenständer den Schrank zu erklimmen und Nurcia bekritzelt inzwischen Jessicas Etui. Diana und Martin versuchen ihre Hausaufgaben zu erledigen, was aber nicht gelingen will, da Martina die Lautstärke ihres CD-Players erprobt. Die 8a hat Verfügungsstunde – einmal im Monat die Angelegenheiten der Klasse besprechen und alles regeln und das ohne Lehrer.

(Aus: SV macht Schule: Schriftenreihe zur Lehrerfort- und -weiterbildung, Bezirksregierung Münster, S. 17, ohne Jahrgang)

Beispiel 2: Klassenrat in der 6c

Frau Mader führt die Klasse seit dem fünften Schuljahr. Im ersten gemeinsamen Jahr hat sie die SV-Stunden geleitet. Das hatte sie so mit ihrer Klasse vereinbart. Jetzt in Klasse 6 übernehmen die Schülerinnen und Schüler nach und nach das Geschäft. Manchmal verlässt sie zeitweise die Klasse, zum Beispiel, wenn die Schüler gemeinsam beraten, wie sie einige, die ständig die anderen stören, zu besserem Benehmen anleiten können. Dann leitet die Klassensprecherin zusammen mit ihrem Stellvertreter das Gespräch. Vor den Sitzungen einigen sich die Schülerinnen und Schüler auf eine gemeinsame Tagesordnung. Alle können dazu ihre Wünsche einbringen. Wenn es Ärger mit einem Lehrer gibt, besprechen die Schülerinnen und Schüler das und überlegen gemeinsam, was zu unternehmen ist.
Gemeinsam haben die Schülerinnen und Schüler auch eine Liste von Themen erstellt, die in den SV-Stunden besprochen werden können. Diese Liste hängt in der Klasse aus.

Themen für unsere SV-Stunden

- *Berichte unserer Klassensprecher aus dem Schülerrat*
- *Informationen unserer Klassenlehrerin an die Klasse*
- *Wie kann unser Klassenraum schöner gestaltet werden?*
- *Was tun wir, wenn jemand Geburtstag hat?*
- *Wie helfen wir, wenn jemand längere Zeit krank war?*
- *Wie verhindern wir Mobbing und Gewalt?*
- *Sorgenrunden: Wer hat wen ungerecht behandelt?*
- *Wie können wir die Klassensprecher besser unterstützen?*
- *Welche Themen soll der Schülerrat behandeln?*
- *Was können wir tun, wenn wir Ärger mit Lehrerinnen oder Lehrern haben?*

1 Erstellt eine Liste: Unsere SV-Stunden: Wie sollen sie ablaufen ☺ und wie nicht ☹.

F Wir diskutieren: Wer soll die Schülersprecherin oder den Schülersprecher wählen?

Stellt euch folgende Situation vor: Ihr befindet euch in einer Sitzung des Schülerrates und diskutiert über die Wahl des neuen Schülersprechers. Das Schulgesetz sieht dafür zwei Möglichkeiten vor (siehe Möglichkeiten A und B). Ihr sollt nun eine Entscheidung herbeiführen. Bis jetzt haben sich zwei Schüler gemeldet und ihre Meinung vertreten, Canan und Thomas.

Canan sagt:

Ich bin dafür, dass wir als Schülerrat den neuen Schülersprecher und seine Stellvertreter wählen. Wir sind doch die gewählten Sprecher unserer Klassen. Wir kennen die Bewerber durch die gemeinsamen Sitzungen und können besser beurteilen, wer für die Aufgabe geeignet ist und wer nicht.

Thomas meldet sich zu Wort:

Ich bin dafür, dass wir den neuen Schülersprecher von allen Schülerinnen und Schülern wählen lassen. So kann jeder Schüler an unserer Schule mitentscheiden und die Kandidatin oder den Kandidaten seiner Wahl direkt wählen. Wenn alle wählen dürfen, ist das die demokratischste Art, wie ein Schülersprecher gewählt werden kann.

Diskutieren lernen

Um Demokratie zu lernen, muss man miteinander diskutieren können. Fünf Regeln sind dabei unverzichtbar.

1. Beteilige dich aktiv.
2. Sprich in vollständigen Sätzen.
3. Lass die anderen ausreden.
4. Mach dich nicht über andere lustig.
5. Lass auch andere Meinungen gelten.

A Die Schülersprecherin oder der Schülersprecher und ihre oder seine Stellvertreterinnen und Stellvertreter werden vom Schülerrat aus seiner Mitte gewählt. (SV-Erlass NRW, 3.5.2)

B Auf Antrag von 20 von Hundert der Gesamtzahl der Schülerinnen und Schüler können die Schülersprecherinnen und -sprecher auch aus der gesamten Schülerschaft ab Klasse 5 gewählt werden. (SV-Erlass NRW, 3.5.2)

1 Welche Gründe sprechen für Möglichkeit A, welche für B? Überlege alleine.

2 Welche Möglichkeit hältst du für die beste? Entscheide dich für A oder B.

3 Wie sehen deine Tischnachbarn die Sache? Beratet gemeinsam.

4 Wie steht die Klassengemeinschaft zu dieser Frage? Diskutiert in der Klasse.

4 Demokratie lernen: Was dürfen wir und was nicht?

Wir sammeln Merkmale von Demokratie

A Der Fall: Wohin soll die Klassenwanderung gehen?

Cedrik ist sauer

Die Klassenversammlung in seiner 6c läuft nicht so, wie er es will. Es geht um die Planung eines Wandertages. Cedrik hat vorgeschlagen, gemeinsam in einen Wild-West-Fun-Park im Sauerland zu fahren. Dort gibt es zweimal am Tag eine große Wildwest-Show. Die Klassenlehrerin, Frau Nosbers, lässt aber nicht über seinen Vorschlag abstimmen: „Es tut mir leid, aber das geht leider nicht", sagt sie. Und darum ist Cedrik sauer. „Ich dachte, Sie wollten uns Demokratie beibringen." „Du hast recht, Cedrik, ich will, dass ihr Demokratie lernt. Zur Demokratie gehören Regeln und die müssen eingehalten werden." Frau Nosbers sucht in ihren Unterlagen, zieht ein sehr eng bedrucktes Blatt heraus und liest der Klasse vor: *„Wandertage müssen einen deutlichen Bezug zum Unterricht haben und im Unterricht vor- und nachbereitet werden.* Das ist die Regel, die das Bildungsministerium beschlossen hat und die für alle Schulklassen in unserem Bundesland gilt. Der Wild-West-Park hat keinen Bezug zu unserem Unterricht. Wir müssen uns an die Regel halten. So ist das in einer Demokratie." Cedrik grummelt noch ein bisschen vor sich hin, sieht aber dann ein, dass seine Lehrerin sich das gut überlegt hat.

Bedrija jubelt

„Ich will aber, dass ihr mitbestimmt und ich habe mir zwei Sachen überlegt", fährt die Lehrerin fort. „Im Sauerland gibt es ein Besucherbergwerk. Da kann man tief in die Erde hineinfahren. Als zweite Möglichkeit schlage ich den Besuch eines Wolfs- und Vogelgeheges vor. Da sieht man, wie die Wölfe gefüttert werden und wie die großen Greifvögel auf Beutefang gehen." Nun ergreift Bedrija, die Klassensprecherin, das Wort: „In unserem Dorf gibt es einen ganz großen Bio-Bauernhof. Die Besitzer bieten Führungen für Schulklassen an. Man kann viele Tiere beobachten. Das macht Riesenspaß."

Die Klasse stimmt ab

Drei Vorschläge stehen jetzt auf der Tagesordnung und es beginnt eine lebhafte Diskussion, an deren Ende abgestimmt wird. Denkbar knapp fällt die Entscheidung aus: 8 Stimmen für das Wolfsgehege, 9 für das Bergwerk und 11 für den Biohof. Frau Nosbers ist überstimmt, aber sie akzeptiert die Wahl ihrer 27 Schüler.
„Prima, dann fahren wir zum Biohof!", jubelt Bedrija. Wieder kramt Frau Nosbers ihr Informationsblatt hervor, liest darin und erklärt dann: „Es gibt noch eine Regel, die wir einhalten müssen. Die Elternversammlung hat das Recht, über Klassenwanderungen zu beschließen. Ich werde am Elternabend das Ergebnis eurer Abstimmung vorstellen. Höchstwahrscheinlich werden die Eltern euer Abstimmungsergebnis unterstützen." „Warum ist das nicht schon jetzt beschlossene Sache?", fragt Simon, der stellvertretende Klassensprecher. „In der Demokratie will man, dass Kinder mitreden und Vorschläge machen. Das Recht zu entscheiden und dann die Verantwortung dafür zu übernehmen, bekommt man aber erst mit zunehmendem Alter. So will man die Kinder heranführen an die Demokratie, ohne sie zu überfordern. Versteht ihr das?"

Hier wird gewählt und die Mehrheit entscheidet

1 Warum ist Cedric sauer und warum jubelt Bedrija? Nennt die Gründe.

2 „Ich will, dass ihr Demokratie lernt", sagt Frau Nosbers zu ihren Schülern. Was kann die 6c von diesem Fall darüber lernen? Tauscht euch zu zweit oder zu dritt darüber aus.

3 Welche Merkmale von Demokratie fallen euch auf? Sammelt gemeinsam.

B Merkmale von Demokratie

1 Was unterscheidet eine demokratische von einer undemokratischen Entscheidung? Erkläre den Unterschied.

2 Welche Merkmale der Demokratie kannst du diesem Text entnehmen? Notiere sie.

3 Stelle dir vor, du bist Mitglied einer Handball- oder Fußballmannschaft. Für die kommende Spielsaison sollen neue Trikots angeschafft werden. Wie sollen sie aussehen? Welche Farben sollen sie haben? Schildere dazu (a) eine diktatorische und (b) eine demokratische Art der Entscheidung.

Demokratie im Alltag ...

„Das ist aber undemokratisch!" Vielleicht hast du diesen Ausspruch schon einmal gehört. Man sagt es, wenn man das Gefühl hat, dass sich jemand über die Rechte und Ansichten anderer hinwegsetzt und nur seinen eigenen Kopf durchsetzen will. Eine demokratische Entscheidung sieht anders aus. Hier können alle ihre Interessen einbringen und es wird miteinander diskutiert. Damit man zu einer Entscheidung kommt, gilt das Mehrheitsprinzip. Gemacht wird, was eine Mehrheit für gut und richtig hält. Das bedeutet aber nicht, dass diejenigen, die mit ihren Ansichten in der Minderheit geblieben sind, weniger wert sind als die anderen. Alle Menschen sind gleich viel wert in einer Demokratie.

In der Demokratie dürfen alle Menschen frei ihre eigene Meinung vertreten, sich miteinander treffen und reisen, wohin sie wollen. Daran sieht man, dass die Demokratie* nicht nur etwas ist, was mit der großen Politik zu tun hat. Sie ist auch eine Lebensform. Sie mag zwar Mängel haben, ist aber immer besser als das Leben in einer Diktatur*, in der einige wenige Machthaber den Menschen vorschreiben, wie sie zu leben und was sie zu denken haben.

... und in der Politik

Das griechische Wort Demokratie bedeutet „Herrschaft des Volkes". Heutzutage ist damit gemeint, dass das Volk in Wahlen darüber entscheidet, welche Personen und Parteien für die Zeit zwischen zwei Wahlen die politische Herrschaft im Staat* ausüben dürfen. Freie Wahlen sind eines der wichtigsten Merkmale der Demokratie.

In der Demokratie herrschen die Gesetze*. Alle müssen sich an sie halten – sowohl die Bürgerinnen und Bürger als auch der Staat in seinem Handeln. Die Gesetze werden von den gewählten Parlamenten verabschiedet.

Eine wichtige Aufgabe des Staates besteht in der Demokratie darin, die grundlegenden Rechte der Bürgerinnen und Bürger zu schützen. Die Meinungsfreiheit und die Freiheit des Glaubens sowie die Gleichberechtigung zwischen Frau und Mann sind einige dieser garantierten Grundrechte.

Rechte und Pflichten

Neben vielen Rechten haben die Menschen in einer Demokratie auch Pflichten zu erfüllen. Die wichtigste Pflicht ist, dass man sich an die Gesetze hält. Auch ist man verpflichtet, die Rechte anderer Menschen zu respektieren und zu achten. Eltern haben die Pflicht, ihre Kinder zu erziehen. Berufstätige sind verpflichtet, Steuern* zu zahlen. Alle Menschenrechte stehen auch den Kindern zu. Das Recht, ein Auto zu fahren, haben sie allerdings noch nicht. Mit einigen Rechten müssen sie warten, bis sie erwachsen sind.

* Zu den Begriffen Demokratie, Diktatur, Staat, Gesetz und Steuern findest du weitere Informationen im Glossar.

Kompetenzstationen

Leben in der Schulgemeinschaft

Station 1 Klassensprecher wählen

S M U H

Ein Fernsehinterview

Stell dir folgende Situation vor: Ein örtlicher Fernsehsender besucht eure Schule und hat dich für ein Interview ausgesucht. Die Fragen hat man dir vorher zur Verfügung gestellt. Nun bereitest du dich auf das Interview vor und machst dir Notizen.

1. Frage: Kannst du unseren Zuschauern zwei Aufgaben nennen, die ein Klassensprecher zu erfüllen hat?

2. Frage: Die Zuschauer wüssten gerne, was der Unterschied zwischen dem passiven und dem aktiven Wahlrecht ist. Kannst du helfen?

3. Frage: Kannst du uns zwei unterschiedliche Wahlen nennen, an denen du in deiner Klassen- und Schulgemeinschaft teilnehmen darfst?

4. Frage: Erkläre uns doch bitte, warum Wahlen zu den unverzichtbaren Merkmalen einer Demokratie gehören.

Station 2 Rechte und Pflichten

S M U H

Sätze zusammenfügen

Hier ist ein Text über Rechte und Pflichten „auseinandergefallen". Du wirst ihn wieder richtig zusammenfügen.

1. Ein Recht ist eine …
2. Nie hat jemand …
3. Das wichtigste Recht in der Schule ist …
4. Das Recht auf eine eigene Meinung darf nicht dazu …
5. Unter einer Pflicht versteht man …
6. Eine wichtige Schülerpflicht ist …

a. grenzenlose Rechte.
b. garantierte Freiheit.
c. die Pflicht zum regelmäßigen Schulbesuch.
d. das Recht auf Bildung.
e. eine Aufgabe, die man zu erfüllen hat.
f. missbraucht werden, andere zu beleidigen.

Station 3 Schülerinnen und Schüler regieren in der Schule mit

Wahlmöglichkeit A

Wahlmöglichkeit B

1. Erkläre den Unterschied: Welche beiden Möglichkeiten bei der Wahl des Schülersprechers zeigen die Zeichnungen?
2. Formuliere jeweils einen Grund: Was spricht für die Möglichkeit A und was für die Möglichkeit B?
3. Begründe deine eigene Meinung: Für welche Möglichkeit entscheidest du dich?

Station 4 Merkmale von Demokratie

1 Beispiel – 4 Begriffe – 5 Merksätze notieren

Gesetze → In der Demokratie müssen sich alle Bürger und der Staat an die Gesetze halten.

Mithilfe der folgenden Begriffe kannst du vier weitere Merksätze über wichtige Merkmale der Demokratie aufschreiben. So erhältst du fünf Merkmale, die du dir für immer einprägen kannst.

Freie Wahlen →

Mehrheitsprinzip →

Meinungsfreiheit →

Gleichberechtigung →

Zusammenleben in der Familie

3

Wir untersuchen Lebenssituationen von Kindern, Jugendlichen und Erwachsenen

1. Allein nachdenken

Betrachte das Foto von der Storchenfamilie: Welche Gedanken über die Bedeutung der Familie löst es in dir aus?

2. Zu zweit beraten

Warum brauchen die Menschen überall auf der Welt eine Familie? Findet mindestens drei Gründe.

3. In der Klasse sammeln

Sammelt gemeinsam alle Aufgaben der Familie, die euch einfallen.

Im Verlauf dieses Kapitels könnt ihr …

- darüber berichten, wie Kinder und Jugendliche ihr Leben in Familien beschreiben,
- Gründe ermitteln, warum es viele verschiedene Formen von Familien gibt,
- gemeinsam überlegen, wie die Rollen zwischen Töchtern und Söhnen, Müttern und Vätern verteilt werden sollen,
- erläutern, wie der Staat Familien mit Kindern unterstützt,
- über unterschiedliche Vorstellungen von Familienpolitik diskutieren.

Eigene Schwerpunkte könnt ihr setzen, indem ihr …

- ein Interview mit einem Kaiser aus dem Mittelalter führt,
- andere Personen darüber befragt, wie diese über die Bedeutung der Familie denken,
- Konfliktsituationen in der Familie in Rollenspielen darstellt.

Detektivaufgabe für das ganze Kapitel:
Worauf freut sich Arno Schaminski die ganze Woche über?

1 Warum ist die Familie so wichtig?

Die Bedeutung der Familie für das Leben von Kindern beschreiben

A Ein Experiment im Mittelalter

Vor vielen hundert Jahren wollte der Kaiser Friedrich II. herausfinden, wie sich Kinder im späteren Leben verhalten, wenn sie von Geburt so wenig wie möglich von außen beeinflusst werden. Ganz besonders interessierte ihn, welche Sprache diese Kinder verwenden würden. Also machte er ein Experiment: Er ließ neugeborene Säuglinge ihren Eltern wegnehmen und beauftragte Pflegerinnen – sogenannte Ammen – damit, die Kinder zu säubern und zu ernähren. Er verbot diesen Frauen aber, mit den Kindern zu sprechen oder ihnen sonst irgendeine Zuwendung zu zeigen. Er wollte, dass sie unbeeinflusst aufwachsen, auch unbeeinflusst von Liebe.
Erstaunt musste der Kaiser feststellen, dass keines der Kinder zu sprechen anfing. Noch schlimmer: Keines überlebte das Experiment. Alle starben in ihren ersten Lebensjahren, und der Kaiser blieb ratlos zurück.

Heute wissen wir: Es reicht nicht aus, ein Baby nur mit Nahrung zu versorgen. Es braucht spürbaren Kontakt zu anderen Menschen. Mit Babys muss man sprechen, sie in den Arm nehmen, sie trösten, wenn sie weinen. Bekommen Kinder in den ersten Lebensjahren nicht genug Zuwendung, können sie krank werden und in ihrer Entwicklung verkümmern.

Was Babys wirklich brauchen

Kinder brauchen eine Familie*, damit sie einen guten Start ins Leben haben und glücklich und beschützt aufwachsen können. Im Idealfall vermittelt die Familie einem Kind das Gefühl, geborgen zu sein und geliebt zu werden und willkommen in der Welt zu sein. Die Erziehung der Kinder ist die wichtigste Aufgabe, die eine Familie zu erfüllen hat.
Dabei spielt es keine besondere Rolle, ob diese Familie groß oder klein ist. Viele Familienformen sind möglich. Wichtig ist, dass es Bezugspersonen gibt, die kleine Kinder liebevoll umsorgen und denen sie vertrauen können. Besonders häufig werden das die leiblichen Eltern sein. Aber auch andere Personen kommen dafür infrage, wenn sie wie Eltern mit ihren Kindern zusammenleben.

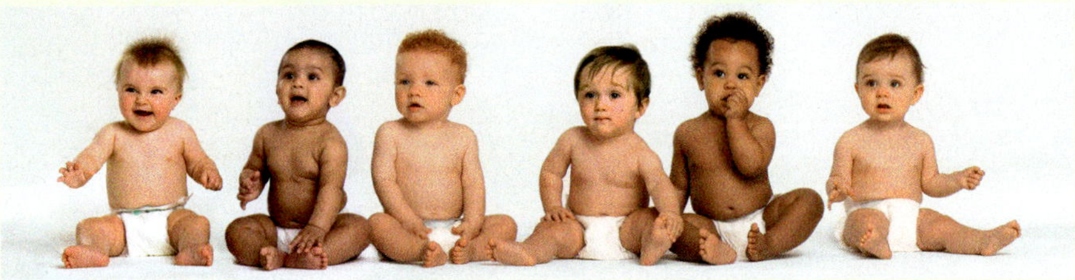

* Zum Begriff Familie findest du weitere Informationen im Glossar.

1 Mit welchem Experiment ist Kaiser Friedrich II. im Mittelalter gescheitert? Beschreibe es.

2 Was brauchen Babys, um sich gut zu entwickeln? Sammelt, was ihr in diesem Text darüber erfahrt und was ihr schon darüber wisst.

3 Beschreibt die Fotos auf der folgenden Seite der Reihe nach. Welche Aufgaben von Eltern, Familien und wichtigen Bezugspersonen lassen sich daraus ableiten?

Was auch noch interessant sein kann:
- ein Interview mit dem Kaiser vorspielen: Was hast du gemacht? Warum hast du das gemacht? Worüber bist du ratlos? Ich erkläre dir, warum.

B Was erzählen Fotos über die Bedeutung der Familie?

A

B

C

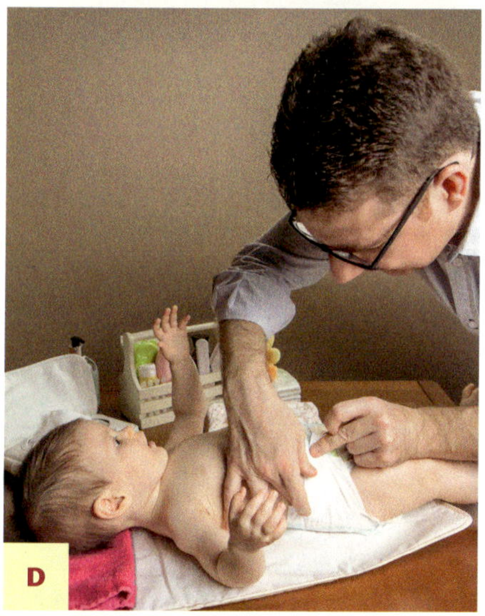
D

E

F

G

H

I

2 Wie leben Kinder in unterschiedlichen Familien?

Wir beschreiben Unterschiede und Gemeinsamkeiten

Über acht Millionen Familien gibt es in Deutschland. In diesem Kapitel könnt ihr an Beispielen untersuchen, wie Kinder das Zusammenleben in ihren Familien beschreiben. Ihr könnt auch die Gründe herausfinden, warum es so viele unterschiedliche Familien gibt.

A Fotos erzählen

Familie Steffens hat drei eigene Kinder und ein adoptiertes Kind. Insgesamt gibt es 1,2 Millionen Großfamilien mit drei und mehr Kindern in Deutschland.

Dieses Baby wird in einer sogenannten „Regenbogenfamilie" groß werden. Darunter versteht man gleichgeschlechtliche Lebensgemeinschaften mit Kindern, von denen es mittlerweile etwa 6000 gibt.

Seit der Scheidung lebt Simon bei seiner Mutter. Sonntags besucht ihn sein Vater. 2,65 Millionen alleinerziehende Mütter und Väter gibt es.

Dieses Mädchen lebt zusammen mit Mutter und Vater so wie 4,3 Millionen andere Kinder auch. Die „Ein-Kind-Familie" ist die häufigste Familienform in Deutschland.

Zahlen: Statistisches Bundesamt 2013

1 Notiere die Familienformen von oben nach unten nach ihrer Häufigkeit.

2 Kannst du trotz der Unterschiede auch Gemeinsamkeiten zwischen den verschiedenen Familien in den Bildern entdecken? Beschreibe sie.

B Familien heute

1 Was versteht man unter einer Familie? Im Text findest du zwei Erklärungen. Notiere sie.

2 Warum haben sich die Familien in Deutschland stark verändert? Nenne drei Gründe.

3 Betrachte das Schaubild: Welche der darin gezeigten Lebensgemeinschaften sind nach offizieller Definition echte Familien? Nenne sie.

4 Manche Menschen bedauern, dass es heute so viele verschiedene Familienformen gibt, andere sehen die Vielzahl der Möglichkeiten als Chance. Wie siehst du es? Begründe deine Ansicht.

Was ist eigentlich eine Familie?

Heutzutage gibt es so viele Formen des Zusammenlebens, dass es gar nicht so einfach zu bestimmen ist, was eigentlich eine Familie ist. In Deutschland gilt seit 2005 offiziell die folgende Definition: Jede Eltern-Kind-Gemeinschaft, die gemeinsam in einem Haushalt lebt, ist eine Familie. Dazu zählen alle Ehepaare mit einem oder mit mehreren Kindern und auch alle Alleinerziehenden und alle unverheirateten Paare, die mit eigenen oder adoptierten Kindern unter einem Dach leben. Paare ohne Kinder und ältere Ehepaare, bei denen die Kinder von zu Hause ausgezogen sind, werden nicht mehr als Familie gezählt. Sie gelten als Lebensgemeinschaft.

Aus der Sicht von Eltern und Kindern heraus kann man eine Familie auch als eine Gemeinschaft beschreiben, in der Eltern und Kinder Glück und Geborgenheit suchen, ihren Alltag gemeinsam organisieren und füreinander einstehen.

Gründe für die Vielzahl der Familienformen

Früher war es selbstverständlich, dass man heiratete, Kinder in die Welt setzte und ein Leben lang zusammenblieb. Auch heute noch gehört der Wunsch, eine Familie zu gründen, zur Lebensplanung der meisten jungen Leute. Die Entscheidungsmöglichkeiten, wie diese Form des familiären Zusammenlebens gestaltet werden soll, haben aber in erheblichem Maße zugenommen. Viele junge Leute leben mittlerweile ohne Trauschein zusammen und haben gemeinsame Kinder. Alleinlebende entschließen sich dazu, Mutter oder Vater zu werden, ohne mit dem zweiten Elternteil zusammenzuziehen. Die Zahl homosexueller Partnerschaften mit adoptierten oder auch eigenen Kindern nimmt zu.

Ein weiterer Grund für die Veränderungen liegt in der Zunahme der Zahl der Scheidungen. Sehr viele Geschiedene heiraten wieder und die Kinder wachsen dann in einer Fortsetzungsfamilie auf. So leben immerhin acht von zehn Kindern heute in einer Familie mit zwei Elternteilen.

Die Zunahme der Gleichberechtigung unter Frauen und Männern ist ein dritter Grund für die Veränderungen. Immer mehr Frauen haben eine gute Berufsausbildung und stehen finanziell auf eigenen Füßen. Sie sind nicht mehr – wie es früher oft der Fall war – vom Geld ihres Ehepartners abhängig. Der Trend zu immer kleineren Familien liegt auch darin begründet, dass es als schwierig empfunden wird, Beruf und Elternschaft miteinander zu vereinbaren. Hier ist die Familienpolitik gefordert, bessere Rahmenbedingungen zu schaffen.

Lebensgemeinschaften heute

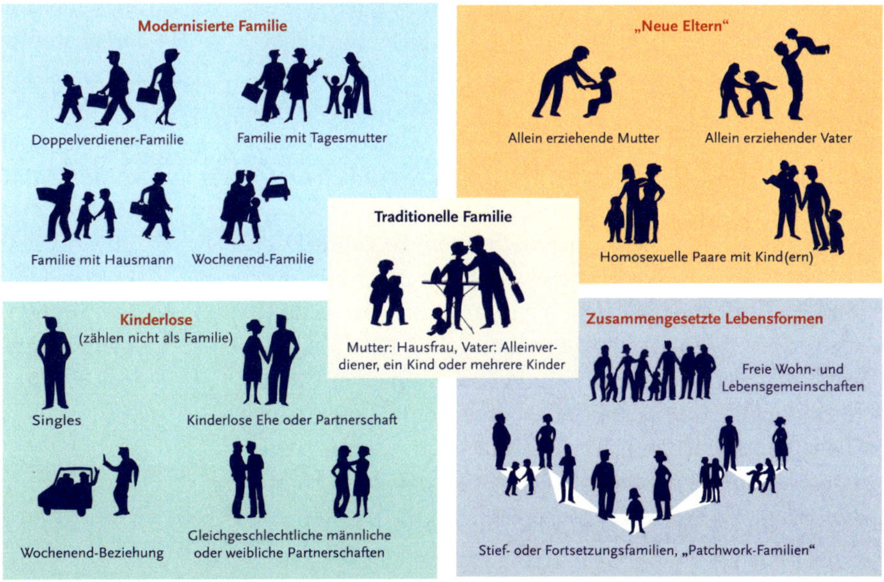

C Vier Beispiele für das Zusammenleben in der Familie

Hier berichten vier Kinder vom Leben in ihren Familien. Worin unterscheiden sich diese Familien? Gibt es trotz der Unterschiede auch Gemeinsamkeiten zu entdecken? Das sind die Fragen, auf die ihr nach Antworten suchen sollt. Ihr könnt euch eines oder zwei Beispiele zur Bearbeitung aussuchen und dann von euren Ergebnissen berichten.
Ihr könnt auch in Vierergruppen arbeiten. Jedes Gruppenmitglied bearbeitet dann zunächst alleine ein Beispiel und stellt es anschließend in der Gruppe vor. Bei der Bearbeitung und Vorstellung helfen euch die vier Fragen im Aufgabenkasten.

1 Wie viele Personen gehörten zur Familie und welche sind das?

2 Was erfährt man darüber, wie sich das Leben in dieser Familie abspielt?

3 Wie wichtig ist die Familie für die Person, die berichtet?

4 Welche Besonderheiten fallen auf?

Beispiel 1:
Für Oguz ist die Familie das Wichtigste in seinem Leben

„Meine Eltern kamen 1984 nach Deutschland. Sie haben sich bei der Arbeit kennengelernt und haben im Jahr darauf geheiratet. Ein Jahr später kam meine Schwester Sihel auf die Welt, dann vier Jahre später meine Schwester Merve und weitere sechs Jahre später wurde ich geboren. Mein Bruder Burhan ist unser Jüngster, er ist gerade in die Schule gekommen. Die Familie spielt bei uns türkischen Familien eine ganz wichtige Rolle, vielleicht sogar die wichtigste Rolle. Der Zusammenhalt in der Familie ist viel stärker als bei deutschen Familien. Wir unterstützen uns immer, wenn einer Hilfe braucht. Auch die religiösen und nationalen Feiertage feiern wir zusammen – überhaupt unternehmen wir fast alles in familiärem Rahmen. Ich habe noch viele Verwandte in Deutschland, mit denen wir häufig etwas unternehmen. Das heißt jedoch nicht, dass ich mich immer gut mit meinen Eltern verstehe. Sie sind sehr religiös und traditionell eingestellt, was man von mir nicht behaupten kann. Da gibt es natürlich immer wieder Streit. Viele türkische Jugendliche können nicht mehr so gut türkisch sprechen. Meine Eltern haben jedoch mit uns zu Hause immer türkisch gesprochen. Ich finde, dass jeder seine Muttersprache fließend beherrschen sollte. Ich möchte weiterhin mein Leben in Deutschland mit meiner Familie verbringen, denn ich habe alle meine Freunde hier. Meine Eltern haben auch schon ein Haus gekauft, weil sie sich damit abgefunden haben, dass sie wahrscheinlich nicht in die Heimat zurückkehren werden."

Beispiel 2:
Caroline findet es schön, dass sie eigentlich drei Familien hat

„Wir sind fünf Kinder in der Familie. Alle staunen, wenn ich von meiner großen Familie erzähle. Aber eigentlich habe ich etwas dick aufgetragen: Denn wir haben nicht alle dieselben Eltern. Nur mein kleiner Bruder Lars (9 Jahre) und ich sind aus der jetzigen Ehe meiner Eltern. Marc (16 Jahre) stammt aus Mutters erster Ehe, hat also einen anderen Vater. Marc lebt aber bei uns. Meine Mutter arbeitet halbtags in einem Reisebüro. Deswegen müssen wir alle im Haushalt mit anpacken, jeder hat seine Pflichten, auch mein Vater. Deswegen gibt es bei uns schon mal Streit, wenn sich einer davor drücken will. Papa hat aus erster Ehe ebenfalls zwei erwachsene Kinder: Martin ist 23 Jahre alt und studiert, die 19-jährige Stefanie lebt bei ihrer Mutter. Martin und Stefanie kommen am Wochenende oft zu uns zu Besuch. Ganz schön kompliziert, unsere Familie! Richtig schwierig wird es bei Familienfesten, weil Papa den Ex-Mann meiner Mutter nicht ausstehen kann und die Familie meiner Mutter immer noch sauer auf meinen Vater ist. Das nervt mich manchmal. Aber meistens bin ich froh, dass ich so viele verschiedene Verwandte habe. Bei uns ist es deswegen nie langweilig."

Beispiel 3:
Robin besucht gern seine Großeltern

„Ich bin ein Einzelkind und – darauf lege ich Wert – weder total verwöhnt noch überheblich. Das sagen zumindest meine Freunde. Früher habe ich mir oft einen Bruder gewünscht. Platz hätten wir wirklich genug. Wir wohnen in einem großen Zwei-Familien-Haus. Ich wohne im Dachgeschoss. Dort habe ich sogar ein eigenes Bad für mich. Wenn mein Freund Jens bei mir übernachtet, haben wir oft viel Spaß. In der Wohnung im Erdgeschoss wohnen meine Großeltern. Dort bin ich viel zu Besuch, mit ihnen kann ich sogar Dinge bereden, die ich meinen Eltern nicht erzählen würde. Meine Oma kocht auch mittags für mich, denn meine Mutter arbeitet den ganzen Tag als Arzthelferin in einer großen Praxis. Manchmal ist es für mich schon ein wenig langweilig, nur mit Erwachsenen zusammen zu sein, besonders im Urlaub. Deswegen fliegen wir jetzt schon zum zweiten Mal in einen Ferienclub, weil ich dort Jugendliche in meinem Alter treffen kann. Doch eigentlich bin ich zufrieden mit meinem Leben. Meine Eltern sind die wichtigsten Personen in meinem Leben. Sie nehmen sich viel Zeit für mich, auch wenn sie in ihren Berufen manchmal ganz schön Stress haben. Am Wochenende unternehmen wir häufig etwas zusammen – eine Radtour oder wir gehen in ein Restaurant schön essen."

Beispiel 4:
Zwei Mütter zu haben ist für Rebecca normal

„Zu meiner Familie gehören mein Papa und meine beiden Mütter und meine vier Geschwister. Ich habe einen Zwillingsbruder, wir sind beide 15. Außerdem eine große Schwester und zwei jüngere Halbgeschwister, die ich aber als richtige Geschwister sehe. Meine große Schwester wohnt bei meinem Vater – mein Bruder Conrad, ich und meine beiden kleinen Geschwister wohnen in Berlin bei Mama und Claudia.
Ich finde das ganz normal. Ich kann mich gar nicht mehr daran erinnern, dass es jemals anders war. Mein Vater und meine Mutter haben sich getrennt, als ich ein Jahr alt war. Und als ich in der dritten Klasse war, haben Mama und Claudia geheiratet. Richtig muss man sagen: Sie sind eine Lebenspartnerschaft eingegangen. Zusammengelebt haben wir aber schon viel länger. Meine Freunde wollen natürlich wissen, wie das bei uns so läuft. Aber ehrlich gesagt, kann ich denen gar nicht viel erzählen, weil es wahrscheinlich nicht anders ist als bei ihnen zu Hause.
Familie ist für mich einfach da, wo Liebe ist, wo es ein Miteinander gibt. [...]
Mama und Claudia sind auf jeden Fall meine Eltern. Ich finde das alles nicht ungewöhnlich. Mein Vater und meine ältere Schwester wohnen in Cottbus, aber wir sehen uns regelmäßig am Wochenende, und Weihnachten verbringen wir eigentlich immer zusammen. Und wir sind natürlich über Facebook und Skype miteinander in Kontakt und telefonieren einfach."

(Aus: Daniel Erk, So leben wir, in: Fluter: Das sind meine Leute, Bundeszentrale für politische Bildung, Ausgabe 49, 2014, S. 9; Beispiele 1 bis 3 eigene Recherchen; Namen wurden aus Gründen des Persönlichkeitsschutzes geändert.)

1 Stelle das von dir bearbeitete Beispiel vor, indem du deine Antworten auf die Fragen 1 bis 4 (linke Seite) vorträgst. In Vierergruppen sollte das der Reihe nach geschehen.

2 Worin bestehen die Unterschiede in der Größe und in den erkennbaren Lebensumständen? Stellt sie einander gegenüber.

3 Welche Gemeinsamkeiten lassen sich zwischen allen Familien ermitteln, egal wie groß sie sind oder in welchen Verhältnissen sie leben? Sammelt gemeinsam.

Was auch noch interessant sein kann:
- andere Personen darüber befragen, wie sie die Bedeutung der Familie für das Leben von Kindern und Jugendlichen einschätzen

3 Wie sollen die Rollen in der Familie verteilt werden?

Wir machen ein Rollenspiel über Konfliktsituationen* in der Familie

Oft haben wir ganz bestimmte Vorstellungen davon, wie sich Menschen ihren Aufgaben gegenüber verhalten sollen. Wir möchten, dass diese sich so verhalten, wie es unseren Vorstellungen entspricht. Ein Verhalten, das den allgemeinen Vorstellungen entspricht, wird als **Rolle** bezeichnet.

Auch in der Familie übernehmen die Mitglieder Rollen. Es gibt die Mutter- und die Vaterrolle sowie die Rollen von Töchtern und Söhnen. Rollen und Rollenerwartungen können sich ändern. Die Vorstellung, dass sich Väter nicht um die Erziehung zu kümmern brauchen und Mütter die Hausarbeit alleine erledigen, wird heute von einer Mehrheit als altmodische Rollenerwartung empfunden. Wie sollen in Zukunft die Rollen der Mitglieder in einer Familie gestaltet werden?

Zu dieser Frage lernt ihr hier erst einmal eine Familie kennen, in der vieles ungewöhnlich ist.

A Der Fall: Familie Schaminski – verrückt oder total modern?

Das ist Arno Schaminski – die Seele der fünfköpfigen Familie. Unermüdlich sorgt er für die Seinen: einkaufen, kochen, bügeln, putzen, Schulaufgaben beaufsichtigen und seine jüngste Tochter Paula versorgen. Einmal die Woche nimmt er sich abends eine Auszeit von der Familie. Dann trifft er sich zu seinem Hausmänner-Abend mit seinen Freunden. Die ganze Woche freut er sich darauf. Immer häufiger drehen sich dort die gemeinsamen Gespräche um Fragen der Kindererziehung und um die Besuche von Elternabenden in der Schule.

Mutter Carla Schaminski steht als Abteilungsleiterin bei den Maga-Motorenwerken meistens unter Volldampf. Dass sie wegen ihrer Kinder ihren Beruf und ihre Karriere aufgeben würde, kam für sie nicht infrage – zumal sie schon früh mehr verdient hat als Arno, der berufstätig war, bis das erste Kind kam. Manchmal sehnt sie sich danach, mehr Zeit mit ihrer Familie verbringen zu können. Das ist allerdings an den Wochentagen höchstens mal für eine Stunde am Abend der Fall. Dann hilft sie auch schon mal Arno beim Geschirrspülen oder liest den Kindern noch eine Gute-Nacht-Geschichte vor. Ansonsten kann Mama sich nur an den Wochenenden um die Kinder und den Mann kümmern. „Ich bin froh, dass Arno so ein gutes Händchen für alles hat, was mit den Kindern und dem Haushalt zu tun hat. Bei meinem anspruchsvollen Beruf kann ich mich darum nicht auch noch kümmern."

Tochter Chris ist 13 Jahre alt. Sie liebt ihr Hobby Fußball über alles. Jeden Tag trainiert sie, wenn sie mit den Hausaufgaben fertig ist. Zu Hause mäht sie ab und zu den Rasen oder wäscht auch mal Mamas Auto. Andere Hausarbeiten findet sie uncool. Das sieht ihr zwölfjähriger Bruder Tom ganz anders. Er kocht und backt leidenschaftlich gerne zusammen mit seinem Vater und hat auch kein Problem damit, die Blumen zu gießen. Tom will später einmal Landschaftspfleger werden.

* Zum Begriff Konflikt findest du weitere Informationen im Glossar.

1 Wie wirkt die Rollenverteilung in dieser Familie auf dich: verrückt, unsinnig, modern, nachahmenswert? Nimm Stellung dazu.

B Wie denken Jugendliche über die Rollenverteilung in der Familie?

In einem Gespräch äußern sich Viola, Julia, Sandro und Achim zur Rollenaufteilung in der Familie.

TEAM: Wie stellt ihr euch später einmal eure Partnerschaft vor?
SANDRO: Ich will eine Partnerin haben, mit der ich alles im Leben teilen kann. Absolute Gleichberechtigung ist mir wichtig. Alles soll gemeinsam bewältigt werden.
JULIA: Ich hätte kein Problem, wenn man sich die Rollen aufteilt. Zum Beispiel kann einer die Hausarbeit übernehmen und der andere geht arbeiten. Wer von beiden was macht, ist mir dabei ziemlich egal.
ACHIM: Von mir aus kann meine Frau voll berufstätig sein. Ich kann mir auch vorstellen, Hausmann zu sein zumindest für eine begrenzte Zeit. Ich meine, eine Frau, die nur kocht und die Hausarbeiten erledigt, das wird es wahrscheinlich nicht mehr geben.
TEAM: Wie werdet ihr es mit der Erziehung der Kinder halten?
SANDRO: Sie soll auch partnerschaftlich organisiert werden. Ein Kind braucht den Papa genauso wie die Mama.
VIOLA: Aber die Mama bleibt für ein Kind doch immer noch wichtiger als der Papa.
ACHIM: Ich denke, das wird so gut wie ausgestorben sein, dass die Erziehung reine Frauensache ist.
TEAM: Wer soll die Hausarbeit übernehmen?
VIOLA: Männer sollen auch kochen können und danach auch die Küche aufräumen.
JULIA: Die Hausarbeit soll aufgeteilt werden. Ich kann mir allerdings kaum vorstellen, dass die Männer bügeln oder die Treppe putzen.
TEAM: Werdet ihr Männer auch die Treppe putzen und die Wäsche bügeln?
SANDRO: Klar, warum nicht?
VIOLA: Heirate mich! (*Alle lachen.*)

2 Sieh dir die Äußerungen der Jugendlichen noch einmal genau an. Mit welchen kannst du übereinstimmen und mit welchen nicht? Wähle aus.

3 Stelle dir folgende Situation vor: Paula, die jüngste Tochter in der Familie Schaminski, besucht tagsüber eine Kita. Vater Arno hat daraufhin wieder seine Berufstätigkeit als Versicherungskaufmann aufgenommen. Er besteht darauf, dass die Arbeit in der Familie neu aufgeteilt wird. Wer soll was übernehmen? Man erwartet deine Vorschläge. Du kannst die Arbeit einzelnen Personen zuordnen oder mehreren oder allen zusammen. Das geht besonders gut zu zweit oder in einer Gruppe.

	Mutter	Vater	Tochter	Sohn
Wäsche waschen, bügeln				
Die Wohnung aufräumen				
Fußböden pflegen, Badezimmer putzen				
Einkaufen				
Fenster putzen				
Mahlzeiten vorbereiten				
Geschirr spülen				
Die kleine Tochter Paula erziehen				
Reparaturen im Haushalt durchführen				

Die Diskussion in der Familie über die Verteilung der Aufgaben könnt ihr im Rollenspiel darstellen. Lest dazu die Methodenkarte auf der folgenden Seite.

Methodenkarte 5

S M U H

Rollenspiel

Thema: Konflikte in der Familie

Was ist ein Rollenspiel?

Im Rollenspiel schlüpfen die Spielerinnen und Spieler in die Haut einer anderen Person. Das ist ungefähr so wie bei einer Theaterrolle. Allerdings ist das Spiel nicht fest vorgeschrieben. Ihr müsst überlegen, wie sich die Personen, die ihr spielt, in dieser Situation verhalten würden. Damit das gelingt, müsst ihr euch vorstellen, was sie empfinden und denken.

Wie soll die Hausarbeit in der Familie Schaminski verteilt werden?
In diesem Spiel sind vier Rollen zu besetzen: Mutter Carla, Vater Arno, Tochter Chris, Sohn Tom. Der Vater will, dass die Hausarbeit auf alle Familienmitglieder aufgeteilt wird. Die drei anderen sind nicht begeistert von dieser Idee und möchten möglichst wenige Arbeiten übernehmen.

Wie geht man vor?

Ein Rollenspiel gliedert sich in Vorbereitung, Spiel und Besprechung.

1. Vorbereitung

Teilt zunächst die Klasse in Spielgruppen auf. Die Anzahl der zu besetzenden Rollen bestimmt die Gruppenstärke. Überlegt, welche Interessen die einzelnen Personen haben und wie sie sich im Laufe des Spiels verhalten sollen.
Plant gemeinsam den ungefähren Spielablauf.
Einigt euch darauf, wie lange eurer Spiel dauern soll.
Geht den Spielverlauf einmal durch, bevor ihr vor Zuschauern spielt.

2. Spiel

Im Rollenspiel gibt es jeweils eine Gruppe, die spielt, während der übrige Teil der Klassenmitglieder das Spiel beobachtet.

Wenn ich spiele, …

- achte ich darauf, meine Rolle einzuhalten,
- versuche ich, mich so gut es geht in die Situation der Person hineinzuversetzen,
- nehme ich meine Rolle ernst und suche nach einer echten Problemlösung.

Wenn ich beobachte, …

- bin ich konzentriert und leise,
- versuche ich, Antworten auf folgende Fragen zu finden: Haben die Spieler ihre Rollen glaubwürdig dargestellt? Bin ich mit den Lösungen einverstanden?

3. Besprechung

Nach jedem Rollenspiel gibt es eine kurze Besprechungsrunde, in der sich die Beobachter zum Spiel äußern. Wenn alle Gruppen vorgespielt haben, könnt ihr gemeinsam die Ergebnisse vergleichen und darüber reden, welche Lösungen euch am besten gefallen haben und welche Vorschläge nicht akzeptabel sind. Alle Spielerinnen und Spieler sind dann nicht mehr an ihre Rolle gebunden und können sich frei äußern.

C Darf Raul Erzieher werden? Ein Familienstreit als Rollenspiel

Für diese Übung werden Spielgruppen mit fünf Mitspielern benötigt.

Die Situation: Streit in Familie Schreiber

„Das darf doch nicht wahr sein!", schimpft Rauls Vater, als sein Sohn Raul ihm mitteilt, dass er eine Ausbildung zum Erzieher beginnen möchte, weil er in seinem Erwachsenenleben als Kindergärtner arbeiten möchte. Raul hat gerade sein Abitur bestanden – und das mit einem ziemlich guten Notendurchschnitt. Rauls Vater Hubertus kann diesen Wunsch seines Sohnes überhaupt nicht akzeptieren. Er ist Chef eines Unternehmens mit 40 Angestellten. Der Betrieb stellt industriell gefertigte Fenster und Türen her. Der Vater möchte, dass Raul eine kaufmännische Ausbildung macht, damit er später einmal den elterlichen Betrieb übernehmen kann. Raul ist ein Einzelkind. Seine Mutter Eva kann gut verstehen, dass ihr Sohn den elterlichen Betrieb nicht übernehmen will. Raul verkündet seinen Berufswunsch ausgerechnet am Geburtstag seines Vaters, an dem auch Oma und Opa väterlicherseits anwesend sind.

Die Rollen:

Sohn Raul: 18 Jahre
Raul hat während der Schulzeit ein Praktikum in einer Kita (Kindertagesstätte) gemacht. Er war von der Arbeit sofort begeistert und fasste den Entschluss, in seinem Berufsleben Kindern helfen zu wollen. Über die Ausbildung zum Erzieher hat er sich bereits informiert.

Mutter Eva, 48 Jahre
Sie hat ihren Sohn bisher immer unterstützt. Sie befürchtet aber, dass Raul als Kindergärtner später einmal zu wenig verdienen wird. Sie möchte Raul dazu überreden, ein Studium zu beginnen und den Beruf des Lehrers zu ergreifen. So kann er auch Kindern helfen.

Oma Therese, 73 Jahre
Sie hält die Ansichten ihres Mannes und ihres Sohnes Hubertus für total veraltet. Sie unterstützt Raul in seinem Wunsch voll und ganz. Sie ist überzeugt, dass mit dem Gerede von typischen Frauen- und Männerberufen endlich Schluss sein muss.

Euer Auftrag:

1. Verteilt die Rollen in der Gruppe.
2. Plant gemeinsam den Ablauf eures Spiels.
3. Haltet euch dabei an die Vorgaben in der Methodenkarte.

Vater Hubertus, 50 Jahre
Er glaubt, dass der Beruf des Erziehers viel besser von Frauen ausgeübt werden kann. Er will, dass Raul einmal seine Nachfolge als Chef des Unternehmens antreten wird. Er wird versuchen, Raul die Vorzüge eines Berufs als Chef deutlich zu machen.

Opa Paul, 75 Jahre
Er hält den Berufswunsch Rauls für „völligen Blödsinn". Er hat früher selbst das Unternehmen geleitet und will unbedingt, dass die Familientradition fortgesetzt wird. Arbeit in einem Kindergarten ist für ihn klassische Frauenarbeit.

Was auch noch interessant sein kann:

- Internetrecherche: Über den Beruf des Erziehers kannst du dich im Internet informieren, zum Beispiel unter www.ausbildung.de.

4 Wie soll der Staat die Familien unterstützen?

Leistungen beschreiben und über Familienpolitik diskutieren

Der Schutz der Familien gehört zu den besonders wichtigen Aufgaben des Staates*. Deshalb versucht er, durch familienfreundliche Gesetze Familien mit Kindern zu unterstützen. Mehr darüber erfahrt ihr im Beispiel 1. Deshalb mischt er sich ein, wenn eine Familie es nicht schafft, für eine gute Entwicklung der Kinder zu sorgen. Darum geht es im Beispiel 2.

A Beispiel 1: Wenn die Familie wächst

Lest den Dialog und findet mithilfe der Bausteine auf der nächsten Seite heraus, mit welcher Hilfe Familien mit Kindern rechnen können.

Ann-Kathrin Sauer erwartet ihr zweites Baby.

PATRICK: Jetzt sind wir bald zu viert in unserer kleinen Familie.

ANN-KATHRIN: So klein ist unsere Familie dann gar nicht mehr. Wenn der Kleine auf der Welt ist, wird sich einiges bei uns ändern.

PATRICK: Das wird ganz bestimmt so sein, aber wir haben das ja schon einmal auf die Reihe bekommen, als Julia vor zwei Jahren auf die Welt kam. Und damals hatten wir weniger Geld als heute.

ANN-KATHRIN: Ja, und die Babysachen von Julia sind ja auch noch in Ordnung. Wickeltisch, Kinderwagen, kleine Badewanne – das müssen wir alles nicht neu kaufen. Aber früher oder später müssen wir uns nach einer größeren Wohnung umsehen. Unsere Dreizimmerwohnung ist auf Dauer zu klein.

PATRICK: Das wird kosten …

ANN-KATHRIN: Außerdem sollte einer von uns die erste Zeit zu Hause bleiben und sich um die Kinder kümmern.

PATRICK: Wenn einer von uns aufhört zu arbeiten, dann sieht es mit dem Geld nicht mehr so rosig aus.

ANN-KATHRIN: Jetzt mach dir nicht zu viele Sorgen. Natürlich werden wir uns einschränken müssen. Aber wir werden das genauso gut hinbekommen wie beim letzten Mal.

PATRICK: Ja, du hast recht. Außerdem gibt es für junge Familien mit Kindern ja auch noch Hilfen vom Staat. Es hat sich ja in den letzten Jahren in der Familienpolitik einiges geändert. Wir sollten uns jetzt schon informieren, was uns demnächst an Hilfen gesetzlich zusteht.

ANN-KATHRIN: Genau das machen wir. Zu verschenken haben wir schließlich nichts.

* Zum Begriff Staat findest du weitere Informationen im Glossar.

B Hilfen des Staates für Familien

S M U H

Mutterschutz §

Für berufstätige Frauen gelten während der Schwangerschaft besondere Schutzvorschriften. Sie dürfen 6 Wochen vor der Geburt bis 8 Wochen nach der Geburt nicht arbeiten. Ihr Lohn oder Gehalt wird während der Zeit des Mutterschutzes normal weitergezahlt. Einen Teil davon finanziert der Staat.

Elterngeld §

Der Staat zahlt es, damit berufstätige Eltern nach der Geburt eines Kindes für ein Jahr und darüber hinaus zu Hause bleiben können. Die Höhe des Elterngeldes richtet sich nach der Höhe des letzten Einkommens. Die Zeit kann partnerschaftlich aufgeteilt werden. Auch Eltern, die vor der Geburt des Kindes nicht berufstätig waren, können Elterngeld erhalten.

Betreuungsgeld §

Eltern, die ihr Kind nicht in einer Kita anmelden, erhalten seit 2014 für Kinder vom ersten bis zum dritten Lebensjahr ein monatliches Betreuungsgeld zusätzlich zum Kindergeld in Höhe von 150 Euro monatlich.

Kindergeld §

Das ist eine direkte Geldleistung, die unabhängig vom Einkommen an alle Eltern monatlich für jedes Kind vom ersten Kind an ausgezahlt wird. Die Höhe pro Kind steigt mit der Kinderzahl. Das Kindergeld wird immer wieder an die steigenden Lebenskosten angepasst. Die aktuellen Zahlen sind leicht im Internet zu ermitteln.*

* Die Zahlen zum Elterngeld beziehen sich auf das Jahr 2014. Im gleichen Jahr betrug das Kindergeld für das erste Kind 184 Euro, für das zweite 190 Euro und für jedes weitere Kind 215 Euro.

Steuererleichterungen §

Steuern* sind Abgaben an den Staat. Familien mit Kindern müssen von ihrem Einkommen weniger Steuern an den Staat abführen als Ehepaare ohne Kinder oder Singles.

Rechtsanspruch auf einen Krippenplatz §

Eltern haben ein Recht auf einen Krippenplatz für ihre Kinder vom vollendeten ersten Lebensjahr an. Sie müssen sich frühzeitig dazu anmelden und können klagen, falls ihnen kein Platz zur Verfügung gestellt werden kann.

Kinder in einer städtischen Kita – vom Staat gefördert

* Zum Begriff Steuern findest du weitere Informationen im Glossar.

1 Welche der hier genannten staatlichen Hilfen wird Ann-Kathrin und Patrick besonders helfen, wenn einer von beiden im ersten Jahr nach der Geburt des zweiten Kindes zu Hause bleibt? Suche sie heraus.

2 Informiere die jungen Eltern über Schutzmaßnahmen, Steuererleichterungen und Geldzuweisungen. Fertige dazu einige Notizen an.

3 Übt Gespräche in Rollenspielen ein, in denen ihr Ann-Kathrins und Patricks Fragen zu staatlichen Hilfen beantwortet.

Tipp: Lest dazu auch die folgende Seite.

C Familienpolitik

1 Was versteht man unter Familienpolitik? Notiere eine kurze Erklärung.

2 Welche Leistungen der Familienpolitik kannst du dem Text entnehmen? Nenne sie.

3 Warum sind der Staat und die Familien aufeinander angewiesen? Erläutere den Zusammenhang.

4 Betrachte das Bild mit den Leistungen, die eine Stadt für die Familien zur Verfügung stellen kann. Wähle die drei davon aus, die du für besonders sinnvoll hältst. Begründe deine Entscheidung und stelle sie vor.

Bedeutung und Leistungen

Die Familien sind dem Staat nicht egal. Ganz im Gegenteil: Familien stehen unter seinem besonderen Schutz. So schreibt es das wichtigste Gesetz in Deutschland, das Grundgesetz, vor. Alle verschiedenen Maßnahmen, mit denen der Staat Familien mit Kindern unterstützt, werden als Familienpolitik bezeichnet. Dazu gehören einmal Geldzuwendungen an die Familien, von denen das Kindergeld eine der bekanntesten Hilfen darstellt. Auch Maßnahmen zum besonderen Schutz gehören dazu, wie zum Beispiel der gesetzlich garantierte Mutterschutz. Eltern in finanziellen Notlagen erhalten für jedes Kind besondere finanzielle Leistungen, deren Höhe nach dem Alter der Kinder gestaffelt ist. Über 150 Einzelposten lassen sich aufzählen, die zur Familienpolitik gehören.

Familienpolitik wird für ganz Deutschland von Berlin aus gemacht und in den Bundesländern und den Städten vor Ort. Auch die Kirchen, große Unternehmen und andere private Organisationen sind familienpolitisch aktiv, indem sie zum Beispiel Kitas unterhalten oder Ferienfreizeiten für Kinder organisieren. Jede Stadt kann in der Familienpolitik ihre eigenen Schwerpunkte setzen.

Familien und Staat brauchen einander

Die Familien sind so wichtig für den Staat, weil dieser ohne Familien, in denen Kinder geboren werden, auf Dauer gar nicht existieren kann. Wo es keine Kinder gibt, hat der Staat keine Zukunft.
Staat und Familie sind wechselseitig aufeinander angewiesen. Der Staat braucht die Familien für seinen Fortbestand, die Familien brauchen den Staat, damit sie die Pflege und Erziehung der Kinder möglichst gut erfüllen können.

Das Recht der Eltern zur Erziehung der Kinder ist zugleich die bedeutsamste Aufgabe, die der Staat den Familien zuweist, und darüber hinaus ist sie noch die wichtigste Pflicht. Dieser Pflicht darf sich keine Familie entziehen.

Streitpunkte

Über Familienpolitik wird immer wieder zwischen Personen, Verbänden und Parteien heftig gestritten. Dabei kann es um die Höhe der staatlichen Leistungen gehen. Oft entzündet sich der Streit auch daran, wofür das Geld vernünftigerweise ausgegeben werden soll. Eine der wichtigsten Forderungen besteht immer wieder darin, berufstätige Frauen und alleinerziehende Mütter und Väter finanziell stärker zu entlasten und die bessere Vereinbarkeit von Beruf und Kindererziehung zu ermöglichen.

D Wir diskutieren: Kindergeld oder Kitas: Wofür soll der Staat mehr Geld ausgeben?

In der Politik geht es oft ums Geld. Das Problem dabei ist, dass es wenig davon gibt und dass man daher entscheiden muss, wofür das vorhandene Geld ausgegeben werden soll. So ist es auch in der Familienpolitik.
Versetze dich in folgende Situation: Du bist eine Politikerin oder ein Politiker mit Sitz und Stimme im Deutschen Bundestag in Berlin. Auf der Tagesordnung steht folgender Punkt zur Abstimmung:
Eine bestimmte Summe an Geld soll pro Jahr zusätzlich für Familien zur Verfügung gestellt werden. Zur Verwendung des Geldes stehen zwei Möglichkeiten zur Auswahl:
A Der Staat setzt es ein, um damit mehr und besser ausgestattete Kindertagesstätten für Kinder berufstätiger Eltern zu finanzieren.
B Der Staat gibt es aus, um pro Kind in den Familien mehr Geld an die Erziehungsberechtigten auszuzahlen.
Nur eine der beiden Maßnahmen kann verwirklicht werden.

- Für welche entscheidest du dich als Politikerin oder als Politiker?

So könnt ihr vorgehen:

1. Lies die beiden Stellungnahmen und notiere, womit sie begründet werden.
2. Überlege: Welche Position überzeugt dich mehr?
3. Suche nach weiteren Begründungen für dein Urteil.
4. Tausche dich mit einer Partnerin oder einem Partner darüber aus.
5. Diskutiert gemeinsam in der Klasse.
6. Stimmt am Ende ab.

„Das Geld muss für die Ausstattung von Kindertagesstätten verwendet werden!"

Für viele junge Paare, die sich ein Kind wünschen oder bereits eines haben, ist die Vereinbarkeit von Beruf und Familie das größte Problem. Oft sehen sich die Frauen gezwungen, ihren Beruf ganz aufzugeben. Es fehlt an Kita-Plätzen und in den vorhandenen fehlt es oft an einer guten Ausstattung. Es ist sehr sinnvoll, dafür mehr Geld zur Verfügung zu stellen. Die Lage für junge Familien mit Kindern wird sich dadurch entscheidend verbessern. Es ist überhaupt kein Schaden für Kinder ab einem Jahr, wenn sie schon einen größeren Teil des Tages in Gemeinschaft mit anderen Kindern verbringen. Sie lernen so wichtige soziale Verhaltensweisen, die sie zu Hause in einer kleinen Familie gar nicht lernen können. Mehr Geld für Kitas – und die Lebenssituation von Eltern und Kindern wird besser.

„Das Geld muss Familien mit Kindern direkt zukommen!"

Wenn Familien mit Kindern mehr Geld vom Staat erhalten, kann eine Mutter oder ein Vater eher eine Zeit lang zu Hause bleiben, statt zu arbeiten. So haben die Eltern die Möglichkeit, sich selbst um die Erziehung ihrer Kinder zu kümmern. Sie können sich dann wieder der Aufgabe zuwenden, für welche die Familie eigentlich da ist – nämlich für eine gesunde, behütete und glückliche Entwicklung ihrer Kinder zu sorgen. Keine Erziehung in einer Kindertagesstätte kann leisten, was die elterliche Erziehung in den eigenen vier Wänden zu leisten vermag. Die monatlichen Zahlungen werden dazu führen, dass junge Paare sich auch dann ihren Kinderwunsch erfüllen können, wenn sie keine großen Gehälter verdienen. Mit zusätzlichen Zahlungen zum bisherigen Kindergeld wird Familien mit kleinen Kindern am wirkungsvollsten geholfen.

Was auch noch interessant sein kann:

- Eltern und andere Personen fragen, wie sie über diese Frage denken

E Beispiel 2: Wenn die Familie versagt …

Eine Einstiegsübung für alle:
Versuche, dich in die Situation von Petra zu versetzen. Schildere in einigen Stichworten die Gefühle, die in dir vorgehen.

Petra braucht Hilfe

„Schon wieder eine Fünf in Mathe!" Wütend knallt Petra ihre Schultasche auf den Küchentisch. In letzter Zeit haben ihre Leistungen in der Schule sehr nachgelassen. Kein Wunder, denn immer öfter hat sie keine Lust auf Lernen und zieht morgens durch die Geschäfte, statt in die Schule zu gehen.
„Ob Mama etwas gekocht hat?" Petra hat Hunger, ihr Magen meldet sich. Aber auf dem Herd steht nichts und im Kühlschrank findet sie nur ein paar vergammelte Wurstreste, Bierdosen und Katzenfutter vor. Also läuft sie schnell zum Kiosk an der Ecke und kauft sich eine große Portion Pommes mit Majo und eine Cola. Dass sie in einem günstigen Moment noch ein paar Schokoriegel mitgehen lässt, bemerkt der Kioskbesitzer zum Glück nicht.
Wieder zu Hause hört sie aus dem Nebenzimmer das leise Schnarchen ihrer Mutter. „Wahrscheinlich wieder betrunken", denkt Petra. Vollständig angezogen findet sie ihre Mutter auf deren Bett. Die leere Rotweinflasche daneben. Seit Papa zu seiner neuen Freundin gezogen ist, passiert das leider immer öfter.
„Ich halte das nicht mehr aus!", denkt Petra und fühlt sich hundeelend und alleingelassen. Der Vater weg, eine Mutter, die alleine nicht mehr zurechtkommt, und nun auch noch das schlechte Gewissen wegen des Diebstahls … Dabei hätte sie so gerne eine Freundin. Trotzdem hat Petra sich in den letzten Monaten immer mehr von den anderen Kindern zurückgezogen und den Kontakt zu ihren Freundinnen abgebrochen. Niemand in ihrer Klasse weiß von ihren Sorgen. Sie schämt sich so wegen dieser unordentlichen Wohnung, wegen ihrer ständig betrunkenen Mutter, wegen ihres verwahrlosten Äußeren. Längst wären neue Hosen, neue Schuhe und auch ein Besuch beim Friseur fällig, aber ihre Mutter scheint das gar nicht zu bemerken. Petra ist im letzten Jahr nicht nur in die Länge gewachsen. Sie fühlt sich viel zu dick. Sie kann aber einfach nicht aufhören zu essen. Unmengen von Süßigkeiten und Chips schlingt sie gierig hinunter. Sie frisst ihren Kummer förmlich in sich hinein.
„Petra, ich finde, es ist höchste Zeit, dass wir beide uns mal in Ruhe unterhalten." So nimmt ihre Klassenlehrerin Petra zur Seite, als diese mal wieder am Unterricht teilnimmt. „Hast du nach Schulschluss noch etwas Zeit?"
„Ja, sicher", stimmt Petra zu – zwar ängstlich, aber auch erleichtert.

(mit verändertem Namen nach einem wirklichen Fall erzählt)

F Wenn Kinder Hilfe brauchen

Nach ihrem Gespräch mit ihrer Lehrerin geht es Petra schon besser. Allerdings sind die eigentlichen Probleme dadurch noch nicht aus der Welt geschafft. Deshalb haben sich beide nochmals für den nächsten Tag verabredet, um gemeinsam zu überlegen, welche Spezialisten Petra und ihrer Mutter am besten helfen können.
Zu diesem Gespräch bringt Petras Lehrerin ein Faltblatt mit. Darauf stehen Kontaktadressen von staatlichen und privaten Anlaufstellen bei Familienproblemen.

Artikel 6 des Grundgesetzes

(2) Pflege und Erziehung der Kinder sind das natürliche Recht der Eltern und die zuvörderst ihnen obliegende Pflicht. Über ihre Betätigung wacht die staatliche Gemeinschaft.
(3) Gegen den Willen der Erziehungsberechtigten dürfen Kinder nur auf Grund eines Gesetzes von der Familie getrennt werden, wenn die Erziehungsberechtigten versagen oder wenn die Kinder aus anderen Gründen zu verwahrlosen drohen.

Hilfen des Staates

Die zuständigen Stellen für Probleme von Kindern und Jugendlichen sind die Jugendämter. Sie befinden sich in jeder größeren Gemeinde. Telefonnummern und Adressen findet man im Internet und in den örtlichen Telefonbüchern. Sie bieten Beratung, wenn Kinder Ärger in einer Familie haben. Sie stellen Erziehungshilfen, wenn das Zusammenleben in der eigenen Familie nicht mehr klappt, auch wenn Eltern überfordert sind oder wenn Jugendliche merken, dass sie es nicht mehr alleine schaffen, dass sie zum Beispiel aggressiv reagieren. In schweren Fällen vermitteln sie Pflegefamilien, Heimaufenthalte oder Plätze in pädagogisch betreuten Wohngemeinschaften, wenn ein Familienrichter dies gutheißt oder anordnet.

Private Träger

Neben den staatlichen Einrichtungen engagieren sich auch private Träger in der Familien- und Jugendhilfe. Hier findet man Adressen und Menschen, die helfen können.
In größeren deutschen Städten gibt es die Kinderschutz-Zentren. An diese kann man sich wenden, wenn man Probleme in der Familie oder in der Schule hat. Alle Gespräche bleiben vertraulich. Informationen findet man im Internet unter www.kinderschutz-zentren.org oder beim Beratungsangebot der „Nummer gegen Kummer" 116 111.
Unter www.nummergegenkummer.de findet man einen Verein, der Mitglied im Deutschen Kinderschutzbund ist.

Hier gibt es immer samstags auch eine Beratung von Jugendlichen für Jugendliche.

1 Worunter leidet Petra? Fasse die Geschichte mit eigenen Worten zusammen.

2 Wie kann Petra geholfen werden? Sprecht über ihre Probleme und überlegt, an wen Petra sich wenden kann, um Hilfe zu bekommen.

3 Verfasst gemeinsam einen Dialog zwischen Petra und ihrer Klassenlehrerin, wie er am nächsten Tag stattfinden könnte. Ihr könnt das Gespräch auch im Rollenspiel darstellen.

4 Ist es besser für Petra, wenn der Staat eingreift und dafür sorgt, dass Petra in einem Heim erzogen wird? Was sagt das Grundgesetz dazu? Nehmt Stellung dazu und diskutiert miteinander.

Kompetenzstationen

Zusammenleben in der Familie

Station 1 Warum ist die Familie wichtig?

S M U H

Vor vielen hundert Jahren wollte Kaiser Friedrich II. herausfinden, wie sich Kinder im späteren Leben verhalten, wenn sie von Geburt an völlig ohne Familie und ohne Bezugspersonen aufwachsen. Beantworte dazu die folgenden Fragen:

1. Was hat er unternommen?

2. Wie endete das Experiment?

3. Was können wir aus dieser Geschichte über die Bedeutung der Familie für die Kinder lernen?
4. Sind Familien sehr wichtig, einigermaßen wichtig oder nicht so wichtig? Formuliere dazu dein Urteil und begründe deine Ansicht.

Station 2 Wie können Familien heute aussehen?

S M U H

Familie = Jede Eltern-Kind-Gemeinschaft, die gemeinsam in einem Haushalt lebt
(Offizielle Definition des Bundesamtes für Statistik in Deutschland)

Welche der folgenden Lebensformen ist nach der offiziellen Definition eine Familie, welche nicht?

1

Familie mit Hausmann

2

Stief- oder Fortsetzungsfamilien, „Patchwork-Familien"

3

Mutter: Hausfrau, Vater: Alleinverdiener, ein Kind oder mehrere Kinder

4

Familie mit Tagesmutter

5

Wochenend-Beziehung

6

Gleichgeschlechtliche männliche oder weibliche Partnerschaften

7

Doppelverdiener-Familie

8

Allein erziehende Mutter

9

Singles

10

Kinderlose Ehe oder Partnerschaft

11

Homosexuelle Paare mit Kind(ern)

12

Allein erziehender Vater

Lege eine Tabelle an und fülle sie aus:

Familie	**Andere Lebensgemeinschaft**

Station 3 Rollenverteilung in der Familie

S M U H

In Familie Schneider – Herr Schneider, Frau Schneider, Nico (12 Jahre), Elena (10 Jahre) und Sandra (3 Jahre) – müssen die häuslichen Aufgaben neu verteilt werden. Da Sandra seit Kurzem die städtische Kita tagsüber besucht, will Frau Schneider, die seit der Geburt Sandras zu Hause geblieben war, wieder zurück in ihren Beruf als Bankkauffrau und Vollzeit bei der Sparkasse arbeiten. Herr Schneider arbeitet ebenfalls Vollzeit als Industriemechatroniker.

1. Notiere mindestens acht unterschiedliche Tätigkeiten, die in einem Fünf-Personen-Haushalt anfallen.
2. Verteile die Aufgaben so, dass Frau Schneider, die bisher den größten Teil der Hausarbeiten übernommen hatte, möglichst umfangreich entlastet werden kann. Überlege, welche Aufgaben Nico und Elena übernehmen können, um die Eltern zu unterstützen.

Station 4 Wie soll der Staat die Familien unterstützen?

S M U H

Bei der Hotline einer Familienberatungsstelle trifft folgende Anfrage ein:

„Guten Tag, mein Name ist Aida Kumansk. Mein Mann Dominik und ich, wir haben vor einem halben Jahr geheiratet. Zurzeit sind wir beide berufstätig. Jetzt erwarten wir unser erstes Kind. Können Sie uns bitte die folgenden Fragen beantworten:

A Wie lange wird für mich die Zeit des Mutterschutzes mindestens dauern?

B Werden wir schon für unser erstes Kind Kindergeld bekommen, oder gibt es das erst ab dem zweiten Kind?

C Können Sie mir bitte erklären, was das Elterngeld ist?

D Hat ein Kind irgendwelche Auswirkungen auf die Steuern, die uns vom Gehalt abgezogen werden?

Bitte beantworten Sie meine Fragen. Vielen Dank für Ihre Bemühungen."

Berate die zukünftige Familie mit klaren Antworten.

4 Kinder in aller Welt

Wir machen uns stark für die Rechte von Kindern

1. Allein nachdenken

Dir erscheint eine gute Fee und sagt: „Nenne mir deine drei größten Wünsche für die Kinder in aller Welt. Sie werden in Erfüllung gehen." Welche nennst du?

2. Zu zweit beraten

Vergleicht eure Notizen. Einigt euch auf gemeinsame Wünsche.

3. In der Klasse sammeln

Unsere wichtigsten Ziele für die Kinder in aller Welt sind:
…

Im Verlauf dieses Kapitels könnt ihr …

- unterschiedliche Lebenssituationen von Kindern miteinander vergleichen,
- über das Problem der Kinderarbeit miteinander diskutieren,
- gemeinsam überlegen, wie Kinder aus armen Familien geholfen werden kann,
- Ideen für Projekte zur Stärkung von Kinderrechten entwickeln,
- in einer Zukunftswerkstatt euer Bild von einer besseren Zukunft für Kinder entwerfen.

Eigene Schwerpunkte könnt ihr setzen, indem ihr …

- euch mithilfe ausgewählter Internetadressen über die Situation von Kindern weltweit informiert,
- zum Thema Kinderrechte ein Bild malt, ein Gedicht verfasst oder einen RAP.

Detektivaufgabe für das ganze Kapitel:
Wie weit kann Sagira zählen?

1 Wie leben Kinder anderswo auf der Welt?

Wir vergleichen unterschiedliche Lebenssituationen

A Vergleichen – wie geht das?

Wahrscheinlich interessiert es euch, wie Kinder in anderen Ländern leben, was sie für Probleme haben, wovon sie träumen. Auf den folgenden Seiten könnt ihr auf die Suche nach Antworten gehen. Dazu werdet ihr drei Kinder aus verschiedenen Ländern kennenlernen. Ihr könnt von deren Leben berichten und die Lebenssituationen miteinander vergleichen. Um vergleichen zu können, braucht man Vergleichsmaßstäbe. Man nennt sie auch *Kriterien*. Für die Berichte der Kinder bieten sich folgende Kriterien an: Wohnverhältnisse, Alltagsverlauf, Situation der Familie, Schulbildung, Zukunftswünsche.
Ihr könnt die drei Beispiele der Reihe nach lesen. Ihr könnt auch die Bearbeitung aufteilen und euch nach einer Lesephase in Dreiergruppen zusammensetzen. Dabei hilft die folgende Vorgehensweise:

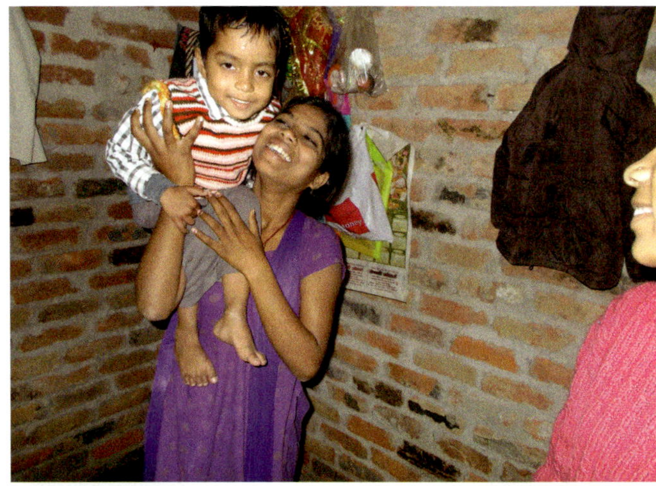

Diese Fotos haben die Kinder gemacht, die ihr auf den nächsten Seiten kennenlernt. Ariela hat sich und ihre Tante fotografiert, Kiran ihre Freundin mit ihrem kleinen Bruder und Shem einen Freund beim Essen.

- Bildet Dreiergruppen.
- Teilt die drei Beispiele zur Bearbeitung auf.
- Lest nun allein euer Beispiel.
- Stellt in der Gruppe der Reihe nach die Kinder vor.
- Überlegt gemeinsam, was Kinder weltweit verbindet und wodurch sich die Lebensverhältnisse unterscheiden.
- Stellt die Ergebnisse eurer Arbeit in der Klasse vor.

B Drei Beispiele

Beispiel 1: Kiran aus Neu-Delhi (Indien): Wird sie ihre Träume verwirklichen können?

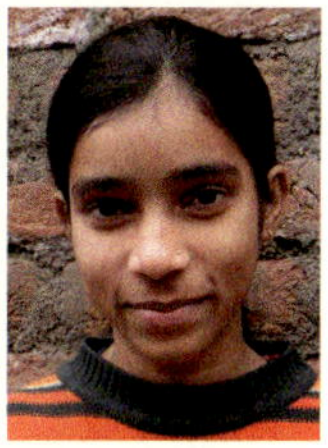

Wo Kiran lebt, ist es nicht üblich, dass Kinder eigene Zimmer haben. Bislang hat das Haus, an dem ihr Vater baut, zwei kleine Räume. Zu viert ruhen sie in einem Zimmer auf dem Boden: Vater, Mutter, Kiran und ihr jüngerer Bruder. Nachts ist der Raum das Schlafzimmer und tagsüber die Küche, was man an dem Öfchen in der Ecke sehen kann. Ach ja, und Arbeitszimmer ist er auch noch, weil in der anderen Ecke die Nähmaschine steht, an der Kirans Mutter den ganzen Tag lang sitzt. Kiran wohnt in einem Neubauviertel am Rande der 18-Millionen-Metropole Delhi. Nur ein holpriger, staubiger Weg führt in diese Gegend. [...] Manche Gassen sind so eng, dass man mit dem Auto kaum um die Ecke kommt. Kirans Vater aber weiß, wie er durch das Labyrinth steuern muss. Er besitzt ein Taxi. Tag und Nacht arbeitet er, damit die Kinder auf die private Schule gehen können.

Kiran, die gerade 14 Jahre alt geworden ist, steht jeden Morgen um vier Uhr auf. Dann wickelt sie ihre Bettsachen zusammen und tapst hinüber ins Wohnzimmer, wo sie im Licht der Glühbirne ihre Schulsachen auspackt und ihre Aufgaben für den Tag fertig macht. Ansonsten sei es schwer, überall mitzukommen, sagt sie. Und sie ist ehrgeizig, möchte gut sein, in allen Fächern. In die Schule hat sie es zu Fuß nicht weit, um 8.05 Uhr beginnt der Unterricht und dauert bis 14 Uhr. Von 17 bis 19 Uhr lernt sie noch mal mit einer Tutorin, damit sie wirklich alles versteht, was die Lehrer jeden Tag an Stoff durcharbeiten. Viel Zeit zum Spielen bleibt da nicht. Aber wenn sie doch mal frei hat, geht sie am liebsten Seilspringen mit ihren Freundinnen vorne im Hof. [...]

Der Vater schlug sich anfangs als Gelegenheitsfahrer durch, viel Arbeit für wenig Geld. Seine Frau Naurangi Debi stockt das Familieneinkommen als Schneiderin auf. So kommen sie gerade durch mit all den Schulgebühren für die Kinder. [...]

Kirans Leidenschaft ist das Malen. [...] Was sie einmal werden will? Künstlerin vielleicht, oder Ärztin. Oder Ingenieurin. In jedem Fall will der Vater, dass sie so lange auf die Schule geht wie möglich. Das ist in Indien nicht üblich, denn Mädchen werden meist jung verheiratet und haben keine Chance, ihren Träumen zu folgen.

(Aus: Arne Perras, Kiran, 14, Delhi, in: Kinder der Welt, Wochenendbeilage der Süddeutschen Zeitung vom 28.03.2014, S. 4)

Kirans Mutter an ihrem Nähtisch

Was man über Indien wissen sollte

Indien ist das siebtgrößte Land der Erde und liegt in Asien. Es hat weit über eine Milliarde Einwohner. Politisch ist Indien eine Demokratie. Viele Menschen sind sehr arm und so hat der Staat wenig Geld zur Verfügung, um die Probleme im Land zu lösen. Eltern, die es sich leisten können, schicken ihre Kinder in teure Privatschulen. Kinder armer Eltern gehen oft gar nicht zur Schule. Obwohl die Regierung Kinderarbeit verbietet, arbeiten viele von ihnen bis zu zwölf Stunden am Tag. Sie helfen ihren Familien, das Überleben zu sichern. Viele Kinder sterben, bevor sie fünf Jahre alt sind, an Unterernährung und an Krankheiten. Eltern bringen oft große Opfer für ihre Kinder und versuchen, ihnen eine bessere Zukunft zu ermöglichen.

Beispiel 2:
Shem aus Nairobi in Kenia: Wofür arbeiten er und seine Eltern so hart?

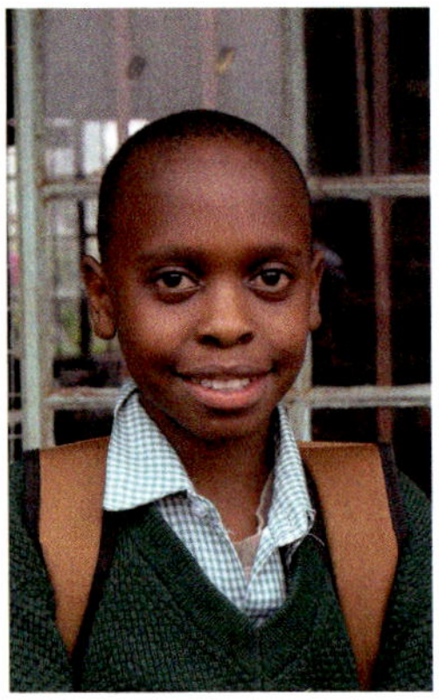

Shem lebt in Banana Hill, einem Vorort von Kenias Hauptstadt Nairobi. Als dieses Land noch britische Kolonie war, wucherten hier Bananenplantagen, so weit das Auge reichte. Heute stehen entlang der Straßen viele junge Männer den ganzen Tag herum, sie haben keine Arbeit, viele betrinken sich, nehmen Drogen. „Ich will nicht so enden wie die", sagt Shem. „Die haben ihre Zeit mit schlechten Sachen verschwendet."
Was die Zukunft bringt, da ist sich Shem Karanja Muniu, 13, schon ganz sicher: Er wird Flugzeugingenieur, so wie die Männer in dem chinesischen Film, den er letztens gesehen hat. Berühmt und gut bezahlt. Shem wird eine eigene Firma haben, er wird ein schönes Auto fahren, einen Subaru Forester. Völlig neuartige Flugzeuge wird Shem entwickeln. [...]
Damit sein Traum in Erfüllung geht, arbeitet Shem sehr hart. Er steht morgens um 5.30 Uhr auf, frühstückt Porridge oder Rührei und geht dann zur Schule, der „Upper Hill Junior Academy", zehn Gehminuten entfernt. Eine Privatschule, die beste der Gegend; auf dem stählernen Eingangstor steht gepinselt: „Kämpfen um Erfolg."
Shems Eltern mühen sich täglich, ihm diesen Kampf zu ermöglichen. Sein Vater ist Priester, seine Mutter ist Priesterin – aber nicht nur. Die Mutter arbeitet außerdem noch halbtags als Sekretärin in der Innenstadt von Nairobi, und der Vater hat vor knapp einem Jahr angefangen, nebenher Taxi zu fahren, um irgendwie die Familie durchzubringen und Shems Schulgebühren zu zahlen, insgesamt etwa 550 Euro im Jahr.
Es ist zuletzt immer härter geworden: Die Wohnungsmiete ist gestiegen, die Preise für Strom, Wasser und Lebensmittel auch. [...] Deshalb schafft es Shems Vater nicht mehr ohne das Taxifahren. Im Nacken fährt immer die Angst mit: Die Upper Hill Junior Academy schickt jede Woche weinende Kinder nach Hause, weil deren Eltern das Schulgeld nicht mehr zahlen konnten.
Shem auf eine kostenlose staatliche Schule schicken zu müssen, das wäre ein Schreckensszenario für seine Eltern. Dort drängen sich oft um die hundert Schüler in einer Klasse, die Lehrer sind völlig überfordert; wer weiß, ob Shem in dem Fall nicht eines Tages so enden würde wie die heutigen jungen Männer an den Straßenrändern von Banana Hill.
Gerade hat sich die Notlage der Familie noch einmal verschärft: Nächstes Jahr soll Shem auf die weiterführende Schule, womit sich die Gebühren aber auf einen Schlag verdreifachen würden.
Shems Vater hat noch keine Ahnung, wie er das finanzieren soll. „Bildung ist das Einzige, was unsere Generation unseren Kindern mitgeben kann", sagt er. „Wenn das scheitert, haben sie gar nichts."

(Aus: Tobias Zick: Shem, 13, Nairobi, in: Kinder der Welt, Wochenendbeilage der Süddeutschen Zeitung vom 28.03.2014, S. 4)

Was man über Kenia wissen sollte

Kenia ist größer als Deutschland und liegt im Osten Afrikas. Die Hauptstadt heißt Nairobi. Zwischen den vielen unterschiedlichen Bevölkerungsgruppen kommt es oft zu Konflikten. 2010 wurde eine neue Verfassung in Kraft gesetzt, die zu einer besseren Zukunft führen soll. Mehr als die Hälfte der Bevölkerung lebt in Armut. Besonders hart ist die Landbevölkerung davon betroffen. Oft flüchten die Menschen vom Land in die Städte und leben dann dort in Slums, ohne Arbeit zu finden. Viele Kinder verlassen ihre Familien und leben auf der Straße. Ohne Schulbildung haben sie nur geringe Chancen auf ein besseres Leben. Staatliche, kirchliche und andere, durch Spendengelder finanzierte ausländische Organisationen versuchen so gut es geht, den Straßenkindern und ihren Eltern zu helfen.

Beispiel 3: Ariela aus Buenos Aires: Wovor muss sie nachts Angst haben?

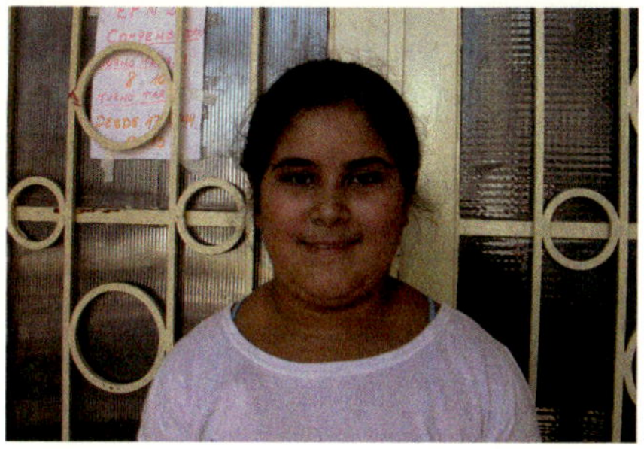

Dort, wo Ariela Hermosi lebt, ist Buenos Aires grau. […] Es ist eine Siedlung am Stadtrand, zu Teilen auch eine „Villa“, wie die Armenviertel hier heißen. Viele Häuser sind aus rohen Ziegeln. Ein Abwasserkanal wurde erst kürzlich mit Asphalt bedeckt, auch die Kloake an der Müllkippe verschwand spät. Aber die elf Jahre alte Ariela mag ihre Heimat. „Mir gefällt es.“ Und sie hat große Pläne. […]

Das Mädchen wohnt seit einigen Monaten bei seiner Tante Betty hinter einer karminroten Metalltür mit der Aufschrift St. Brigida, Nr. 22. Ihre Mutter starb vor Kurzem an Krebs, von ihrem Vater weiß sie nichts. Ein älterer Bruder zog nach Tucumán, ein anderer blieb mit Familie im Elternhaus.

Die kleine Wohnung liegt am Ende eines schmalen Ganges, Ariela teilt ihr Schlafzimmer mit ihrer Cousine. Im Wohnraum steht ein Hund aus Porzellan, darin sammelt sie Peso-Münzen, „ich spare alles“. […]

Ihre Tante putzt im Stadtteil Flores, wo der Papst Franziskus geboren wurde. Wenn sie zurückkommt, dann gehen sie gelegentlich zusammen einkaufen oder zu einer Vereinigung von Frauen aus dieser Gegend. Ab und zu essen sie ein Eis oder fahren ins Zentrum. Ansonsten sieht Ariela fern oder schaut sich DVDs an, hört Elektromusik. Oder sie schreibt und liest auf Facebook, wobei man ihr geraten hat, im Netz aufzupassen.

Noch gefährlicher ist es draußen, jedenfalls nachts. Immer wieder werden im Viertel Kinder und Jugendliche getötet, wenn sie bei Schießereien zwischen die Fronten von Drogenbanden geraten. In der Nähe von Arielas Haus starb ein zehnjähriges Mädchen, getroffen von einer bala perdida, einem Querschläger, Ariela kannte sie. Seitdem die Gendarmerie gegenüber wacht, fühlt sie sich sicherer. […]

Ariela besucht die fünfte Klasse, ihre Noten sind gut. […] Der Unterricht dauert von acht Uhr bis zwölf Uhr. Gegessen wird daheim. Gerne Schnitzel, Milanesas genannt, oder Empanadas, Teigtaschen. Danach Hausaufgaben. Wegen der Inflation wissen Ariela und ihre Tante oft nicht, wie sie das Material für die Schule bezahlen sollen, aber es geht irgendwie. […] Zur Oberstufe soll sie wegen ihres Talents auf eine Privatschule wechseln, man bemüht sich um ein Stipendium.

Ihr Berufswunsch? „Geschichtslehrerin, Geschichte interessiert mich.“ Und fremde Länder reizen sie, Japan vor allem. Sie liebt Pflanzen und hat Fotos von japanischen Gärten gesehen. […] Sie will studieren und irgendwann in ein eigenes Haus ziehen, „an einem schönen Ort, in der Nähe“.

(Aus: Peter Burghardt: Ariela, 11, Buenos Aires, in: Kinder der Welt, Wochenendbeilage der Süddeutschen Zeitung vom 28.03.2014, S. 4)

Was man über Argentinien wissen sollte

Argentinien ist nach Brasilien das zweitgrößte Land in Südamerika und mehr als siebenmal so groß wie Deutschland. Die Hauptstadt heißt Buenos Aires. Die Kluft zwischen Reichtum und Armut ist hier besonders groß. In den Städten gibt es sehr vornehme Viertel, in denen Angehörige der Oberschicht in schönen Häusern wohnen. Ihre Kinder besuchen meist gute und teure Privatschulen. Daneben gibt es auch zahlreiche „Villas“. So heißen die Elendsviertel, in denen Menschen in Armut leben. Vier von zehn Argentiniern sind arm; manche davon so arm, dass es kaum zum Überleben reicht. Für die Kinder gibt es staatliche Pflichtschulen. Die Schulpflicht beträgt zehn Jahre. Eine große Zahl von Kindern und Jugendlichen, die in den Städten auf der Straße leben, gehen oft nicht zur Schule.

C Deine Welt und meine Welt Wir vergleichen die Lebensverhältnisse anderer Kinder mit unseren eigenen

Hier könnt ihr euch noch einmal den Bericht durch den Kopf gehen lassen, den ihr über eines der drei Kinder gelesen habt, und die Lebensverhältnisse dieses Kindes mit euren eigenen vergleichen.

Euer Auftrag:

- Bildet eine Dreiergruppe und teilt euch die Arbeit auf. Jedes Gruppenmitglied bearbeitet eines der drei Beispiele.
- Stellt euch die Ergebnisse eurer Bearbeitung der Reihe nach vor.
- Sucht in der Gruppe nach Antworten auf die folgenden Fragen: Was unterscheidet das Leben von Kindern anderswo auf der Welt von unserem eigenen Leben? Gibt es Einstellungen, Wünsche, Sorgen, die Kinder weltweit miteinander teilen?

Mein Beispiel	Schritt 1	Schritt 2

Kiran und ich

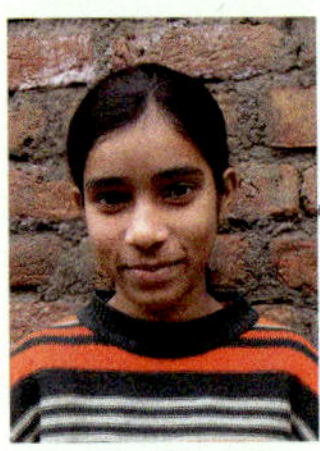

Shem und ich

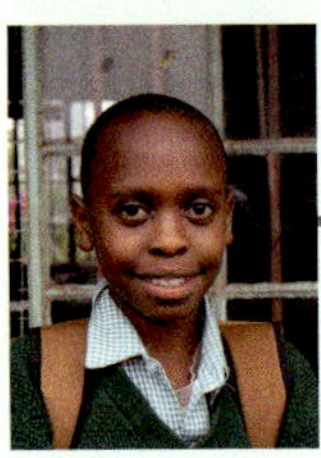

Ariela und ich

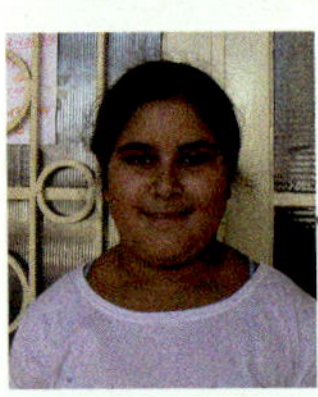

Was erfahren wir über …

1. die Wohnverhältnisse?
2. den Tagesablauf des Kindes?
3. die Familie?
4. die Schule?
5. die Hobbys?
6. die Zukunftswünsche?

- Was ist anders im Leben von Kiran als in meinem?
- Was ist gleich?
- Mein Wunsch für Kiran: …

- Was ist anders im Leben von Shem als in meinem?
- Was ist gleich?
- Mein Wunsch für Shem: …

- Was ist anders im Leben von Ariela als in meinem?
- Was ist gleich?
- Mein Wunsch für Ariela: …

Schritt 3: Sammlung der Unterschiede, Gemeinsamkeiten, Wünsche

D Kinder der Welt

1 Welche Zahlen im Text und im Schaubild sagen etwas Wichtiges über die aktuelle Situation der Kinder in der Welt aus? Nenne sie und erkläre ihre Bedeutung.

2 Lege eine Tabelle an und stelle die Probleme und Erfolge einander gegenüber.

3 „Die Zukunft des Staates hängt von den Kindern ab." Schreibe einen Text, der deutlich macht, was dieser Satz bedeutet.
Tipp: Du kannst auch ein Bild dazu malen.

Zahlen

2011 wurde irgendwo auf der Welt der siebenmilliardendste Mensch geboren und seitdem steigt die Zahl der Erdbewohner immer weiter an. Knapp 2 Milliarden von allen Menschen auf der Welt sind Kinder unter 15 Jahren. Der kinderreichste Kontinent ist Asien. Dort leben über eine Milliarde Kinder.

Gemeinsame Bedürfnisse

Alle Kinder dieser Welt sind einzigartig. Keines sieht genau wie ein anderes aus. Trotzdem haben alle Kinder gleiche und ähnliche Bedürfnisse. Sie wollen in einer Familie liebevoll geborgen sein, genug zu essen und zu trinken haben, nicht frieren müssen. Sie möchten ohne Krankheit und ohne Angst und Gefahren aufwachsen. Kinder möchten Zeit zum Spielen haben und mit Freunden zusammen sein. Kein Kind möchte ausgeschlossen werden.
Fast alle Kinder träumen von der Zukunft. Sie haben Lieblingsberufe, möchten später einmal eine Familie gründen und erfolgreich sein.
Obwohl Kinder sich manchmal über die Schule ärgern, legen die meisten von ihnen Wert auf eine gute Bildung. In armen Ländern nehmen Kinder oft große Mühen auf sich, um am Unterricht teilnehmen zu können.

Probleme

Das Kinderhilfswerk der Vereinten Nationen UNICEF berichtet, dass nahezu eine Milliarde aller Kinder weltweit in Armut leben. Für über 500 Millionen Kinder und Jugendliche in den Armutsländern muss ein Euro am Tag zum Leben reichen. 100 Millionen Kinder haben noch nicht einmal die Möglichkeit, eine Grundschule zu besuchen. Dinge, die hierzulande selbstverständlich sind, stehen diesen Kindern nicht zur Verfügung. Sie haben keinen Zugang zu sauberem Trinkwasser, keine ärztliche Versorgung und oft noch nicht einmal ein Dach über dem Kopf. Mädchen leiden noch stärker als Jungen.
Die Armut macht auch vor den Ländern in Europa nicht halt. Die Wirtschaftskrise in den vergangenen Jahren hat besonders in den Ländern im Süden Europas dazu geführt, dass die Arbeitslosigkeit steigt und junge Leute keine guten Zukunftsaussichten haben.

Erfolge

Viele Regierungen in den Entwicklungsländern* kümmern sich mittlerweile stärker als früher um die Probleme der Kinder im Land und geben Geld aus für bessere Schulen, Krankenhäuser und Hilfen für Familien. Sie haben erkannt, dass die Zukunft ihres Staates von der Zukunft ihrer Kinder abhängt. So konnte die Zahl der Kinder, die in den ersten fünf Jahren ihres Lebens sterben, weltweit gesenkt werden. Der Grund dafür liegt auch in einer besseren medizinischen Versorgung. Internationale Organisationen führen Hilfsprojekte durch. Sie sorgen dafür, dass Kinder gegen Krankheiten geimpft werden, bauen Schulen und helfen Kindern, die auf der Straße leben. Auch kirchliche Organisationen, Vereine und Privatpersonen leisten Hilfen.
Trotz all dieser Maßnahmen liegt das größte Ziel für die Kinder in der Welt noch in weiter Ferne, nämlich dass kein Kind mehr hungern muss, ausgebeutet wird oder unter Krieg und Gewalt leiden muss.

* Zum Begriff Entwicklungsländer findest du weitere Informationen im Glossar.

2 Schuften statt lernen?

Wir diskutieren über Kinderarbeit

Kinderarbeit ist ein Thema, über das Erwachsene, Jugendliche und die betroffenen Kinder selbst häufig diskutieren.
Hier könnt ihr euch an dieser Diskussion beteiligen. Lest zunächst den Fall, der nur einer von ganz vielen ist. Informiert euch anhand der Infoseite und bildet euch dann ein Urteil zur Frage, ob man Kinderarbeit erlauben oder verbieten soll.

A Der Fall: Zigarillos drehen statt Bücher lesen

Im Schneidersitz hockt Sagira Ansan auf einem staubigen Sack vor dem unverputzten Haus ihrer Eltern. Sie knackt mit den Knöcheln und reibt sich die Handflächen mit Holzkohlenasche ein. Mit einer Rasierklinge schnitzt die Elfjährige die Ader aus einem quadratischen Ebenholzblatt, streut Tabakkrümel darauf, rollt es mit den Daumen auf und bindet es geschickt mit rotem Garn zusammen. Sie macht das schnell, routiniert. Acht Stunden täglich stellt sie „Bidis“ her, die dünnen braunen Zigarillos, die zu Indien gehören wie der Milchtee und das Fladenbrot. Sagira ist eins von Hunderttausenden Kindern, die in den ländlichen Gebieten Indiens schuften – viele an gefährlichen Arbeitsplätzen wie Ziegelbrennereien oder auf pestizidverseuchten Feldern. Hier im westbengalischen Dhuliyan arbeiten fast alle Kinder in der Tabakbranche, um die enorme Nachfrage nach Bidis zu befriedigen. Seit 1986 verbietet ein Gesetz Kinderarbeit in der indischen Industrie, aber es gibt viele Hintertüren: So ist es Minderjährigen erlaubt, in den elterlichen Betrieben zu helfen. […] In der Schule war Sagira zwei Mal im vergangenen Monat. Sie geht nur hin, wenn neue Bücher ausgegeben werden. Oder um die paar Rupien abzuholen, mit denen der Staat versucht, die Bididreherinnen in die Schulen zu locken. Wenn sie hingeht, hält sie sich meist beide Ohren zu: Ihre Mitschüler beschimpfen sie, weil sie so oft schwänzt. Sagira kann fast nicht rechnen, aber bis 25 zählt sie flott. So viele Bidis ergeben ein Bündel. Abends setzt sie sich mit ihrem Bruder zusammen, der selbst fast nie in der Schule ist, um lesen zu lernen. Sie träumt davon, Lehrerin zu werden. Sehr viel wahrscheinlicher ist, dass sie immer besser wird beim Bididrehen. […]

(Aus: Ravi Nessman, Zigarillos drehen statt Bücher lesen, in: SPIEGEL Online, Artikel vom 24.03.2012; letzter Zugiff 15.01.2015)

Sagira und andere Mädchen beim Drehen von Zigarillos, die man in Indien „Bidis“ nennt

1 Beschreibe die Arbeit, die Sagira und ihre Freundinnen täglich verrichten.

2 Was würde dir durch den Kopf gehen, wenn du an sieben Tagen stets acht Stunden täglich so arbeiten müsstest wie Sagira? Notiere deine Gedanken und tausche dich mit anderen darüber aus.

B Arbeiten wie Sklaven: Was kann das Kinderhilfswerk UNICEF dagegen tun?

Beispiel Nepal

Nepal liegt im Himalaya eingebettet zwischen den höchsten Bergen der Welt. In den vergangenen Jahren herrschten hier immer wieder kriegerische Zustände. Regierungsfreundliche und regierungsfeindliche Gruppen kämpften gegeneinander um die Macht im Staat.

Probleme

Im Himalaya-Staat Nepal müssen fast 2,6 Millionen Kinder zwischen fünf und 14 Jahren arbeiten. Die meisten kommen aus sehr armen Familien vom Land. In den entlegenen Gebirgsregionen ist der Alltag hart. Viele Kinder haben kaum Möglichkeiten, zur Schule zu gehen. [...] In vielen Dörfern sind Schulen und Gesundheitsstationen kaum noch funktionsfähig. Zahlreiche Familien haben ihre Heimat verlassen, um in der nächsten Stadt nach Arbeit zu suchen. Ihre Kinder müssen zum Familieneinkommen beitragen und landen ohne Bildung oft in ausbeuterischen Arbeitsverhältnissen – zum Beispiel in den Teppichfabriken im Kathmandu-Tal.

(Aus: Nepal: Kinder vor Ausbeutung schützen, hg. vom Deutschen Komitee für UNICEF e.V. – ohne Jahresangabe)

So hilft UNICEF

Den folgenden Textauszug haben wir einem Spendenaufruf von UNICEF im Internet entnommen.

UNICEF will erreichen, dass in Nepal mehr Kinder – besonders Mädchen – zur Schule gehen und erfolgreich abschließen. So helfen Sie mit Ihrer Spende: UNICEF will mit Ihrer Hilfe weiteren 56000 Kindern, die bislang nicht zur Schule gingen, eine gute Grundbildung ermöglichen. Sie sollen den Stoff in Bildungskursen und Aufholklassen nachholen und schließlich ihren Abschluss machen können – auch wenn sie weiter arbeiten müssen. Der Unterricht findet meist zwei Stunden am Tag statt, die Lehrer nehmen Rücksicht auf die oft schwierige Lebenssituation der Kinder. [...]
UNICEF hilft in Nepal, Vorschulen und Kindergärten einzurichten. Diese Vorbereitung hilft den Kindern, erfolgreich in die erste Klasse zu starten. Schulen macht UNICEF durch Trinkwasseranschlüsse, Latrinen, sowie Sport- und Spielplätze „kinderfreundlich".

(Aus: Schule statt Ausbeutung, hg. vom Deutschen Komitee für Unicef e.V. – ohne Jahresangabe, http://www.unicef.de/infor mieren/projekte/-/nepal-bildung/13676, Zugriff: 23.03.2015)

Über UNICEF

New York ist der Sitz der Vereinten Nationen. Diesem Bündnis gehören fast alle Staaten auf der Erde an. UNICEF ist das Kinderhilfswerk der Vereinten Nationen. Die Abkürzung bedeutet *United Nations International Children's Emergency Fund*. Seine Aufgabe besteht darin, Kinder in Not und deren Eltern zu unterstützen. In über 190 Staaten der Erde unterhält UNICEF Büros. Von hier aus werden Projekte geplant und Regierungen beraten. UNICEF ist auf Spenden angewiesen, um die Arbeit zu finanzieren. 1965 erhielt die Organisation den Friedensnobelpreis.

In dem Buch „Kinder dieser Welt" wird die Arbeit von UNICEF in Bildern und Texten dargestellt. Es ist in Zusammenarbeit mit UNICEF im Dorling-Kinderley Verlag erschienen – zuletzt im Jahr 2012.
Weitere Informationen findet ihr unter www.younicef.de.

3 Was leistet UNICEF für Kinder in Not? Erläutere es am Beispiel Nepals.

4 UNICEF hat einen der weltweit wichtigsten Preise bekommen, den Friedensnobelpreis. Wie lässt sich dieser Preis begründen? Formuliere deine Begründung anhand dessen, was du über das Kinderhilfswerk weißt.

Was auch noch interessant sein kann:

- aktuelle Nachrichten ermitteln: Suche dazu auf der Homepage von younicef und finde unter *news* heraus, welche Schwerpunkte die Organisation aktuell im Umgang mit Kinderarbeit setzt.

C Kinderarbeit

1 Warum müssen so viele Kinder schwere Arbeit leisten? Nenne die Gründe.

2 Wann ist Kinderarbeit schädlich, wann nicht? Erläutere die Unterschiede.

3 Wähle eine der hier genannten Kinderhilfsorganisationen aus. Öffne ihre Homepage. Informiere deine Mitschülerinnen und Mitschüler über deren Ziele und Hilfsprojekte.

Unschädliche Kinderarbeit

Wahrscheinlich hast du auch schon gearbeitet; zum Beispiel indem du deinen Eltern bei der Hausarbeit geholfen hast. Vielleicht hast du sogar Verpflichtungen, die du regelmäßig zu erledigen hast und die du als Arbeit empfindest. Die meisten Experten aus den Kinderschutzorganisationen vertreten die Ansicht, dass es nicht schädlich sein muss, wenn ein Kind arbeitet. Im Gegenteil: Man lernt dabei, etwas zu leisten und anderen zu helfen. Auch kann es sich lohnen, sein Taschengeld durch kleinere Arbeiten aufzubessern.

Schädliche Kinderarbeit

Schädlich ist Kinderarbeit,
- wenn sie gefährlich ist,
- zu lange dauert,
- die Gesundheit von Kindern zerstört,
- wenn die Kinder ausgebeutet werden,
- wenn sie keine Chance haben, eine Schule zu besuchen.

Weltweit muss jedes sechste Kind arbeiten, um sein eigenes und das Leben seiner Familie zu sichern. Das sind etwa 150 Millionen. Davon sind 70 Millionen unter zehn Jahren alt. Das sind nahezu so viele, wie es Menschen insgesamt in Deutschland gibt. Nicht wenige der arbeitenden Kinder sind sogar erst fünf oder sechs Jahre alt.
In vielen Ländern müssen Kinder wie Sklaven schuften. Für winzige Löhne arbeiten sie auf Feldern, Kaffeeplantagen, in Bergwerken, dunklen Teppichwerkstätten und als Straßenverkäufer – manchmal zwischen zehn und vierzehn Stunden am Tag.
Am häufigsten gibt es schädliche Kinderarbeit in den armen Ländern dieser Erde, die auch als Entwicklungsländer* bezeichnet werden. Auch in Deutschland und in anderen eher reichen Ländern gibt es sie, allerdings viel seltener.

Maßnahmen zum Schutz der Kinder

In vielen Ländern auf der Welt ist Kinderarbeit per Gesetz verboten und dennoch gibt es sie. Der Grund ist meist die blanke Not. Die Kinder arbeiten, weil ihre Familien sonst nicht überleben können. Entweder verdienen die Eltern zu wenig Geld oder sie haben überhaupt keine Arbeit oder die Kinder sind auf sich alleine gestellt und müssen selbst dafür sorgen, dass sie überleben können. Auch da, wo Kinderarbeit verboten ist, drücken die Behörden oft beide Augen zu, weil sie keine Hilfsmöglichkeiten sehen oder sehen wollen.

Diese Kinder arbeiten auf einer Baustelle in Burma. Kinderarbeit gehört dort zum Alltag.

Wichtige Organisationen haben sich zum Ziel gesetzt, Schritte gegen schädliche Kinderarbeit zu unternehmen. Dazu gehören zum Beispiel das Weltkinderhilfswerk UNICEF der Vereinten Nationen, die Kinderhilfsorganisation *Terre des hommes* und die *Kindernothilfe*, die Kirchen mit den Aktionen von *Misereor* und *Brot für die Welt*. Sie – und viele andere – arbeiten daran, den Not leidenden Kindern eine Chance zu bieten, und sind dabei auf die Unterstützung von uns allen angewiesen.
In Deutschland ist Kinderarbeit bis zum Alter von 14 Jahren per Gesetz verboten. Allerdings enthält das Jugendarbeitsschutzgesetz zu diesem Verbot einige Ausnahmen. Tätigkeiten wie zum Beispiel das Austragen von Zeitungen sind ab 13 Jahren für zwei Stunden am Tag erlaubt. Ab 6 Jahren dürfen Kinder bei Theateraufführungen, in Filmen und im Fernsehen auftreten.

* Zum Begriff Entwicklungsländer findest du weitere Informationen im Glossar.

S M U H

D Wir diskutieren: Welche Art von Arbeit sollte erlaubt und welche verboten sein?

Internationale Hilfsorganisationen setzen sich weltweit für ein Verbot von Kinderarbeit ein. Gemeint sind dabei alle Formen von Arbeit, die normalerweise von Erwachsenen ausgeführt werden sollten und die Kinder daran hindern, eine Schule zu besuchen oder die sich sonst in irgendeiner Art negativ auf den Schulbesuch auswirken können. Jugendliche sollen frühestens dann einer bezahlten Arbeit nachgehen, wenn die Zeit des Besuchs einer allgemeinbildenden Schule beendet ist. Kaum einer der Expertinnen und Experten vertritt allerdings die Ansicht, dass Kinder keinen Finger krümmen, niemals den Eltern helfen oder kleinere Verpflichtungen übernehmen sollen.

Es gibt auch Gründe, die gegen ein weltweit gültiges generelles Verbot von Kinderarbeit sprechen: Viele arbeitende Kinder sind durchaus stolz auf ihre Arbeit, weil sie dadurch ihre Familien vor Hunger und Not bewahren können. In Bolivien, einem der ärmsten Länder der Welt, haben Kinder sogar eigene Gewerkschaften gegründet. Sie fordern, dass sie arbeiten dürfen. Sie wollen bessere Löhne, bessere Arbeitsbedingungen und die Chance für alle Kinder, neben ihrer Arbeit auch eine Schule besuchen zu können. „Stoppt die Armut, nicht die Kinderarbeit!", lautet ihr Wahlspruch.

Wenn man über ein Verbot von Kinderarbeit nachdenkt, lohnt es sich, immer den einzelnen Fall zu betrachten. Das könnt ihr in dieser Übung tun.
Welche der folgenden Kinderarbeiten sollte verboten sein und welche nicht?

Tipp: Wenn ihr euch nicht entscheiden könnt, überlegt, ob den Kindern anders zu helfen ist.

1 Sandra ist 13 Jahre alt und besucht ein Gymnasium in Berlin. Zweimal in der Woche trägt sie nachmittags für zwei bis drei Stunden Zeitungen aus. 25 Euro verdient Sandra so durchschnittlich pro Woche. Das verdiente Geld spart sie, um sich ein Saxophon kaufen zu können.

2 Markus aus Bochum ist 14 und geht nach der Schute nie direkt nach Hause. Er jobbt täglich bis zu fünf Stunden in einem Baumarkt. Dort schichtet er Bretter auf, stapelt schwere Kisten und so weiter. Das Geld benutzt er, um sich teure Klamotten zu kaufen. Manchmal gibt er zu Hause etwas ab. Seine Eltern sind seit knapp einem Jahr arbeitslos. Seine Schulnoten waren besser, bevor er vor einem halben Jahr zu arbeiten begann.

3 Rokeija, 11 Jahre alt, hat keine Fingernägel mehr. Zusammen mit vielen anderen Mädchen zwischen 10 und 12 Jahren arbeitet sie in der südindischen Stadt Sivakasi bis zu 10 Stunden am Tag in einer Fabrik, die Feuerwerkskörper und Wunderkerzen für den Export in reiche Länder herstellt. Rokeijas Hände sind verätzt. Sie hat Brandnarben an den Armen und im Gesicht, weil in der Fabrik schon häufiger Unfälle passierten. Die österreichische Hilfsorganisation „Jugend eine Welt" berichtet, dass insgesamt 70000 Mädchen und Jungen in der Feuerwerksindustrie beschäftigt sind, die meisten von ihnen in Südindien. Nur wenige von ihnen besuchen nebenbei eine Schule.

4 José ist mittlerweise 12 Jahre alt. Von seinem achten Lebensjahr an arbeitet er tagaus tagein als Schuhputzer in La Paz, der Hauptstadt Boliviens. Ausländischen Reportern gegenüber sagte er: „Mein Vater starb vor fünf Jahren, ich wurde Waise. Mir blieb nur meine Mutter. Und ich sah, wie sie schuftete, dabei war ich doch der Mann im Haus. Deshalb begann ich eben mit sieben Jahren zu arbeiten." José würde gerne regelmäßig eine Schule besuchen, doch dafür fehlt ihm leider die Zeit.

- Gehe die Beispiele einzeln durch und entscheide: Soll diese Arbeit erlaubt bleiben oder verboten werden?
- Besprecht eure Entscheidungen zu zweit oder in Gruppen.
- Diskutiert über jedes der vier Beispiele in der Klasse.
- Macht für alle Fälle per Handzeichen eine Abstimmung.

3 Arme Kinder in Deutschland

Wir überlegen, was wir tun können

Deutschland ist ein reiches Land. Doch auch hier müssen Kinder in Armut leben. Sie müssen zwar nicht um ihr Überleben kämpfen, wie viele Kinder in den Entwicklungsländern. Sie müssen aber auf vieles verzichten, was für andere Kinder selbstverständlich ist. Kinder armer Eltern leiden, wenn andere auf sie herabblicken. So entsteht das Gefühl von Ausgrenzung und Einsamkeit. Das kann schlimmer sein als der Mangel an Geld.

A Der Fall: Annette L. tut alles, damit es ihren Kindern gut geht

Sie wohnt mit sechs schulpflichtigen Kindern im eigenen Häuschen in der Kleinstadt. Das älteste ist 17, das jüngste sechs. Der Mann verdient nicht schlecht, arbeitet aber auswärts. Damit schlägt der zweite Haushalt zu Buche und natürlich die Abzahlungen der Hauskredite: Sie haben sich übernommen. „270 Euro habe ich an Haushaltsgeld pro Woche für Lebensmittel und Hygieneartikel. 20 Euro für Benzin, Kleidung geht extra." Das heißt, die Jüngeren akzeptieren noch die Kleidung, die sie in der Kleiderkammer des Kinderschutzbundes bekommt. Für die Älteren kauft sie „so billig wie möglich, unsere Älteste fand neulich eine Hose bei C&A für 20 Euro", und ist auf Schlussverkauf und Sonderangebote angewiesen. […]

Schulfreunde kommen gerne

Dass es bei Annette L. knapp zugeht, wissen nicht nur die Freunde und die Nachbarn. Die Apotheke liefert inzwischen auf Rechnung, damit Annette L. nicht warten muss, bis die Privatversicherung ihres Mannes erstattet. „Die Schulfreunde unserer Kinder sind gern bei uns, obwohl sie wissen, dass wir so dran sind. Bei uns sind andere Werte wichtig, und das gefällt ihnen auch." Gemobbt wurden Annette L.s Kinder noch nie; „sie sehen auch immer ordentlich aus."

Alle Kinder helfen mit

Am Wochenende plant Annette L., was die Woche über gekocht wird. Zweimal darf sie im Tafelladen mit Bedürftigkeitsausweis einkaufen, mal morgens, mal abends. […] Annette L.s Kinder helfen mit und sind verständig. Aber sie kennt auch die Frage: „Warum können wir nicht in Urlaub fahren?" – und ihre Antwort lautet dann: „Wir sind dankbar dafür, dass wir das Häuschen haben." Für zwei Kinder kann sie pro Jahr über den Kinderschutzbund eine Freizeit organisiert bekommen, aber: „Ich musste mich als bedürftig outen."

Der größte Wunsch

Der größte und unerreichbare Wunsch – neben dem, dass das Auto durchhält – von Annette L. ist einmal ein gemeinsamer Urlaub. Annette L. haben die Sorgen schon mal richtig krank gemacht. „Für mich war es schwer, als hilfebedürftig angesehen zu sein. Ich habe gespürt, dass wir schlechter gestellt sind. Es war schwer, gesellschaftlich das Gefühl zu haben: Ich habe trotzdem einen Wert, trotz der vielen Kinder. Jetzt lerne ich das positive Denken. Ich erlebe jeden Tag so viel schönen Reichtum: die Freude, die die Kinder machen." Obwohl sie auf vieles verzichten müssen.

(Aus: Dr. Bernhard Seiterich: Kinderreich und trotzdem arm, Artikel vom 20.04.2011, in: www.caritas.de; Zugriff 17.01.2015; Zwischenüberschriften eingefügt)

1 Worauf müssen Kinder und Eltern in dieser Familie verzichten? Notiere alleine.

2 Warum fühlt sich Annette L. trotzdem reich? Findet es zu zweit heraus.

3 Versucht, euch in die Rolle eines der sechs Kinder in dieser Familie zu versetzen: Was würdet ihr von euren Klassenkameraden erwarten? Sprecht darüber in der Klasse.

B Was können wir tun, damit Kinder armer Eltern sich genauso wohlfühlen wie alle anderen auch?

Familie L. muss mit sehr wenig Geld auskommen. Die sechs Kinder kann man als arm bezeichnen. Das heißt aber nicht, dass sie unglücklich sind. Sie bekommen oft zu Hause Besuch von ihren Schulfreunden und sie wurden noch nie in der Schule wegen ihrer Armut gemobbt. Die Kinder in dieser Familie sind nicht unglücklich, weil sie viele Freunde haben und sich in ihrer Schulklasse wohlfühlen. Sie gehören zur Klassengemeinschaft wie alle anderen auch.
Unglücklich sind Kinder, wenn die anderen Klassenkameraden auf sie herabblicken und sie spüren lassen, dass sie nicht dazugehören, weil sie zum Beispiel keine teure Bekleidung tragen.
In fast allen Schulklassen gibt es Kinder, die aus ärmeren Familien stammen. Jeder von euch kann überlegen, was die Klassengemeinschaft tun kann, damit sich niemand ausgestoßen fühlen muss.

1 Treffen die Äußerungen in den Tischbeinen auf eure Klassengemeinschaft zu? Überlege alleine.

2 Wie sehen andere die Situation? Beratet zu zweit oder zu dritt.

3 Was kann die Klasse tun, damit alle sich wohlfühlen, egal wie reich oder wie arm sie und ihre Eltern sind? Formuliere deine Stellungnahme dazu.

Der Wohlfühltisch-Test

Die beiden Kinder auf der Zeichnung kommen aus armen Familien. Sie fühlen sich wohl in ihrer Klasse. Um das zu verdeutlichen, sind sie auf einem Tisch mit vier Beinen dargestellt, dem Wohlfühltisch.

Der Wohlfühltisch hat vier Beine. Alle sind stabil und tragen die Tischplatte. Sie sind

- das Nicht-lustig-machen-Bein,
- das Nicht-ausschließen-Bein,
- das Gute-Klassengemeinschaft-Bein,
- das Jeder-hilft-jedem-Bein.

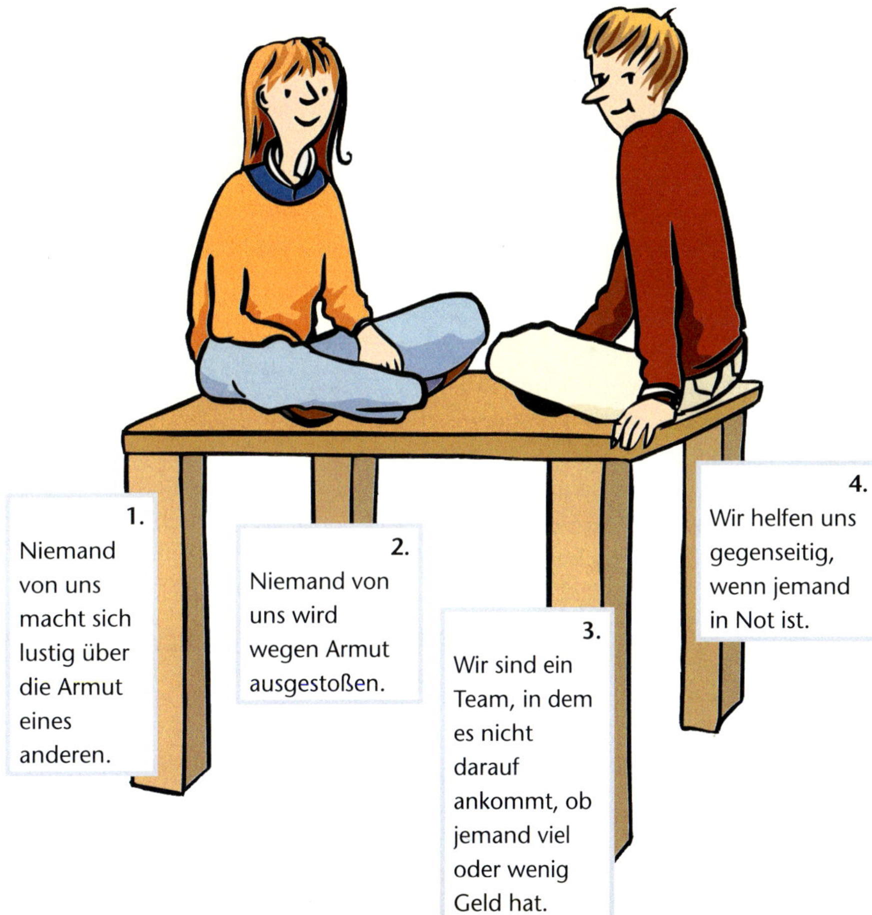

4 Kinder engagieren sich für Kinderrechte*

Wir sammeln Projektideen

A Friedensnobelpreis für eine Jugendliche

Malala bei ihrer Rede in New York

Im Herbst 2014 wurde die 17-jährige Muslimin Malala Yousafzai mit dem Friedensnobelpreis ausgezeichnet. Das Nobelpreiskomitee in Oslo, also die Gruppe, die über den Preis entscheidet, begründete die Preisvergabe mit ihrem Eintreten gegen die Unterdrückung von jungen Menschen und ihrem Kampf um deren Recht auf Bildung. Malala ist die mit Abstand jüngste Trägerin dieses Preises.
Schon als Kind hatte sie sich in ihrem Heimatland Pakistan für das Recht der Mädchen auf Bildung engagiert. Dafür wurde sie im Alter von 15 Jahren von den radikalislamischen Rebellen der Taliban auf dem Weg zur Schule angeschossen und erlitt schwere Verletzungen am Kopf. Trotzdem gab sie ihren Kampf für die Rechte Not leidender Kinder nicht auf.
Grundlage dieses Preises ist das Testament des Preisstifters Alfred Nobel (1833–1896). Nach dessen Willen soll ausgezeichnet werden, wer am meisten für die Verbrüderung der Völker gewirkt hat sowie für die Bildung und die Förderung des Friedens auf der Welt.

Malala erhielt den Preis zusammen mit dem Inder Kailash Satyar, der sich ebenfalls für die Rechte der Kinder einsetzt.
An ihrem 16. Geburtstag, dem 12. Juli 2013 hielt Malala eine Rede vor den Vereinten Nationen in New York.

Dabei schloss sie mit folgenden Worten:
„Liebe Brüder und Schwestern, wir wollen Schulen und Bildung für eine glänzende Zukunft für jedes Kind. Wir werden unsere Reise mit dem Ziel Frieden und Bildung für alle fortsetzen. Niemand kann uns aufhalten. Wir werden für unsere Rechte eintreten und die Dinge durch unsere Stimme verändern. Ein Buch, ein Stift, ein Kind und ein Lehrer können die Welt verändern."

* Zum Begriff Kinderrechte findest du weitere Informationen im Glossar.

B Kinderrechte-Rap

Setzt euch für die Kinderrechte ein.
Lasst uns Kinder damit nicht allein!
Viele Kids auf dieser Welt sind arm,
macht mit und schlagt Alarm!

Damit jeder rechnen und schreiben kann,
gilt das Recht auf Bildung für jedermann.
Wissen macht groß und bist du auch klein,
dann wirst du niemals ein Straßenkind sein.

Es ist egal, woher du kommst, ganz egal, wer du bist,
weil jeder tief im Innern wie der andere ist.
Wir geben Bescheid, denn alles, was zählt,
ist Gerechtigkeit für alle Kinder dieser Welt.

(Aus: Hans-Martin Große-Oetringhaus: Macht mit und schlagt Alarm, in: Engelmann, Flechtner (Hrsg.): Kinder ohne Kindheit, Patmos Verlag 2006, S. 187f. Der Text wurde von dem KinderrechtsTeam „Sonnenkinder" verfasst und gemeinsam mit der Gruppe „Die Fantastischen Vier" vertont.)

1 Was möchte Malala erreichen? Nenne ihre Ziele.

2 Das Nobelpreiskomitee und der Kinderrechte-Rap betonen das Recht auf Bildung. Warum wird gerade dieses Recht als besonders bedeutsam herausgestellt? Formuliere eine Begründung und stelle sie vor.

Was auch noch interessant sein kann:

- die vollständige Rede lesen und weitere Informationen über sie sammeln; Malalas Rede vor den Vereinten Nationen findet ihr zum Beispiel unter www.kindernetz.de.
- den Rap auswendig lernen oder einen eigenen Rap erfinden

C Welche Kinderrechte gelten weltweit?

Der 20. November 1989 war für die Kinder in der Welt ein bedeutendes Datum. An diesem Tag beschlossen die Vereinten Nationen in New York die UN-Kinderrechtskonvention. Das ist ein weltweit gültiges Abkommen, in dem festgelegt ist, welche Rechte allen Kindern auf der Welt zustehen und wovor sie unbedingt geschützt werden sollen.

Nahezu alle Staaten auf der Welt haben das Vertragswerk unterzeichnet. Damit verpflichteten sie sich, die Kinderrechte zu achten und sich dafür einzusetzen, dass sie nicht nur auf dem Papier stehen. Es liegt nicht nur an den Regierungen eines Landes, ob die Kinderrechte eingehalten werden. Alle sind gefordert, sie zu achten und zu schützen – sowohl die Erwachsenen als auch die Kinder im Umgang miteinander.

54 Artikel mit Kinderrechten zählt die Konvention auf. Die besonders wichtigen findet ihr hier in verkürzter Form abgedruckt.

	☺	😐	☹
1. Alle Kinder haben die gleichen Rechte. Kein Kind darf benachteiligt werden.			
2. Kinder haben das Recht, gesund zu leben, Geborgenheit zu finden und keine Not zu leiden.	?		
3. Kinder haben das Recht, bei ihren Eltern zu leben. Leben die Eltern nicht zusammen, haben Kinder das Recht, beide Eltern regelmäßig zu treffen.		?	
4. Kinder haben das Recht, zu spielen, sich zu erholen und künstlerisch tätig zu sein.			
5. Kinder haben das Recht, zu lernen und eine Ausbildung zu machen.	?		
6. Kinder haben das Recht, bei allen Fragen, die sie betreffen, sich zu informieren, mitzubestimmen und zu sagen, was sie denken.		?	
7. Kinder haben das Recht, dass ihr Privatleben und ihre Würde geachtet werden.			
8. Kinder haben das Recht auf Schutz vor Gewalt.	?		
9. Kinder haben das Recht, im Krieg und auf der Flucht besonders geschützt zu werden.		?	
10. Kinder mit Behinderung haben das Recht auf besondere Fürsorge und Förderung, damit sie aktiv am Leben teilnehmen können.			

3 Gehe die Kinderrechte einzeln durch. Notiere die Ziffern 1 bis 10 in dein Heft und setze jeweils dahinter das Symbol:
- ☺ Das ist in meiner Umgebung ganz gut verwirklicht.
- 😐 Das ist in meiner Umgebung ganz gut verwirklicht, aber woanders auf der Welt noch nicht.
- ☹ Das ist weder in meiner Umgebung noch woanders auf der Welt verwirklicht.

4 Vergleicht eure Ergebnisse zu zweit oder zu dritt. Stellt diejenigen in der Klasse vor, die am wenigsten verwirklicht sind. Überlegt gemeinsam, was getan werden sollte, um diese Rechte besser zu schützen.

5 Welche Kinderrechte kannst du in der Zeichnung entdecken? Finde 5 von 10.

D Was kann man tun, um anderen Kindern zu helfen?

UNICEF zeichnet Aktionen aus, in denen sich Kinder und Jugendliche beispielhaft für die Rechte gleichaltriger Kinder überall in der Welt stark machen.
Von Jahr zu Jahr wird die Beteiligung daran größer. Einige der Preisträger werden hier vorgestellt.

- Bei welcher Aktion hättest du gerne mitgemacht?

1 Die Klasse 6c der Auguste Viktoria Schule in Itzehoe hat sich mit dem Schicksal der Kinder in Syrien auseinandergesetzt, weil in diesem Land Krieg herrscht. Sie haben Bücher gestaltet, in denen sie Fotos von Kriegszerstörungen zur Hälfte abbildeten und die andere Hälfte mit eigenen Bildern auffüllten. Mit Informationstafeln und Flyern machte die 6c in der Fußgängerzone auf die Verletzung der Kinderrechte in Syrien aufmerksam und sammelte Spenden für UNICEF.

2 Die Redaktion der Kinder- und Jugendzeitschrift „Körnerstraße 77" des „Kölner Appell gegen Rassismus e. V." besteht aus Kindern und Jugendlichen aus unterschiedlichsten Ländern. Viele von ihnen sind als Flüchtlinge nach Deutschland gekommen. Gemeinsam gestalten sie ihre Zeitschrift, wählen Themen aus, schreiben Artikel, recherchieren, führen Interviews und verbessern dabei fast beiläufig ihre Deutschkenntnisse. In jedem Heft wird neben einem Schwerpunktthema auch ein Kinderrecht thematisiert.

3 In der 5G 1 der Heinrich-Böll-Schule im hessischen Hattersheim gab es 31 Schüler. Sie stellten fest, dass ihre Familien ursprünglich aus 13 verschiedenen Ländern stammen, zum Beispiel aus Ägypten, Brasilien, Indonesien, Serbien, der Türkei. So entstand die Idee, zu untersuchen, wie gut oder wie schlecht es um die Kinderrechte in den 13 Ländern bestellt ist. Innerhalb einer Projektwoche erstellten die Schülerinnen und Schüler für jedes Land eine Wandzeitung. Es entstand eine Ausstellung, die am Tag der offenen Tür in der Schule präsentiert wurde.

4 Antonia und Mara sind davon überzeugt, dass jeder mit ganz einfachen Mitteln etwas für Kinderrechte tun kann. Die beiden Mädchen bastelten Armbänder aus Knöpfen und verkauften sie an Haustüren und auf Großveranstaltungen. Ihre Botschaft lautet: „So wie Knöpfe zusammenhalten, so müssen auch wir Menschen zusammenhalten". Zu jedem Armband verteilten sie einen „Denkzettel". Darin waren bewegende Geschichten von Kindern weltweit zu lesen und wie die Rechte dieser Kinder verletzt werden. Mit den eingenommenen Spenden wurden Projekte gegen Kinderarbeit in Indien unterstützt.

Ideen wie Sand am Meer

Aktion Schülersolidarität

Solidarität bedeutet, dass man aus einem Zusammengehörigkeitsgefühl zu anderen Menschen heraus handelt. Sie zeigt sich in Hilfsbereitschaft und im Bestreben, anderen zu helfen. Die Aktion Schülersolidarität ermuntert Schülerinnen und Schüler, solidarisch zu handeln und Hilfsbereitschaft zu zeigen gegenüber benachteiligten Kindern überall auf der Welt – also auch im eigenen Land und in der eigenen Umgebung. Sie wird von der Kinderhilfsorganisation terre des hommes betreut. Hier Ausschnitte aus der Broschüre „Dabei sein“:

Zum Nachmachen

Gibt's Ideen? Wie Sand am Meer! Zum Nachmachen. Zum anders machen. Zum besser machen. Zum Beispiel Rappen und Straßenmusik, Marathon-Tanzen und Sponsoren-Rallye, Theater spielen und Solidaritäts-Fußballspiel, Video- oder PowerPoint-Vorführungen, Ausstellungen oder Essen wie in Indien, Imbiss am Elternabend und Schulgottesdienst, Flohmarkt und Konzert, Schuhputzaktion oder Straßentheater in der Fußgängerzone.

Straßenkind für einen Tag

Terre des hommes führt jährlich am 20. November einen Aktionstag zugunsten von Straßenkindern durch. Bundesweit schlüpfen Hunderte von Kindern und Jugendlichen in die Haut eines Straßenkindes und erleben für ein paar Stunden, wie es ist, wenn Straßenkinder versuchen, zu überleben, indem sie aus einem Bauchladen beispielsweise Bonbons verkaufen, Autoscheiben waschen, Schuhe putzen oder auf der Straße singen und tanzen.

KinderrechtsTeams

Die KinderrechtsTeams von terre des hommes setzen sich weltweit für die Rechte der Kinder ein. Kinder und Jugendliche bilden in ihrem Freundeskreis Teams, entwickeln fantasievolle Aktionen und führen sie eigenverantwortlich durch. [...]
Ein KinderrechtsTeam gründen kann jeder, der sich gegen Kinderrechtsverletzungen einsetzen möchte.

(Alle Zitate aus: Hans-Martin Große-Oetringhaus: Aktion Schülersolidarität – Dabei sein, Broschüre hrsg. von terre des hommes, ohne Jahrgang)

Unter folgenden Internetadressen erhaltet ihr alle notwendigen Informationen über den Junior-Botschafter-Preis von UNICEF, die Aktion Schülersolidarität und Straßenkind für einen Tag und über KinderrechtsTeams:

- www.younicef.de
- www.tdh.de
- www.kinderrechtsteams.de

Projekt Zukunftswerkstatt

In diesem Kapitel habt ihr feststellen können, dass die Welt für viele Kinder an vielen Orten auf der Erde noch nicht so ist, wie sie sein sollte. Vieles muss noch getan werden, damit die Kinderrechte überall verwirklicht werden. Wie kann eine bessere Zukunft für die Kinder aussehen?
Zu dieser Frage könnt ihr euch mithilfe einer Methode Gedanken machen, die sich *Zukunftswerkstatt* nennt. Wie sie funktioniert, erfahrt ihr auf der folgenden Seite.

1 Was versteht man unter Solidarität? Notiere es.

2 Welche der auf dieser Doppelseite vorgestellten Aktionen und Projektvorschläge haltet ihr für nachahmenswert? Tauscht euch zu zweit darüber aus und sammelt gemeinsam.

3 Das vierblättrige Kleeblatt kannst du in dein Heft zeichnen und dir für jedes Blatt einen Beitrag ausdenken, den du selbst leisten kannst.

Methodenkarte 6

Zukunftswerkstatt

Thema: Wie kann eine bessere Welt für Kinder aussehen?

Was ist das?

Mit dieser Methode könnt ihr die Zukunft planen. Ihr entwickelt dabei gemeinsam eine Vorstellung von einer besseren Zukunft für die Kinder dieser Welt. Wer in die Zukunft schauen will, braucht Fantasie. So nennen wir die Vorstellungskraft von etwas, was es noch nicht wirklich gibt. Als Kinder habt ihr oft mehr Fantasie als Erwachsene. Daher könnt ihr mit einer Zukunftswerkstatt auch Erwachsene dazu anregen, sich Gedanken über die Gestaltung einer besseren Welt für Kinder zu machen.

Wie macht man das?

Die Methode besteht aus fünf Schritten:

1. Die Vorbereitungsphase

Sie beginnt damit, dass sich alle in der Klasse in Einzelarbeit Gedanken über die aktuelle Situation der Kinder in der Welt machen. Jeder von euch kann dazu noch einmal das Kapitel in diesem Buch durchblättern und anschließend notieren, warum die Welt der Kinder leider nicht so ist, wie sie sein sollte. Danach werden Dreier- oder Vierergruppen gebildet.

2. Die Kritikphase

Eine bessere Zukunft kann man nur planen, wenn man weiß, dass die Gegenwart nicht gut ist. Deswegen sammelt ihr in dieser Phase alles, was ihr schlecht findet an der weltweiten Situation von Kindern.

3. Die Fantasiephase

Sprecht in der Gruppe darüber, was ihr euch für die Zukunft der Kinder in der Welt wünscht. Denkt dabei an Kiran, Shem, Ariela oder Sagira, deren Alltag in diesem Kapitel geschildert wird. Denkt auch an die Situation armer Kinder in Deutschland. Macht euch die Antworten nicht zu einfach, zum Beispiel indem ihr nur fordert: „Keine Kinderarbeit!"

Malt Bilder, sucht nach Fotos, schreibt Texte – zum Beispiel ein Gedicht, ein Lied, einen Rap. Überlegt, wie ihr eure Vision einer besseren Zukunft anderen mitteilen könnt. Eurer Fantasie sind dabei keine Grenzen gesetzt.

4. Die Verwirklichungsphase

Ein Ziel vor Augen zu haben, ist wichtig, aber es genügt nicht. Man muss auch überlegen, welche Schritte man unternehmen muss, damit die Ziele Wirklichkeit werden können.

Damit beginnt ein besonders wichtiger, aber auch schwieriger Teil der Methode. Überlegt euch Antworten auf folgende Fragen:

- Was muss getan werden, damit alle Kinder in einer besseren Welt leben können?
- Was können Politiker, Regierungen und Hilfsorganisationen tun?
- Wie können wir alle einen Beitrag dazu leisten?

5. Abschluss und Besprechung der Ergebnisse

Stellt mehrere Gruppenarbeitsergebnisse in der Klasse vor.

Überlegt, wie ihr die Teilergebnisse zu einer gemeinsamen Klassenpräsentation zusammenfügen könnt.

Worauf ihr besonders achten solltet

Erfolgreich wird die Methode,

- wenn alle in der Klasse daran mitarbeiten,
- wenn ihr die Erfolgsregeln von Gruppenarbeit einhaltet,
- wenn ihr euch an die einzelnen Schritte haltet, nach denen die Methode funktioniert.

Für die Zukunftswerkstatt müsst ihr euch mindestens zwei Unterrichtsstunden Zeit nehmen. Einige Arbeiten dazu können außerhalb der Unterrichtszeit erledigt werden. Besonders gut wird es sein, wenn ein ganzer Schultag dafür zur Verfügung steht.

Kompetenzstationen

Kinder in aller Welt

Station 1 Wie leben Kinder anderswo auf der Welt?

S M U H

4 große Probleme der Kinder dieser Welt, 4 Bedürfnisse aller Kinder – 4 Erfolge

Übernimm die Übersicht in dein Heft und fülle sie aus. Die Stichworte in der Liste helfen dir beim Suchen der Antworten.

1. Kindersterblichkeit sinkt weltweit
2. Friedlich mit ihrer Familie zusammenleben
3. Eine Milliarde Kinder lebt in Armut
4. Mehr Kinder als früher werden geimpft
5. Genug zu essen und zu trinken haben
6. Nur ein Euro am Tag für 500 Millionen
7. Aufwachsen ohne Gefahr, Not und Krankheit
8. Hilfsorganisationen führen Projekte durch
9. Kein Grundschulbesuch für 100 Millionen
10. Mit Freunden spielen können
11. Kein Zugang zu sauberem Trinkwasser
12. Viele Menschen helfen durch Spenden.

Station 2 Schuften statt lernen?

S M U H

Die Zeichnung möchte auf das Problem der Kinderarbeit aufmerksam machen.
Welche Art von Arbeit ist schädlich für Kinder und gehört verboten?
Schreibe mehrere Merkmale auf.

Station 3 Arme Kinder in Deutschland

S M U H

Hier sind kluge Antworten gefragt! Versuche, die erste Person davon zu überzeugen, dass sie nicht recht hat, und erkläre der zweiten, was man tun kann.

Station 4 Kinder engagieren sich für Kinderrechte

S M U H

Was können Schülerinnen und Schüler tun,

1. um mehr über die Situation der Kinder in der Welt zu erfahren?
2. um erfolgreich an Projekten mitzuarbeiten, bei denen es um Kinder geht?
3. um Hilfsbereitschaft gegenüber Kindern zu zeigen, die Hilfe benötigen?

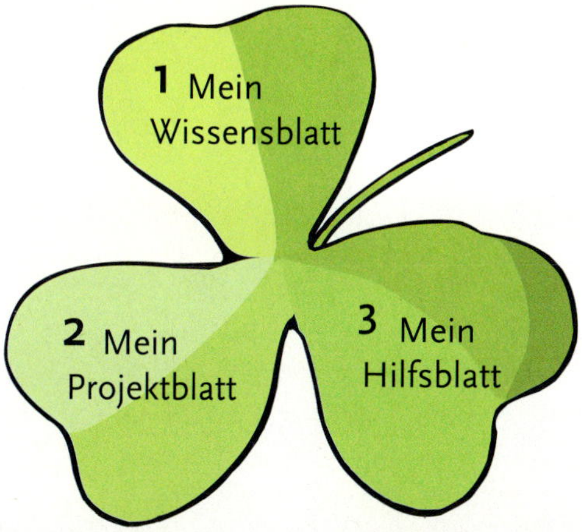

5 Mit Unterschieden leben lernen

Wir finden Wege für ein faires Zusammenleben

1. Allein nachdenken

Die Menschen auf dem Foto freuen sich. Was sind die Vorteile, wenn ganz unterschiedliche Menschen zusammenwohnen?

2. Zu zweit beraten

Angenommen, ihr kommt neu in diese Gruppe, seht ganz anders aus und sprecht auch eine andere Sprache. Welches Verhalten der anderen würdet ihr euch wünschen?

3. In der Klasse sammeln

Wie können ganz unterschiedliche Menschen gut miteinander auskommen?

Im Verlauf dieses Kapitels könnt ihr …

- beschreiben, warum Flüchtlinge nach Deutschland kommen und was sie sich für die Zukunft wünschen,
- eine Geschichte fortschreiben, wie aus Fremden Freunde werden,
- eure Gedanken zum Anderssein austauschen,
- darüber nachdenken, was eure Großeltern für euch bedeuten,
- ein Mehr-Generationen-Haus planen.

Eigene Schwerpunkte könnt ihr setzen, indem ihr …

- im Internet über inklusive Projekte in eurer Region recherchiert,
- einen Rollstuhlfahrer oder eine Rollstuhlfahrerin über Erfahrungen im Alltag befragt,
- eine gemeinsame Aktion mit alten Menschen plant.

Detektivaufgabe für das ganze Kapitel:
Finde heraus, warum ein Musical das Leben von Melissa veränderte.

Alle diese Menschen leben zusammen in einem Wohnprojekt.

1 Inländer – Ausländer: Was können wir für ein friedliches Miteinander tun?

Wir tauschen uns in einem Schreibgespräch aus

A Flüchtlinge: Warum sind sie nach Deutschland gekommen – was wünschen sie sich?

In vielen Ländern der Welt herrscht Krieg – Millionen von Menschen sind deshalb auf der Flucht. Auch in Deutschland leben inzwischen zahlreiche Menschen, die ihre Heimat verlassen mussten.

1. Aya und Aiwan sind vor dem Krieg in Syrien geflohen

Die Zeitschrift KinderZeit hat die Geschwister befragt.

Ihr seid aus Syrien nach Deutschland gekommen. Wie habt ihr davor in Syrien gelebt?

AYA: Vor dem Krieg sind wir jeden Morgen mit dem Bus zur Schule gefahren. Nachdem der Krieg begonnen hat, mussten wir uns in unserem Haus verstecken. Alle hatten seitdem Angst rauszugehen, weil überall gekämpft wurde.

AIWAN: Syrien ist sehr schön, aber der Krieg macht alles kaputt.

Konntet ihr noch zur Schule gehen?

AYA: Wir waren monatelang nur zu Hause und konnten unsere Nachbarn oder Freunde nicht mehr besuchen. Keiner hat sich getraut, auf die Straße zu gehen, weil uns draußen Männer mit Gewehren bedroht haben.

Wovon habt ihr gelebt?

AIWAN: Wenn die Männer mit den Gewehren nicht aufgepasst haben, ist unser Vater rausgeschlichen und hat Essen für uns geholt.

Was habt ihr von den Kämpfen mitbekommen?

AIWAN: Wir haben anderthalb Jahre lang immer wieder Bombenexplosionen und Schüsse gehört. Deswegen hat mein Vater irgendwann gesagt, dass wir aus Syrien fliehen müssen.

Wie ist eure Flucht abgelaufen?

AYA: Wir sind mit dem Bus gefahren, aber auch zu Fuß gegangen und mit dem Flugzeug geflogen. Die Tage sind so schnell rumgegangen, dass ich nicht weiß, wie lange es gedauert hat. Bestimmt ein paar Wochen.

Was *konntet ihr mitnehmen?*

AYA: Nur Kleidung. Alles andere musste dableiben, auch unsere Handys und Spielsachen.

Konntet ihr euch von euren Freunden verabschieden?

AIWAN: Nein, es durfte keiner wissen, dass wir aus Syrien fliehen wollten.

Wo wohnt ihr jetzt?

AIWAN: In einem Heim. In Syrien hatte jeder ein eigenes Zimmer, und wir hatten einen Garten. Hier teilen wir uns mit fünf Personen ein Zimmer, ein Wohnzimmer und ein Badezimmer.

Was wünscht ihr euch für die Zukunft?

AYA: Dass wir hier ein Haus und ein Auto bekommen und dass unsere Eltern arbeiten können. Ich möchte gern weiter hier zur Schule gehen und später arbeiten. Ich will Lehrerin werden.

(Nach: Frauke König: Syrische Flüchtlinge: Unser neues Leben, 18.04.2013, in: www.blog.zeit.de)

Wie Aya und Aiwan sind weltweit Millionen von Kindern auf der Flucht.

2. Evans Adeny, 20 Jahre, hat als Kindersoldat Schreckliches erlebt

Warum sprechen Sie so gut Deutsch?
Ich bin schon seit zwei Jahren hier, aber Deutsch habe ich in zwei Monaten gelernt. Ich war zunächst im SOS-Kinderdorf, weil ich als unbegleiteter minderjähriger Flüchtling mit 17 gekommen bin.
Warum wollten Sie aus Uganda weg?
Ich musste dort bei den Rebellen von Lord's Resistance Army als Kindersoldat kämpfen. Sie haben mich und ein paar Freunde vom Schulweg verschleppt, da war ich 13. Wir mussten schreckliche Dinge tun, sie haben uns geschlagen und wie Sklaven gehalten. Bei einem Gefecht mit der kongolesischen Armee habe ich mich in einem Graben verkrochen. Dann bin ich sieben Stunden gelaufen, bis mich ein Mann versteckt hat. Ich wollte nach Hause, aber dann habe ich erfahren, dass meine Eltern inzwischen tot waren. Die LRA hat nach mir gesucht, das ugandische Militär auch. Ein Onkel hat meine Ausreise organisiert.
Was haben Sie in den vergangenen zwei Monaten in Deutschland getan?

Ehemals verschleppte Kinder in einen Hilfezentrum für Kindersoldaten in Uganda

Ich liebe den FC Bayern und spiele selbst Fußball beim FC Hochzoll in Augsburg. Ich fotografiere gern und modele auch ein bisschen. Meinen Hauptschulabschluss habe ich mit 2,2 bestanden.
Was wünschen Sie sich?
Ich hatte ein Angebot für einen Ausbildungsplatz bei H&M. Leider habe ich keine Arbeitserlaubnis. Ich will arbeiten, ich will Steuern zahlen und nicht abhängig sein vom Staat. Ich will dieses Land unterstützen. Viele Deutsche wissen gar nicht, wie gut sie es haben, dass sie nicht andauernd um ihr Leben fürchten müssen. Ich wünsche mir, in Sicherheit leben zu dürfen.

(Nach: Max Fellmann, Kerstin Greiner: Ein Stück vom Glück, in: SZ-Magazin, 12.12.2014, S. 28)

1 Entscheide dich für ein Beispiel, das du bearbeiten möchtest. Notiere dir dann die Antworten auf folgende Fragen: Warum sind diese Menschen nach Deutschland gekommen? Was wünschen sie sich?

2 Informiert euch gegenseitig über eure Ergebnisse. Überlegt gemeinsam mit eurem Partner: Was können wir in Deutschland dazu beitragen, dass sich Flüchtlinge hier willkommen fühlen? Sammelt zu zweit Ideen und stellt sie in der Klasse vor.

3 Immer wieder kommt es in Deutschland vor, dass Menschen mit dunkler Hautfarbe auf übelste Weise mit ausländerfeindlichen Ausdrücken beschimpft werden. „Man muss sich leider daran gewöhnen", meinte traurig ein farbiger Fußballspieler in einem Interview. Was meint ihr?

B Wie können aus Fremden Freunde werden?

Eine Geschichte, die von euch zu Ende erzählt werden soll

Ich bin 11 und komme nach den Ferien in die 6. Klasse. Als wir im Gymnasium eingeschult wurden, kannten wir uns fast alle schon aus der Grundschule. Unter den Neuen waren auch drei ausländische Mädchen. Eine kam aus der Ukraine, die hatte ein weißes Kleid mit Rüschen und sonst so'n Kram an. Eine andere kam aus Belgien und hatte ganz komische Haare und lachte nie. Dann war da noch ein Mädchen mit vielen kleinen Zöpfen aus dem Kongo in Afrika, sie hatte dunkle Haut. Alle aus unserer Klasse fanden die drei schrecklich doof. Wie konnte man sich so ein Kleid anziehen, solche Haare und solch dunkle Haut haben? Und überhaupt, die Ukrainerin und die Dunkle redeten kein Wort mit uns. So ging das ganz schön lange.
Ich gehe immer mit vier Freundinnen zur Schule und auch wieder nach Hause. Einmal bemerkten wir, dass die Ukrainerin dort wohnt, wo wir immer vorbeigehen. Sie war nach der letzten Stunde – wie immer – schnell nach Hause gegangen und stand jetzt ganz allein auf dem Hof vor ihrem Haus. Wir sahen sie alle kurz an, blieben aber nicht stehen. Ich drehte mich noch einmal um. Da sah ich, dass Oxana sich einen Ball geschnappt hatte und mit diesem total geschickt über den Hof dribbelte. Wow, war die sportlich, ein Naturtalent! Das hätte ich ihr gar nicht zugetraut. Unser Handballtrainer wäre sicher ganz begeistert von ihr. Ich spiele nämlich seit zwei Jahren Handball – und bin dort Torfrau.
Am nächsten Tag habe ich sie darauf angesprochen. Zum ersten Mal sah ich sie lächeln. „Ja, in der Ukraine habe ich ganz viel Sport gemacht, denn ich war auf einer Sportförderschule. Besonders gern mochte ich Basketball und Fußball", erzählte sie. „Schade, dass ich das in Deutschland nicht mehr kann", fügt sie noch leise hinzu. Sie hat mich dann zu sich eingeladen. Nachmittags habe ich dann Oxana zu Hause besucht und ihr vorgeschlagen …

Inzwischen sind Lilly und Oxana gut befreundet. Ihre komischen Kleider mit Rüschen trägt sie nur noch selten und Lilly stört es auch nicht mehr so.

1 Lilly hat die Neuen in der Klasse zunächst abgelehnt. Erkläre, warum.

2 Wie konnten Lilly und Oxana Freundinnen werden? Verfasse einen Text, in dem du die Geschichte weitererzählst. Stellt dann die Texte in der Klasse vor.

3 „Ich find, es ist egal, ob man eine dunkle Haut hat oder sonst anders ist als andere – jeder ist was Besonderes", denkt Lilly heute. Was könnt ihr aus ihrer Geschichte für ein friedliches Miteinander in der Klasse lernen?

C Für ein friedliches Miteinander: Wir kombinieren Fotos mit eigenen Texten

Für viele ausländische Kinder und Erwachsene ist Deutschland ein fremdes Land, in dem sie sich nicht leicht zurechtfinden. Immer wieder erleben sie im Alltag Ablehnung und Misstrauen – und im schlimmsten Fall sogar Gewalt. Wie können Deutsche und Ausländer friedlich miteinander leben? Dafür sollt ihr auf dieser Seite Ideen entwickeln.

Euer Auftrag:

1. Wähle von den Fotos auf dieser Seite eines aus, das deiner Ansicht nach besonders gut zum Thema passt.
2. Schreibe dazu einen Text, in dem du erklärst, wie du dir ein friedliches Miteinander zwischen inländischen und ausländischen Menschen vorstellst.
3. Lest euch eure Texte gegenseitig vor.

Deutschland ohne Ausländer

D Wenn es keine Unterschiede zwischen den Menschen gäbe ...

Lenas Traum

Lena war sehr unzufrieden, als sie aus der Schule kam und beim Essen saß. „In der Klasse sind alle so unterschiedlich. Alle wollen etwas anderes, wollen andere Spiele spielen, lesen andere Geschichten, gehen in andere Filme und tragen ganz andere Sachen als ich. Warum können sie nicht alle auch das gut finden, was ich so toll finde?“ Sie blickte ihren Bruder an und sagte: „Sogar bei dir ist das so. Du findest immer andere Sachen interessant als ich, obwohl du mein Bruder bist.“ Sie saß am Tisch, trank ihre Milch und starrte vor sich hin. Plötzlich wurde sie sehr müde und schlief ein, denn die Schule war an diesem Tag sehr anstrengend gewesen.
Nach einiger Zeit hatte sie einen merkwürdigen Traum. In ihrer Schule waren lauter Lenas – endlich – dachte sie. Aber auch die Lehrer sahen wie sie selbst aus. Und ihre Klassenkameraden konnte sie in diesem Haufen Lenas nicht entdecken. Schließlich ging sie in ihren Klassenraum. Die anderen Lenas gingen mit ihr. Sie setzte sich mit den anderen Lenas zusammen und fragte eine von ihnen: „Was hast du heute gemacht?“ Komisch, die anderen Lenas fragten ihre Nachbarinnen das Gleiche. Und die andere Lena erzählte ihr das, was sie selbst an diesem Morgen erlebt hatte. [...] „Wie langweilig“, dachte sie und ging in die Schulbibliothek, um sich ihr Lieblingsbuch auszuleihen. Alle anderen Lenas standen mit auf. In der Schulbibliothek war es ziemlich voll mit Lenas. Alle wollten dasselbe Buch. Lena wurde es allmählich zu viel. Sie rannte aus dem Schulgebäude auf den Sportplatz und stellte fest, dass dort auch schon ein ganzer Haufen Lenas auf sie wartete. Sie begann zu schwitzen. Schnell nahm sie ihr Fahrrad und brauste in die Stadt, um sich in ihrer Lieblingseisdiele zu erfrischen. [...] Schließlich erreichte sie die Eisdiele. Davor war eine riesige Traube von Lenas, die alle Eis wollten. Die Eisverkäuferin war schon ganz hektisch. Verstohlen machte sich Lena davon. „Wenn die alle hier sind, gehe ich ins Kino und komme später wieder“, dachte sie. Aber als sie vor dem Kino stand, war wieder alles voll mit Lenas. In höchster Not fuhr sie nach Hause, um ihre Eltern um Rat zu fragen. Als sie dort ankam, schauten ihre Lena-Eltern aus dem Fenster auf eine große Menge Lenas hinab, denen sie keinen Rat geben konnten. Lena begann mit den anderen Lenas zusammen laut zu schreien, als sie plötzlich die Hand ihres Bruders auf der Schulter spürte: „Wach auf, Lena! – Was ist denn los?“ Sie sah ihren Bruder entgeistert an und fiel ihm um den Hals. Er sah nicht wie Lena aus. „Ach, wenn du wüsstest, wie schön das ist, dass du anders bist als ich!“, sagte sie.

(Aus: Roland Bühs, Lenas Traum, in: Bertelsmann Stiftung (Hrsg.), Eine Welt der Vielfalt, Bertelsmann Verlag, Gütersloh 1998, S. 63)

1 Wie empfindet ihr Lenas Geschichte? Was können wir daraus lernen? Eure Gedanken zu Lenas Traum könnt ihr in einem Schreibgespräch austauschen. Wie ihr dabei vorgeht, könnt ihr der Methodenkarte auf der folgenden Seite entnehmen.

Ein Schreibgespräch führen

Thema: Lenas Traum

Worum geht es?

In einem Schreibgespräch könnt ihr eure Gedanken zu einem Thema auf einem Blatt notieren. Ihr macht das gemeinsam mit einem oder mit mehreren Partnern. Das Besondere daran ist, dass während des gemeinsamen Schreibens nicht gesprochen werden darf. Das „Gespräch" findet nur über das Schreiben statt. Ihr schreibt auf, was euch in den Sinn kommt, betrachtet, was eure Partner aufschreiben, um euch dadurch wieder zu eigenen Gedanken anregen zu lassen, die ihr dann wieder notiert. In diesem Fall sollt ihr über Lenas Traum nachdenken, eure Ansichten dazu formulieren und überlegen, was ihr aus dieser Geschichte lernen könnt.

Warum ist das wichtig?

Die Methode gibt euch die Chance, in Ruhe über ein Thema nachzudenken. Ihr braucht euch nicht zu melden und euch deshalb auch nicht zu ärgern, wenn ihr nicht drangenommen werdet. Weil alle in der Klasse etwas aufschreiben, sind alle beteiligt und niemand wird ausgeschlossen. Darüber hinaus lernt ihr in Teams zusammenzuarbeiten und viele Gedanken auszutauschen, ohne dass dazu gesprochen werden muss.

Welche Regeln sind zu beachten?

1. Es darf nicht gesprochen werden!
2. Legt das Blatt auf die Mitte eures Tisches und stellt euch um das Blatt herum.
3. Denkt eine Weile schweigend über das Thema nach. Notiert euren ersten Gedanken dazu auf das Blatt.
4. Es schreibt immer nur eine Person.
5. Geht der Reihe nach vor, sodass alle drankommen.
6. Jeder schreibt nur, wenn er dran ist.
7. Ihr könnt auch einmal aussetzen, um weiter nachzudenken.
8. Kommentare zu dem, was andere geschrieben haben, sind erlaubt.
9. Ihr könnt auch etwas zeichnen oder Fragen formulieren.
10. Was jeder Einzelne schreibt und wo er an die Gedanken der anderen anknüpft, ist freigestellt.

2 Behinderte sind ganz normal!

Wir erkunden, ob unsere Schule behindertengerecht ist

A Leben mit einer Behinderung – wie ist das?

Die folgenden Texte könnt ihr arbeitsteilig erarbeiten und eure Ergebnisse in der Klasse vorstellen.

1. Melissa erzählt

Melissa W. ist eine sehr aktive junge Frau, die das Leben liebt – und für ihr Leben gerne tanzt. Sie arbeitet beim Roten Kreuz als Bürokauffrau. (Stand: 2013)
Auf der Internetseite der Aktion Mensch beschreibt sie ihre Erfahrungen.

Es war ja nicht von Anfang an klar, dass Sie kleinwüchsig würden. Welche Erinnerungen haben Sie an die Zeit davor?
Meine Kindheit war ganz normal. Meine Krankheit wurde erst mit sechs Jahren festgestellt. Das war erst ein Schock, auch für meine Eltern. Die Ärzte haben gesagt, ich würde nicht mehr laufen, schwimmen, Fahrrad fahren können. Ich kann es aber trotzdem, weil meine Eltern immer daran geglaubt haben. Dafür habe ich dann den Rollator bekommen. Den Rollstuhl benutze ich nur für längere Ausflüge.

Wie war es, als Sie in die Schule kamen?
Meine Eltern haben darum gekämpft, dass ich in eine Regelschule komme, damit ich den Anschluss an die anderen Kinder nicht verliere. Ab und zu gab es Situationen, wo ich sehen musste, wie ich das alles hinkriege. Ich kann ja zum Beispiel nicht auf normalen Stühlen sitzen. Man muss halt Ideen haben. Ich wollte eigentlich immer einen normalen Weg gehen, damit ich auch das normale Leben kennenlerne.

Gab es in Ihrer Schulzeit auch Schwierigkeiten?
Während der Pubertät war es manchmal schwierig. Meine Mitschüler haben geglaubt, dass ich von manchen Lehrern bevorzugt behandelt würde. Das war nicht einfach für mich, weil sie mich gemieden haben. Sie haben mir auch Sachen weggenommen und ich durfte nichts sagen, weil ich dann noch mehr Ärger bekommen hätte. Das war schon hart. Aber ich hatte eine starke Familie, die unterstützt hat, und eine Psychologin, die mich auch aufgebaut hat. Ich habe dann meinen Hauptschulabschluss gemacht und später den Realschulabschluss nachgeholt.

Warum glauben Sie, haben Menschen Probleme mit anderen Menschen, die eine Behinderung haben?
Weil sie es vielleicht einfach nicht kennen. Das ist eigentlich nur ein normaler Mensch, halt mit einer Einschränkung. Und wenn man den besser kennen würde, wüsste man: Der ist nett, dem kann man helfen, mit dem kann man Spaß haben. Dann würde Inklusion besser funktionieren.

Wie ging es nach der Schule weiter?
Damals habe ich in der Zeitung gelesen, dass eine Tanzschule in Osnabrück Leute suchte, die beim Musical „On the telly“ mitmachen wollten. Ich habe mich gemeldet und sie haben mich genommen. In der Tanzschule gibt es so viele verschiedene Menschen – mit geistiger Behinderung, mit Rollstühlen und auch Leute, die keine Behinderung haben. Da gibt es kein Ausgrenzen. Zu Anfang hatte ich auch vor Leuten mit geistiger Behinderung Berührungsängste, aber mittlerweile habe ich die Angst verloren. Durch die Mitwirkung im Musical habe ich mein Selbstbewusstsein wiederbekommen.

(Nach: www.aktion-mensch.de, Zugriff: 02.12.2014)

2. Eltern und Geschwister erzählen

Die siebenjährigen Zwillinge Levin und Elias haben noch zwei ältere Geschwister. Elias hat das Down-Syndrom, eine geistige Behinderung.

Diese Geschwister zu haben, noch dazu einen Zwilling – das ist mithin das Beste, was Elias passieren konnte. Weil er nun mal die Nummer vier war und seine Mutter ihn nicht in Watte packen konnte, wie sie sagt: „Der wurde genauso überall hingeschleift." Und vor allem, weil da eben Amelie, Tjard und Levin sind, die mit ihm spielen, streiten, aufwachsen. Er hatte stets jemand vor der Nase, der etwas besser oder schneller konnte, da habe er sich immer etwas abgucken können, sagt Yvonne Bull, die Mutter. Doch umgekehrt lernt Levin genauso viel von Elias: Einfühlungsvermögen, Rücksichtnahme, Toleranz. Der Zweitklässler weiß sehr wohl, dass er es seinem Bruder nicht zu leicht machen und ihm alles durchgehen lassen darf. Wenn sie zusammen spielen, oft auch zu viert, dann Tierarzt oder Zirkus. Aber bloß kein Lego, weil Elias gern mal mit Steinen schmeißt, wenn ihm was nicht passt. Und die Kassetten dreht Levin seinem Zwillingsbruder auch nicht mehr um: „Das kann der nämlich selbst." Elias hatte es lange bequem, er genoss Säuglingsschutz – bis die Größeren merkten, dass er Dinge durchaus mit Absicht kaputt machte. Von da an, sagt Yvonne Bull grinsend, wurde auch er angepöbelt und weggeschubst. Heute halten sich geschwisterliche Rücksicht und Raufereien schon eher die Waage. „Die haben alle ein besonderes Verhältnis zu ihm, aber es wird nicht mehr alles akzeptiert", sagt die Mutter, „und das finde ich auch in Ordnung."
Eines wurde dafür von Beginn an wie selbstverständlich akzeptiert: Elias' Behinderung. Keines seiner Geschwister wundert sich je, wieso er immer derjenige war, der für alles ein bisschen länger brauchte.

(Nach: Céline Lauer: Ungleiche Zwillinge, in: Welt am Sonntag, 22.03.2015)

Tim ist 16 Jahre alt. Seine Schwester Maike (12) hat eine Fehlbildung des Gehirns.

Man sieht Maike nicht unbedingt an, dass sie behindert ist, aber man merkt es daran, dass sie sehr hibbelig ist. Auch ihre Aussprache ist nicht klar. Ich bin zum Beispiel „Him" statt „Tim". Sie kann sich oft nicht richtig ausdrücken und schreit deswegen mehr als andere, wenn sie nicht bekommt, was sie will. Sie nervt mich besonders, wenn sie mich provoziert, aber das macht wohl jede kleine Schwester. Fremde gucken manchmal erstaunt, wenn Maike fragt: „Was ist das?", und ich es ihr so erkläre, als würde sie gar nichts wissen. Wenn man daheim ist, muss man dauernd Angst haben, dass sie etwas kaputt macht. Wenn sie schlechte Laune hat, macht sie manchmal absichtlich etwas kaputt.
Es gibt auch viele schöne Erlebnisse, etwa wenn sie auf einmal komplette Sätze sprechen kann, neue Wörter lernt oder mehr mitdenkt. Und wenn sie stundenlang aus Lego ihre eigene Welt baut.

(Nach: Nadja Schlüter, Die Schattenkinder, in: Süddeutsche Zeitung, 29./30.11.2014)

1 Entscheide dich für ein Beispiel, das du bearbeiten möchtest. Notiere dir dann die Antworten auf folgende Fragen: Wie denken die Betroffenen/Angehörigen über Behinderung? Worüber ärgern sie sich, was freut sie?

2 Wähle eine Äußerung aus dem Text, die dich besonders beeindruckt hat. Begründe, warum.

3 Suche dir einen Partner, der das andere Beispiel bearbeitet hat, und informiert euch gegenseitig über eure Ergebnisse. Überlegt gemeinsam: Was können wir aus den Beispielen lernen? Redet darüber in der Klasse.

B Inklusion

1 Welche Arten von Behinderungen gibt es? Beschreibe sie.

2 Erkläre, warum Inklusion eine Aufgabe für alle ist. Benutze dazu auch das Schaubild.

Ausgrenzung

Inklusion -
wenn alle ein Ganzes bilden

Was sind Behinderungen?

Behinderte sind Menschen mit einer körperlichen oder geistigen Beeinträchtigung. Dadurch sind sie in ihrem Alltag in ihren Handlungsmöglichkeiten eingeschränkt. Oft sind sie auf Hilfe angewiesen. Eine Behinderung betrifft nie den ganzen Menschen. Niemand ist nur behindert und selten jemand nur gesund. Neben der Behinderung hat jeder behinderte Mensch eine einzigartige Persönlichkeit und seine spezielle Art zu leben, also sich zu freuen und sich wohlzufühlen. Man unterscheidet zwischen geistigen und körperlichen Behinderungen, Lernbehinderungen, Sinnesbehinderung (vor allem beim Sehen und Hören), Sprachbehinderungen und dauerhaften Erkrankungen (wie zum Beispiel Lähmungen). Ein Unfall oder eine schwere Krankheit können jeden jederzeit zum Behinderten machen, der auf Unterstützung angewiesen ist.

Inklusion geht jeden an

Jeder Mensch soll ganz selbstverständlich überall dabei sein können – in der Schule, in der Freizeit, beim Sport und in der Arbeitswelt. Menschen mit und ohne Behinderung sollen gleichberechtigt zusammen leben, arbeiten und wohnen. Das ist Inklusion. Sie kann dann gelingen, wenn möglichst viele Menschen Unterschiede als etwas ganz Normales betrachten und allen Menschen gegenüber offen sind – egal, wie sie aussehen und auftreten. Das ist nicht immer einfach zu verwirklichen: Zum einen liegt es an Vorurteilen. Zum anderen ist es manchmal schwierig und ungewohnt, mit Menschen umzugehen, die anders reagieren oder anders aussehen, als man es gewohnt ist. So denken manche, dass geistig behinderte Menschen zu nichts taugen oder vielleicht sogar gefährliche Verhaltensweisen zeigen. Durch solche Vorurteile fühlen sich Behinderte tief gekränkt. Auch werden sie in ihrer Menschenwürde verletzt.

Inklusion als Aufgabe für die Politik

„Niemand darf wegen seiner Behinderung benachteiligt werden." Dieser Satz steht als Grundrecht für alle behinderten Menschen im Grundgesetz für die Bundesrepublik Deutschland. 2009 hat Deutschland außerdem eine internationale Erklärung der Vereinten Nationen über die Rechte von Behinderten unterschrieben und sich darin verpflichtet, Benachteiligungen abzubauen: Der Staat muss Bedingungen schaffen, damit behinderte Menschen überall dabei sein und ein möglichst normales Leben führen können. Inzwischen gibt es zum Beispiel mehrere Gesetze, die dafür sorgen sollen, dass „Barrieren" abgeschafft werden. So müssen Toiletten in Gaststätten behindertengerecht sein, Bahn, Busse und öffentliche Gebäude müssen für Behinderte problemlos erreichbar sein. Trotzdem haben die Betroffenen im Alltag noch mit vielen Schwierigkeiten zu kämpfen. Es gibt noch viel zu tun, bis alle Benachteiligungen beseitigt sind. Auch in den Schulen wurde in den letzten Jahren einiges unternommen, um Benachteiligungen von behinderten Kindern und Jugendlichen abzubauen. Immer mehr behinderte Kinder in Nordrhein-Westfalen besuchen eine ganz normale Regelschule, wo sie zusammen mit nicht behinderten Kindern in Inklusionsklassen unterrichtet werden.

C Erkundung: Wie behindertengerecht ist unsere Schule?

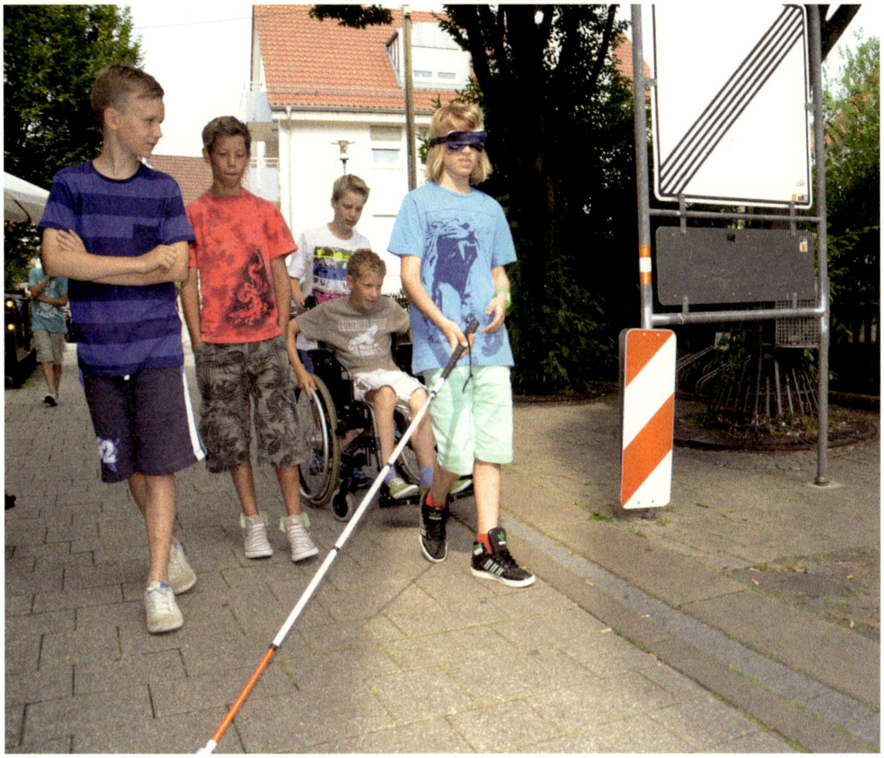

Das Foto zeigt Schüler einer fünften Klasse des Eduard Spranger Gymnasiums in Filderstadt. Während eines Projekttages versetzten sich die Schülerinnen und Schüler in die Rolle von Behinderten und testeten mit Rollstuhl, Augenbinde und Blindenstock, wie behindertengerecht ihre Stadt ist. Dabei entdeckten sie auf ihrem Weg zahlreiche Hindernisse, die Behinderte ohne Hilfe nicht meistern können: Treppen, Kopfsteinpflaster, hohe Bordsteinkanten, Fahnenmasten mitten im Weg.

Behinderte haben in ihrem Alltag oft mit besonderen Schwierigkeiten zu kämpfen. So kann selbst eine harmlose Bordsteinkante für einen Rollstuhlfahrer ein schier unüberwindliches Hindernis darstellen, das er ohne fremde Hilfe nicht bewältigen kann. Wie sich ein behinderter Mensch in solchen Situationen fühlt, können wohl alle, die nicht auf einen Rollstuhl angewiesen sind, nicht wirklich nachempfinden. Doch ihr könnt versuchen, euch einmal in die Situation eines Rollstuhlfahrers oder eines sehbehinderten Menschen zu versetzen und zum Beispiel eure Schule aus dieser Sicht genau unter die Lupe zu nehmen. Macht dazu einen Erkundungsgang durch die Schule. Das kann auch außerhalb der Unterrichtszeit sein.
Achtet unter anderem darauf, ob es neben Treppen auch Rollstuhlrampen gibt, ob alle Türgriffe gut erreichbar sind. Notiert eure Beobachtungen und präsentiert sie vor der Klasse. Tauscht euch anschließend darüber aus, was man noch verbessern könnte. Eure Vorschläge könnt ihr in einem Brief an den Schulträger zusammenfassen.

Was auch noch interessant sein kann:

- im Internet nach inklusiven Projekten in eurer Region recherchieren (zum Beispiel Sport, Theater, Kochkurse usw.)
- Rollstuhlfahrer oder stark Sehbehinderte über ihre Erfahrungen im Alltag befragen

D Inklusion in der Schule: Welche Erfahrungen machen Schülerinnen und Schüler?

Für die Integrierte Gesamtschule (IGS) Bonn-Beuel ist Inklusion ein alter Hut. Bereits seit 1985 führt sie Gemeinsamen Unterricht (GU) durch und hat damit eine der längsten Erfahrungen aller Schulen in Deutschland. Celine und Max (beide 16), Robin und Jannis (beide 12), Lena (11) und Liza (18, Rollstuhlfahrerin) besuchen eine sogenannte I-Klasse, also den Gemeinsamen Unterricht, der IGS. Martina Peters sprach mit ihnen über ihre Erfahrungen.

Was haltet ihr vom gemeinsamen Unterricht von Schülern mit und ohne Behinderungen?

Celine: Ich finde es wichtig für den Alltag. Ich empfinde das Zusammensein von behinderten und nicht behinderten Schülern als total natürlich. Das sollte irgendwann bei allen Menschen so sein, also sehe ich das als Vorteil für mein späteres Leben. Ach ja, und noch etwas: Auf diese Weise lernen wir, immer ganz selbstverständlich nach Kompromissen*, nach Lösungen zu suchen, damit alle dabei sein können, zum Beispiel wenn wir ins Kino wollen. Welches ist nah? Wo gibt's einen Aufzug?

Max: Man lernt dadurch grundsätzlich, mit anderen Menschen umzugehen, das finde ich sehr wichtig.

Liza: Ich war bis zur 8. Klasse auf einer anderen Schule, dort war es total blöd. Abgesehen davon, dass ich mit meinen Gehhilfen (da konnte ich noch besser laufen) immer in den obersten Stock ohne Aufzug musste, wurde ich auch immer ausgegrenzt. Zum Beispiel bei Ausflügen: Da haben mir alle klargemacht: Du kannst natürlich mit, aber sieh zu, wie du hinkommst. Aber auf eine Förderschule für Körperbehinderte würde ich auch nie wollen. Ich kann es nicht leiden, wenn so viele andere Rollstuhlfahrer um mich herum sind. Meine neue Schule ist echt gut. Die nehmen hier alle nicht so viel Rücksicht, das finde ich super. Dann fühle ich mich viel weniger behindert. Alle wissen mittlerweile: Wenn ich Hilfe brauche, sage ich das schon.

Jannis: Behinderte Schüler werden nicht bevorzugt, das finde ich gut. Beim Angucken anderer Schulen ist mir aufgefallen, dass immer einige ausgeschlossen wurden, zum Beispiel in der Pause, das gibt's hier nicht.

Gibt es auch Nachteile des gemeinsamen Lernens?

Robin: Ja, manchmal stören geistig behinderte Schüler und rufen einfach so in die Klasse hinein. Aber andere, „normale" Schüler stören ja auch manchmal. Was ich gut finde: Die Lehrer ermahnen alle. So lernen auch alle ihre Grenzen kennen, ob behindert oder nicht.

Lena: Ja, ich finde auch, manchmal stört das schon, wenn Michelle zum Beispiel oft in Mathe stört. Aber so ist das halt und sie ist trotz ihrer geistigen Behinderung eine gute Freundin von mir geworden.

(Aus: http://www.schulministerium.nrw.de/docs/AusSchulen/Themenschwerpunkte-Serien/Inklusion/Inklusion-Bonn-Beuel/index.html; Zugriff: 04.01.2015)

* Zum Begriff Kompromiss findest du weitere Informationen im Glossar.

1 Würdest du gerne eine solche Schule besuchen? Begründe deine Ansicht mit Äußerungen aus dem Text.

2 Im gemeinsamen Unterricht lernen auch nicht behinderte Schülerinnen und Schüler viel. Erkläre, warum.

S M U H

E Wir vergleichen unterschiedliche Sichtweisen: Soll Henri das Gymnasium besuchen?

Der Fall des 11-jährigen Henri hat in ganz Deutschland großes Aufsehen erregt. Henri hat das Down-Syndrom, eine geistige Behinderung. Seine Eltern wollten ihn gemeinsam mit seinen drei körperlich behinderten Freunden im Gymnasium einschulen lassen. Das Gymnasium lehnte ab, weil die Schule für Inklusion geistig Behinderter nicht geeignet sei und klar war, dass Henri niemals das Abitur machen wird. Die beiden folgenden Texte zeigen die Sicht von Henris Mutter sowie eines Jungen, der einen behinderten Bruder hat.

Die Sicht der Mutter

Henri hat in vier Jahren viel mehr gelernt, als mancher einem Menschen mit Down-Syndrom zutraut: lesen, schreiben, rechnen. Alle seine Klassenkameraden ohne Behinderung wechseln jetzt auf das örtliche Gymnasium oder die Realschule. Henri liebt sie alle. Und er braucht sie. Er braucht sie, weil sie verstanden haben, dass er all die Jahre das gelernt hat, was er lernen kann. Keiner seiner Mitschüler hat weniger oder schlechter gelernt, weil Henri neben ihm sitzt. Aber alle Grundschüler haben gelernt, dass es verschiedene Menschen und verschiedene Begabungen gibt.
Henri möchte dort weiterlernen, wo alle lernen (dürfen), die ihn bislang begleitet haben. Henri wird nur noch als Problem gesehen, nicht als Bereicherung. Das ist schade und eine vertane Chance.
Als Henri auf der Welt war, haben wir uns eines geschworen: Wir werden ihn niemals durch unsere niedrigen Erwartungen bremsen oder seine Grenzen definieren. In diesen Tagen müssen wir erleben, wie unser Sohn „behindert“ wird. Das macht uns traurig und wütend.

(Aus: Deutschland diskutiert, ob behinderte und gesunde Kinder zusammen dieselben Schulen besuchen sollten, in: FOCUS Magazin, 22/2014, verf. von Stefan Nüßle und Kirsten Ehrhardt)

Die Sicht eines Bruders

Henri braucht eine gezielte Unterstützung und Förderung, die er auf einer Sonderschule mit ausgebildeten Lehrkräften erhalten kann.
Auf einem Gymnasium wird er wohl immer zu den „Schlechtesten“ gehören und sich nie behaupten können. Auch ist es fraglich, ob sich momentane Freundschaften, die er aus der Grundschule hat, nicht sowieso – wie auch bei jedem anderem Menschen – mit der Zeit im Sand verlaufen. Und was hat er dann?
Ich selbst habe einen Bruder, der zu 80% schwerbehindert ist. Erst nachdem er auf eine Sonderschule gegangen ist, konnte er wahre Freundschaften zu Gleichaltrigen knüpfen. Er wurde gezielt unterstützt und er hat viele Dinge gelernt, die ihm heute effektiv helfen, sich im Leben zurechtzufinden. Praktische Dinge, wie zum Beispiel die öffentlichen Verkehrsmittel benutzen zu können, der Umgang mit dem PC, Kochen und vieles mehr. Höhere Mathematik, Physik oder Lyrik hätten ihn nicht für sein Leben vorbereitet. Auf seiner Schule konnte er sich erstmals wirklich „behaupten“. Er hatte Fächer in denen ER der Beste war. Es ist nicht schön, immer nur zu sehen, dass alle um einen herum alles besser können.

(Aus: Raphael Fritz, Walldorf, in: www.change.org. 14.12.2014)

1 Welchen Standpunkt vertritt die Mutter, welchen der Bruder? Arbeite aus beiden Texten die Gründe heraus.

2 Die Frage in der Überschrift ist sicherlich sehr schwierig zu beantworten. Versuche, dir ein eigenes Urteil zu bilden. Berücksichtige dabei die möglichen Folgen für Henri und seine Mitschülerinnen und Mitschüler.

3 Diskutiert in der Klasse über diese Frage. Welche Gründe in den Texten findet ihr besonders überzeugend? Welche weniger?

3 Alt und Jung: Wie können verschiedene Generationen gut zusammenleben?

Wir beurteilen das Wohnen in einem Mehr-Generationen-Haus

Kinder, Eltern und Großeltern gehören verschiedenen Generationen an. Unter einer Generation versteht man die Gesamtheit aller Menschen, die ungefähr zum gleichen Zeitpunkt geboren wurden. Großeltern und Enkel bilden oft eine verschworene Gemeinschaft: Oma und Opa kann man unbesorgt Sachen erzählen, für die man zu Hause ausgeschimpft würde. Sie können Geheimnisse bewahren, sie nehmen sich viel Zeit für ihre Enkel und hören geduldig zu.

A Was bedeuten euch eure Großeltern?

TEAM hat diese Frage Schülerinnen und Schüler einer sechsten Klasse gestellt.

Sebastian: Meine Großeltern sind noch ziemlich fit und reisen viel. Deshalb sind sie oft nicht da. In den Winterferien gehe ich immer mit ihnen Ski laufen. Das macht sehr viel Spaß. Abends spielen dann wir alle zusammen Karten.

Luisa: Meine Oma wohnt leider sehr weit weg. Ich sehe sie nur an Geburtstagen und an Weihnachten. Das finde ich sehr schade. Ich habe sie nämlich gern. Sie ist auch nicht so streng wie meine Eltern und erlaubt mir viel mehr.

Sergio: Mein Opa ist für mich mein bester Kumpel. Mit ihm kann ich richtig viel Blödsinn machen. Da er Schalke-Fan ist, nimmt er mich öfters zu Fußballspielen mit.

Hatice: Meine Oma kocht mir immer meine Lieblingsgerichte. Wenn ich zu Besuch bin, sitze ich mit ihr in der Küche und dann reden wir über alles Mögliche. Ich kann ihr alles anvertrauen und sie versteht mich viel besser als meine Eltern.

Clara: Wir besuchen jeden Sonntag meine Großeltern. Die Besuche finde ich manchmal ziemlich langweilig, weil wir immer ruhig spielen müssen. Unsere Großeltern vertragen nämlich keinen Lärm. Sie erzählen auch immer wieder dieselben Geschichten von früher.

Fabian: Ich bin bei meiner Oma praktisch aufgewachsen, denn meine Mutter muss seit der Scheidung meiner Eltern den ganzen Tag arbeiten. Deshalb kümmert sich meine Oma tagsüber um mich. Ich habe sie zwar sehr lieb, doch manchmal nervt sie auch. Bei ihr ist der Tag genau geregelt. Ich darf erst spielen, wenn ich mit den Hausarbeiten fertig bin, sie legt auch sehr großen Wert aufs Aufräumen. Da gibt es schon manchmal Streit.

1 Welche der geäußerten Ansichten beschreibt am besten dein Verhältnis zu deinen Großeltern?

2 Sammelt an der Tafel, was euch an euren Großeltern gefällt und was euch wichtig ist.

3 Versucht, die Sicht eurer Großeltern einzunehmen: Was empfinden sie wohl, wenn sie mit ihren Enkeln zusammen sind? Was bedeuten ihnen ihre Enkel?

B Die Deutschen werden immer älter ...

Wann gilt man als alt?

Menschen gelten als alt, wenn sie älter als 60 Jahre und nicht mehr berufstätig sind. Man bezeichnet sie auch als Seniorinnen und Senioren.
Der Anteil alter Menschen an der Bevölkerung nimmt seit Jahren zu.

Wie leben alte Menschen?

Viele Senioren fühlen sich heute jünger, als sie tatsächlich sind: Sie sind körperlich fit, unternehmen Reisen, gehen ihren Hobbys nach und genießen die Zeit mit Freunden und der Familie. Mit ihren Renten haben sie genügend Geld, um sorgenfrei zu leben. Andere alte Menschen haben ein beschwerlicheres Leben: So bekommen zum Beispiel viele alleinstehende Frauen nur eine geringe Rente, weil sie wegen der Kindererziehung beruflich lange pausiert haben oder einen Beruf ausübten, der schlecht bezahlt war. Ihnen reicht ihre Rente manchmal kaum zum Leben. In solchen Fällen unterstützt der Staat diese Menschen, indem er ihnen einen Zuschuss zu ihrer Rente zahlt.

Wenn alte Menschen Hilfe brauchen

Ebenfalls schwierig ist die Situation der alten Menschen, die körperlich oder geistig krank sind. Die meisten pflegebedürftigen Senioren bleiben in ihren Wohnungen und werden von ihren Familien versorgt und betreut. Vier von fünf alten Menschen möchten in ihren Wohnungen und Häusern bleiben, auch wenn sie einmal pflegebedürftig werden. Häufig werden sie in solchen Fällen von Pflegediensten betreut. Wenn alte Menschen keine Angehörigen mehr haben oder diese zum Beispiel weit entfernt wohnen, können sie auch in einem Senioren- oder einem Pflegeheim wohnen. Diese Wohnform ist allerdings bei alten Menschen nicht so beliebt, weil sie dort nicht mehr eigenständig über ihr Leben bestimmen können und viele Freiheiten aufgeben müssen. Viele Angehörigen kritisieren, dass alte Menschen in manchen Pflegeheimen vernachlässigt und lieblos behandelt werden. Das kommt oft daher, dass die Mitarbeiter sehr viel Arbeit haben und nur wenig Zeit für die Bedürfnisse des Einzelnen aufbringen können. So sind in den letzten Jahren ganz neue Formen des Zusammenlebens entstanden.
Zum Beispiel haben sich manche Senioren zu Alten-Wohngemeinschaften zusammengeschlossen: Dort leben sie in einem Haus oder einer Wohnung zusammen und unterstützen sich im Alltag gegenseitig. In Mehr-Generationen-Häusern leben junge Familien, Alleinstehende und ältere Menschen unter einem Dach. Regelmäßige gemeinsame Veranstaltungen sollen verhindern, dass sich die Bewohner einsam fühlen. Wer Hilfe braucht, für den springt jemand aus der Hausgemeinschaft ein.

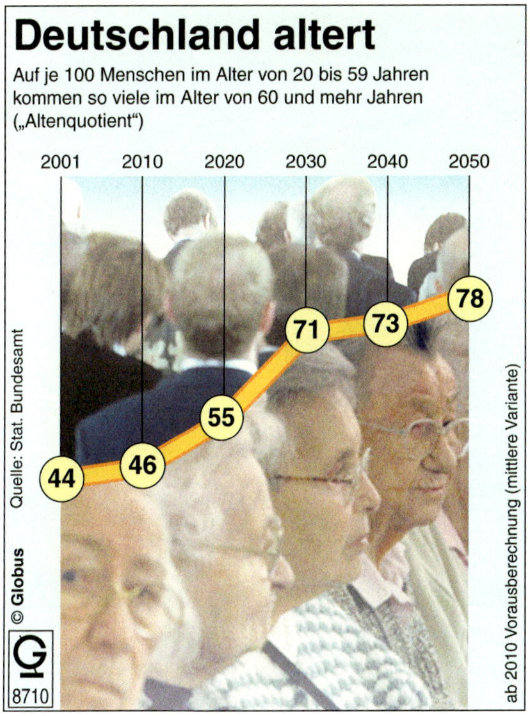

1 Wie können alte Menschen unterstützt werden, wenn sie Hilfe im Alltag brauchen? Beschreibe die einzelnen Möglichkeiten.

2 2001 standen – im Durchschnitt – 100 jungen Menschen 44 alte Menschen gegenüber. Finde heraus, wie diese Entwicklung weitergeht.

3 Wenn es in Deutschland immer mehr alte und immer weniger junge Menschen gibt, hat das auch für Familien Folgen. Überlegt, welche das sind.

C Alt und Jung unter einem Dach: Ist das die Wohnform der Zukunft?

In vielen Städten entstehen seit einiger Zeit immer mehr Wohnanlagen, in denen Familien, Seniorinnen und Senioren sowie Alleinstehende zusammenwohnen. Solche Wohnformen nennt man Mehr-Generationen-Häuser. Ein Beispiel ist das Wohnprojekt Amaryllis in Bonn.

„Wenn ich das Gefühl habe, jetzt einmal wieder mit einem Menschen reden zu müssen, dann setze ich mich einfach oben auf meinen Balkon und kann sicher sein, dass in Kürze jemand vorbeikommt und ein Schwätzchen mit mir hält." Tina Arndt ist alleinstehend und 72 Jahre alt, aber alles andere als einsam. Sie ist Teil des Wohnprojekts „Amaryllis" in Bonn. Das Zusammenleben in der Wohnanlage erinnert an das einer Großfamilie, nur dass jede Partei ihre eigene Wohnung hat. Hier wohnen drei Generationen unter einem Dach, die sich im Alltag unterstützen, wo es geht. Sogar die Autos werden gemeinschaftlich genutzt.

Alt und Jung unterstützt sich gegenseitig

Damit das funktioniert, gibt es Arbeitsgruppen, in denen sich die Erwachsenen engagieren. In der Wohnanlage in Bonn wohnen rund 50 Erwachsene und 20 Kinder. Die Älteren helfen den Jüngeren und umgekehrt. „Das finde ich großartig, das macht mir Spaß und hält mich munter und jung", schwärmt Arndt von ihrem Alltag.

Langeweile gibt es nie

Gerade in den größeren deutschen Städten entstehen neue Wohnformen, wie „Amaryllis" in Bonn oder auch das Albert-Ria-Altenwohnheim in Freiburg. Hier können Studenten zu einem günstigen Mietpreis Einzimmerappartements bekommen. Als Gegenleistung für die niedrige Miete kümmern sich die jungen Bewohner einige Stunden pro Woche um die Senioren und bringen so frischen Wind ins Haus. Die Alten profitieren von den Jungen und umgekehrt. Für Tina Arndt war es anfangs schwer, ihr Auto nicht mehr alleine zu besitzen: „Ich musste mich daran gewöhnen, dass ich mein Auto teile. Heute finde ich es wunderbar, absolut richtig. Und dann gucke ich auch nicht mehr so hin, ob da ein Kratzer oder eine zertrümmerte Stoßstange von mir oder einem anderen stammt." Auch wenn es manchmal Konflikte gibt, kann sich Tina Arndt nicht mehr vorstellen, ihr Alter in einer anderen Wohnform zu verbringen. „Langeweile gibt es nie, und man fühlt sich nicht unnütz. Das macht das Leben hier lebenswert", sagt Arndt mit einem Lächeln.

(Nach: Anna Peters: Mehrgenerationen-Wohnen wird immer beliebter, in: www.dw.de, 25.07.2013, Zugriff: 14.12.2014)

1 Erkläre, was man unter einem Mehr-Generationen-Haus versteht.

2 Welche Vorteile hat ein Mehr-Generationen-Haus für die Bewohner? Berücksichtige in deiner Antwort die Interessen älterer Menschen, von Eltern, Kindern und Jugendlichen. Gibt es auch Nachteile?

D Wir stellen uns das Leben in einem Mehr-Generationen-Haus vor

Einmal angenommen ...

Schon seit Längerem überlegt eure Familie, ob sie umziehen soll. Ihr wohnt zwar in einer schönen Wohngegend, doch keiner kümmert sich hier um den anderen. Euer Opa lebt nach dem Tod seiner Frau alleine, wenige Kilometer entfernt. Deshalb diskutieren deine Eltern, ob eure Familie sowie euer Opa in ein Mehr-Generationen-Haus ähnlich dem Wohnprojekt „Amaryllis" ziehen soll. „Könntest du dir vorstellen, in einer solchen Wohnanlage zu wohnen?", fragen sie dich. Du erbittest dir Bedenkzeit und notierst deine Gedanken.

Euer Auftrag:

1. Formuliert allein einen kurzen Text zum Thema: „Kannst du dir vorstellen, in einem Mehr-Generationen-Haus zu wohnen?" Geht dabei auf folgende Gesichtspunkte ein:
   - Welche Vor- und Nachteile siehst du in einem Umzug?
   - Wie müsste das Zusammenleben aussehen, damit du dich in einem solchen Haus wohlfühlst (gemeinsame Freizeitaktivitäten, Angebote für Jugendliche usw.?)
   - Wärst du bereit, einen Teil deiner Freizeit mit älteren Menschen zu verbringen?
2. Stellt eure Texte in der Klasse vor. Diskutiert über die Frage, ob Mehr-Generationen-Häuser eine Lösung für die Probleme der wachsenden Zahl älterer Menschen in Deutschland sein können.

Gemeinsam feiern

Fahrzeuge für Jung und Alt

Jeder darf sich bedienen.

Gemeinsam werden Kürbislaternen gebastelt.

Alle Fotos wurden in der Wohnanlage „Amaryllis" in Bonn aufgenommen.
Mehr Fotos findet ihr unter: www.amaryllis-bonn.de.

E Schulklasse besucht Seniorenheim

So lebendig ist es im Emma-Reichle-Heim schon lange nicht mehr zugegangen. Eine ganze Schulklasse der Steinenbergschule hat die Bewohner des Hedelfinger Seniorenheims vor Kurzem besucht und für jede Menge Abwechslung gesorgt. Dabei konnten sich Jung und Alt nicht nur besser kennenlernen. Die Senioren bekamen auch ein besonderes Programm geboten. Denn die Kinder trugen der älteren Generation deren Lieblingsgedichte vor. Sechs Texte bekamen die Senioren von den Kindern zu hören – von Theodor Storms „Knecht Ruprecht“ bis zur „Mondnacht“ von Joseph von Eichendorff. Die Gedichte hatten die Kinder vorab im Rahmen eines Deutsch-Projekts an ihrer Schule einstudiert.

Schülerinnen und Schüler sind in Seniorenheimen gern gesehene Gäste.

Wie das Projekt entstand

„Es geht in dem Projekt darum, die Lerninhalte mit sozialem Engagement zu verbinden“, erklärt Verena Müller, die als Referendarin an der Steinenbergschule Deutsch, Kunst und Englisch unterrichtet und das Projekt geleitet hat. „Ich habe die Schüler gefragt, ob sie Lust haben, etwas für ältere Menschen zu tun, und so kamen wir auf die Idee, den Senioren eine Freude zu machen und ihnen ihre Lieblingsgedichte vorzutragen.“ Sie selbst, sagt die 26-Jährige, habe ein freiwilliges soziales Jahr im Seniorenheim abgeleistet. Dabei sei ihr aufgefallen, dass die Bewohner oft gelangweilt gewesen seien und sich sehr über Besuch – gerade von Kindern – gefreut hätten. Daher habe sie sich mit ihrer Projekt-Idee ans Emma-Reichle-Heim gewandt. Dort sei man sofort begeistert gewesen. „Die Senioren durften ihre liebsten Gedichte vorschlagen, die haben wir im Unterricht aufgegriffen“, sagt Müller.
[...] Doch gerade auch für Kinder, so die Deutsch-Lehrerin, sei es wichtig, Gedichte zu verstehen und vortragen zu lernen. So könne mithilfe von Gedichten ein besseres Sprach- und Rhythmusgefühl vermittelt werden. Hinzu kämen soziale Kompetenzen, die die Kinder durch den Kontakt mit den Senioren entwickeln würden.

Der Auftritt im Seniorenheim soll nicht der letzte bleiben

Etwa vier Wochen lang konnten sich die Schüler der Steinenbergschule auf ihren Gedichtevortrag im Emma-Reichle-Heim vorbereiten. Motiviert seien die Schüler von Anfang an gewesen, so Müller. Schließlich hätten sie gewusst, dass sie einen Auftritt im Seniorenheim haben. Und diesen haben die jungen Lyriker erfolgreich gemeistert.
Solche oder ähnliche Auftritte soll es auch in Zukunft geben.

(Nach: Caroline Leibfritz, Lyrik vereint Generationen, in: www.stuttgarter-zeitung.de, 12.12.2014)

1 Welche Vorteile haben beide Generationen von diesem Projekt? Beschreibe sie.

2 Könntet ihr euch vorstellen, an einem solchen Projekt teilzunehmen? Begründet eure Ansicht.

Was auch noch interessant sein kann:
- in der Klasse Vorschläge für ein eigenes Generationen-Projekt zu entwickeln
- ein Seniorenheim mit der Klasse besuchen

Kompetenzstationen

Mit Unterschieden leben lernen

Station 1 Inländer – Ausländer

Mache aus diesem Text eine lehrreiche Geschichte.
Ich hatte einen Traum. Über Nacht waren alle Menschen mit einem ausländischen Pass aus Deutschland abgereist. Am nächsten Morgen gab es im ganzen Land keine Ausländer, nur noch Deutsche. Zuerst war ich nicht beunruhigt. Doch dann, als ich in der Schule und meiner Klasse ankam, **o Schreck**! Und als ich mit meinem Vater zu einem Fußball-Bundesliga-Spiel gehen wollte, **o Schreck**! Später wollen wir noch asiatische Bratnudeln essen gehen, aber **o Schreck**!

Station 2 Behinderte sind ganz normal!

Ausgrenzung

Inklusion - wenn alle ein Ganzes bilden

a) Erkläre mithilfe der Zeichnung, was Inklusion bedeutet.
b) Melissa sagt im Interview, dass Behinderte eigentlich ganz normale Menschen sind. Erläutere, was sie damit gemeint hat.
c) „Niemand darf wegen seiner Behinderung benachteiligt werden." Erkläre, wo dieser Satz steht und welche Folgen er für die Politik hat.

Station 3 Alt und Jung: Wie können verschiedene Generationen gut zusammenleben?

5 Fragen – 5 Antworten
TEAM hat Professor Schlaumeyer zum Zusammenleben von Alt und Jung in Deutschland befragt. Leider sind dabei die Fragen verloren gegangen. Formuliert zu jeder Antwort eine passende Frage.

1. Das sind Menschen, die älter als 60 Jahre und nicht mehr berufstätig sind.
2. Nein. Manche ältere Menschen sind krank und pflegebedürftig.
3. Häufig werden alte Menschen von Pflegediensten betreut, die mehrmals am Tag zu ihnen kommen.
4. Dort leben ganz unterschiedliche Menschen aus verschiedenen Generationen unter einem Dach zusammen. Sie kümmern sich umeinander, damit niemand einsam sein muss.
5. Da gibt es viele neue Projekte, auch in Schulen. Eine Möglichkeit ist zum Beispiel, alten Menschen in Seniorenheimen Gedichte vorzulesen, die sie aus ihrer Jugend kennen.

6

Demokratie in der Gemeinde

Auch Kinder können mitmachen

1. Allein nachdenken

Angenommen, es fragt dich jemand von außerhalb, was es Besonderes in deinem Heimatdorf oder deiner Heimatstadt gibt: Was antwortest du?

2. Zu zweit beraten

Was sollte in eurer Heimatgemeinde vorhanden sein, damit ihr euch darin wohlfühlen könnt?

3. In der Klasse sammeln

Wenn wir zu bestimmen hätten: Was würden wir in unserem Dorf oder unserer Stadt verbessern?

Im Verlauf dieses Kapitels könnt ihr ...

- beschreiben, welche Leistungen eine Stadt für die Menschen erbringt,
- herausfinden, welche Möglichkeiten Kinder haben, um auf Entscheidungen in der Gemeinde Einfluss zu nehmen,
- darüber diskutieren, ob Kinder in der Gemeindepolitik mitmachen sollen oder nicht,
- in der Rolle eines Stadtrates entscheiden, wofür ihr Geld ausgeben würdet,
- in einem Planspiel einen Streit um die Zukunft eines Parks lösen.

Eigene Schwerpunkte könnt ihr setzen, indem ihr ...

- anhand der Homepage eurer Heimatgemeinde ermittelt, welche besonderen Angebote sie für die Bewohner bereithält,
- im Lokalteil einer örtlichen Tageszeitung nach Themen sucht, die gerade in der Gemeinde aktuell sind,
- euch anhand eines von mehreren Themen darüber informiert, was in einem Rathaus geschieht.

Detektivaufgabe für das ganze Kapitel:
Warum zieht der Vertreter des städtischen Ordnungsamtes die rote Karte?

1 Politik in der Gemeinde: Was habe ich damit zu tun?

Wir sammeln Leistungen, die für uns wichtig sind

A Fotos erzählen

Gemeinden sorgen für Sport- und Freizeiteinrichtungen …

und Freibäder,

… richten manchmal Kinder- und Jugendtreffpunkte ein …

und Bibliotheken.

Es gibt Berufs- und freiwillige Feuerwehren …

und oft auch Kinder- und Jugendparlamente.

B Warum Gemeinden wichtig sind

Deine Gemeinde und du

Nachdem du morgens aufgestanden bist, drehst du den Wasserhahn auf. Vielleicht schaltest du auch das Radio ein und andere Geräte, die Strom benötigen. Auf dem Weg zur Schule benutzt du möglicherweise ein öffentliches Verkehrsmittel. In der Schule sitzt du auf einem Stuhl, den die Gemeinde* anschaffen ließ. Den Nachmittag verbringst du vielleicht auf dem örtlichen Sportgelände oder in einem Schwimmbad.
Hinter all diesen Aktivitäten stehen Leistungen, welche die Gemeinde erbringt.

Was Gemeinden leisten

Gemeinden entscheiden, ob Schulen renoviert und wie Sportvereine unterstützt werden. Sie richten Busse und andere öffentliche Verkehrsmittel ein. Gesetzlich sind sie dazu verpflichtet, für eine funktionierende Müllabfuhr zu sorgen, für die Versorgung mit Wasser und Strom und für die umweltgerechte Wiederaufbereitung des schmutzigen Abwassers. Sie sorgen für die Unterbringung von Menschen, die als Flüchtlinge zu uns kommen, und erbringen Leistungen, die Familien mit Kindern zugutekommen – zum Beispiel durch die Einrichtung von Kitas, Spielplätzen und Parks.

Gemeinden als Heimat

Wir verwenden den Begriff Gemeinde als Sammelbegriff für Dörfer, Dorfgemeinschaften und Städte, die das Recht haben, ihre örtlichen Angelegenheiten selbst zu regeln. In seiner Gemeinde ist man zu Hause. Hier verbringt man die meiste Zeit seines Lebens.
Immer betrifft es uns ganz persönlich, was dort geschieht, und weil das so ist, nehmen viele Menschen großen Anteil daran, was in ihrer Heimatgemeinde geschieht.

Gemeindepolitik

In den Gemeinden leben unterschiedliche Menschen zusammen: Kinder und Erwachsene, Frauen und Männer, Inländer und Ausländer, Autofahrer und Fußgänger und so weiter. Sie haben gemeinsame Bedürfnisse, aber oft auch unterschiedliche Interessen. Zwischen den unterschiedlichen Gruppen kann es zu Auseinandersetzungen kommen, über welche die örtlichen Tageszeitungen berichten. Oft spielt dabei Geld eine Rolle. Soll die städtische Turnhalle modernisiert werden oder doch lieber das Stadttheater? Sollen Schülertransporte weiterhin kostenlos sein oder nicht?
Wenn öffentlicher Streit entsteht, müssen Entscheidungen getroffen werden. Und damit sind wir bei dem Bereich, in dem die Gemeindepolitik anfängt.

Zuständig für die Gemeindepolitik ist der gewählte Gemeinde- oder Stadtrat und die gewählte Oberbürgermeisterin oder der Oberbürgermeister*. Beteiligt sind auch die Einwohnerinnen und Einwohner, die mit Wahlen, Bürgerinitiativen, Bürgerentscheiden und anderem mehr die Politik mitbestimmen. Auch Kinder und Jugendliche sind dabei, wie die zahlreichen Beispiele der Arbeit von Kinder- und Jugendparlamenten zeigen. Und so sind die Gemeinden auch Orte, in denen Demokratie vor der eigenen Haustür gelernt und gelebt werden kann.

* Zu den Begriffen Gemeinde und Bürgermeister findest du weitere Informationen im Glossar.

So sehe ich meine Gemeinde:
Notiere die Stichworte in dein Heft und vergib dazu Noten von 1 bis 5.

• Freizeitmöglichkeiten	1	2	3	4	5
• Sportstätten	1	2	3	4	5
• Fahrradwege	1	2	3	4	5
• Spielplätze	1	2	3	4	5
• Einkaufen	1	2	3	4	5
• Parks, Grünflächen, Natur	1	2	3	4	5
• Persönliches Wohlfühlen insgesamt	1	2	3	4	5

1 Sammle möglichst viele Leistungen der Gemeinden, von denen du in den Fotos und im Text erfährst. (Das geht auch zu zweit.)

2 Erkläre, warum es in einer Gemeinde zu Auseinandersetzungen kommen kann und wer an der Gemeindepolitik beteiligt ist.

Was auch noch interessant sein kann:
- Internetrecherche: Du kannst die Homepage deiner Heimatgemeinde öffnen und dir ansehen, welche Angebote sie für die Einwohner bereithält. Notiere ein oder zwei Angebote, die du als wichtig und interessant empfindest.

2 Sollen Kinder sich für Gemeindepolitik interessieren?

Beispiele untersuchen und gemeinsam diskutieren

Auf dieser Doppelseite findet ihr zwei Beispiele dafür, wie Kinder sich einmischen können, wenn es um Verbesserungen in ihrer Stadt geht.
Tipp: Teilt das Lesen der Beispiele von Wim und Laura in der Klasse auf und bearbeitet die Aufgaben dazu. Stellt euch dann gegenseitig die Beispiele und die gelösten Aufgaben dazu vor.

A Zwei Beipiele

Wim ist gerne Kinderbürgermeister

Wim Aalders ist neun Jahre alt und Bürgermeister von Soltau. Also, genau genommen ist er Kinderbürgermeister von Soltau. Einen erwachsenen Bürgermeister hat die Stadt im Norden Deutschlands natürlich auch. Aber Wim begleitet ihn manchmal zu Terminen. Dabei sagt er ihm, wenn ihm etwas in der Stadt nicht gefällt. Doch was macht ein Kinderbürgermeister genau? Wim erzählt: „Ich habe den Jahrmarkt und den Weihnachtsmarkt eröffnet." Bei solchen Eröffnungen muss er dann vor vielen Leuten sprechen […]. Meist unterhält sich der erwachsene Bürgermeister dann noch kurz mit ihm, und alle Leute hören, was die beiden sagen. Aber einmal war er doch verlegen: „In der Schule sollte ich mich als Kinderbürgermeister vorstellen. Da wusste ich erst mal gar nicht, was ich sagen sollte."
Ansonsten findet Wim es klasse, dass er jetzt häufiger in der Zeitung steht. „Das passiert ja auch nicht alle Tage", meint er. Er hat auch schon einmal einen Leserbrief geschrieben. Letztens musste er sogar ein Autogramm geben. Der Neunjährige versucht aber auch, in seiner Stadt Dinge zu verbessern. Das gehöre zu seinen Aufgaben als Kinderbürgermeister, findet er. So ist es auf seinem Schulweg wegen der vielen Autos schwierig, die Straße zu überqueren. Dort, wo er wohnt, steht keine Ampel und es ist kein Zebrastreifen aufgemalt.
Vielleicht, sagt Wim, wolle er später einmal etwas mit Politik machen. „Die Politik im Fernsehen, mit Angela Merkel, das ist nicht so mein Ding. Aber was hier in meiner Stadt passiert, das interessiert mich."
Nicht alle Städte in Deutschland haben Kinderbürgermeister. Aber Fachleute freuen sich über jede Stadt, in der Kinder mitreden dürfen. Eine Expertin findet: „Kinder kommen auf richtig gute Ideen. Darum ist es wichtig, sie zu fragen. Besonders, wenn es um Spielplätze oder Schulwege geht." […]
Wie wird man Kinderbürgermeister? Kinder dürfen meist bestimmen, wenn es darum geht, wer von ihnen Kinderbürgermeister wird. In der Stadt Soltau passiert das einmal im Jahr in einer Kinderversammlung. Wer in dieser Versammlung gewählt wird, ist ein Jahr lang Kinderbürgermeister. Seine oder ihre Aufgabe ist es dann, sich für die Kinder von Soltau einzusetzen. Der Kinderbürgermeister bekommt sogar eine Kette mit dem Abzeichen der Stadt. So oder ähnlich werden Kinderbürgermeister auch anderswo gewählt.

(Aus: Petra Reinken: Wie wird man Kinderbürgermeister? in: Aachener Zeitung vom 26.09.2014, dpa)

1 Was hat Wim als Bürgermeister gemacht? Nenne seine Aktivitäten.

2 Sollten alle Städte in Deutschland das Amt des Kinderbürgermeisters einführen? Äußere deine Ansicht dazu.

3 Würdest du an einer Kinderversammlung teilnehmen, bei der eine Kinderbürgermeisterin oder ein Kinderbürgermeister gewählt wird? Würdest du jemanden vorschlagen oder vielleicht sogar selbst kandidieren? Befrage dich selbst und stelle diese Frage jemand anderem in der Klasse.

Laura setzt sich für ihre und für die Interessen anderer ein

Das Interesse wird geweckt

Im Alter von elf Jahren begann Laura damit, sich dafür zu interessieren, was in ihrer Heimatstadt Essen geschieht. Es war kurz nach der Wahl des Stadtrates Ende August 2009. Da erfuhr sie durch die örtliche Zeitung, dass der Rat der Stadt beschließen wollte, das sogenannte „Freibad Hesse“ im Nordwesten der Stadt zu schließen – also genau in der Gegend, in der Laura wohnt und zur Schule geht. Das Bad war zwar ein wenig in die Jahre gekommen, aber es gehörte im Sommer für Laura und ihre Freundinnen und Freunde einfach dazu.
Ihre Mutter berichtete, dass die großen Parteien vor den Wahlen zum Stadtrat verkündet hatten, dass es nicht zu einer Freibadschließung kommen solle. Dass nach der Wahl ganz andere Töne zu hören waren, empörte viele Erwachsene ebenso wie die Kinder und die Jugendlichen. „Wie kann eine Mehrheit im Stadtrat auf die Idee kommen, uns das schöne Bad wegzunehmen?“, dachte Laura.

Laura informiert sich

Mit dieser Frage im Kopf startete sie ihre Recherche im Internet. Sie fand heraus, dass die Stadt Essen (wie fast alle Gemeinden) viele Schulden hat. Die Kosten, die in einem Freibad entstehen, können nur zum Teil aus den Eintrittsgeldern finanziert werden. Also muss die Stadt aus Steuermitteln pro Saison mehrere Hunderttausend Euro dazugeben. Das könne sich die Stadt nicht länger leisten. Weiterhin fand Laura heraus, dass das Hessebad für viel Geld renoviert werden müsse. Laura verstand die Schließungsabsicht nun besser, blieb aber bei ihrer Meinung, dass das Freibad erhalten werden müsse.
Die Eintrittspreise waren bis dahin von der Stadt bewusst niedrig gestaltet worden, damit sich auch Familien mit wenig Geld den Besuch leisten konnten. „Das war sozial gerecht und soll so bleiben!“, dachte Laura.

Laura wird aktiv

Ab sofort nahm sie zusammen mit einigen Freundinnen an mehreren Protestaktionen der Essener Bürgerschaft gegen die Freibadschließung teil. Sie besuchte eine vom Stadtrat einberufene Bürgerversammlung, stand mit Erwachsenen und Jugendlichen Mahnwache vor dem Freibadeingang, schrieb Mails an ihre Freunde und sogar einen Leserbrief an die örtliche Zeitung.
Auch in Lauras Klasse, der 6c, wurde das Problem diskutiert. Im Stadtrat zeigten viele Ratsmitglieder Verständnis für die Proteste. Am 11. November 2009 kam es im Rat zu einer neuen geheimen Abstimmung. Dabei stimmten 43 der 82 Ratsmitglieder für den

Erhalt des Bades und 39 dagegen. Laura und viele andere waren glücklich über den Erfolg. Sie mussten sich aber noch mehrere Jahre gedulden, bis es nach einem aufwendigen Umbau zur Neueröffnung des Hesse-Freibades kam.
Im Mai 2014 konnte der Oberbürgermeister der Stadt Essen das neu gestaltete Hesse-Freibad feierlich eröffnen. Obwohl Laura da schon ihren sechzehnten Geburtstag feierte, war sie stolz darauf, an einer wichtigen Entscheidung der Stadtpolitik erfolgreich mitgearbeitet zu haben.

1 Was hat Laura unternommen? Nenne die Aktivitäten.

2 Anderen Städten in Deutschland erging es ähnlich wie der Stadt Essen. Sie sahen sich gezwungen, städtische Einrichtungen zu schließen. Beschreibe das Problem, in dem sich Städte oft befinden.

3 In der Stadt Essen und anderswo reichen die Eintrittspreise zum Besuch eines Freibades bei Weitem nicht aus, um die Kosten zu decken. Was würdest du unternehmen, wenn du über die Eintrittspreise entscheiden könntest? Erhöhen, sie so belassen, wie sie sind, unterschiedliche Preise nehmen für wohlhabende und ärmere Besucher? Befrage dich selbst und jemand anderen in der Klasse.

B Mitwirkungsrechte von Kindern in den Gemeinden

Kinder demonstrieren in Berlin für bessere Schulen und Kinderrechte.

Zu jung für Politik*?

Manche Kinder glauben, dass politische Mitwirkungsrechte nur den Erwachsenen zustehen. Schließlich können sie nicht an den Wahlen zum Gemeinderat teilnehmen und auch nicht Bürgermeister oder Mitglied in einem Gemeinderat werden. Wenn es so wäre, wie manche denken, hätten Kinder unter 14 Jahren keinerlei Möglichkeiten, Einfluss zu nehmen, wenn in einer Gemeinde ein Spielplatz oder eine Ferienfreizeit für Kinder geplant wird. Das ist aber nicht der Fall. Kinder haben politische Mitgestaltungsrechte.

Garantierte Mitmachrechte

Da ist zunächst einmal das Recht, sich über alles, was in einer Gemeinde geschieht, eigenverantwortlich Informationen zu beschaffen. Die einfachste Möglichkeit dazu bieten die Internetauftritte der Gemeinden. Man kann auch das örtliche Rathaus aufsuchen und sich dort aus erster Hand informieren. In größeren Gemeinden gibt es häufig Kinderbüros und Kinderbeauftragte. Auch die Jugendämter sind für Fragen und Probleme zuständig, die Kinder betreffen.
Gemeinden sind per Gesetz dazu verpflichtet, bei ihren Entscheidungen die Interessen der Kinder angemessen zu berücksichtigen. Das geht natürlich am besten, wenn Kinder ihre Interessen einbringen.
Kinder haben genauso das Recht wie Erwachsene, ihre eigene Meinung zu vertreten – auch wenn es um Politik geht. Sie können Leserbriefe schreiben, an genehmigten Aktionen teilnehmen und auch auf einer Bürgerversammlung mitdiskutieren. Ab 14 Jahren können Jugendliche schriftlich beantragen, dass der Gemeinderat sich mit einem bestimmten Thema beschäftigt.

Deutsches Kinderhilfswerk

Echte Mitwirkungsmöglichkeiten, die Stadtpolitik aktiv mitzugestalten, haben Kinder und Jugendliche durch die Mitarbeit in einem Kinder- und Jugendparlament. Es gibt sie mittlerweile in nahezu allen größeren Städten. Hier können sie Vorschläge machen, an den Stadtrat weiterleiten und eigene Projekte verwirklichen. Dazu stellt ihnen die Stadt in der Regel eigene finanzielle Mittel zur Verfügung. Voraussetzung ist, dass sich Kinder und Jugendliche bereitfinden, für ein örtliches KiJupa zu kandieren. Oft wird beklagt, dass sich nur wenige für diese Wahlen interessieren.

* Zum Begriff Politik findest du weitere Informationen im Glossar.

1 Welche Möglichkeiten haben Kinder und welche nicht? Nenne sie.

2 Wie kann man jemanden, der glaubt, ein Kind hätte keinerlei politische Rechte, davon überzeugen, dass das nicht stimmt? Formuliere eine Antwort.

Was auch noch interessant sein kann:

- www.kindersache.de: Wenn du diese Homepage öffnest, wirst du viele weitere Informationen über die Rechte von Kindern finden.

C Wir diskutieren: Sollen Kinder mitmachen in der Kommunalpolitik oder ist das zu früh?

Worum geht es?

Wenn in einer Stadt darüber diskutiert wird, ob ein neues Theater gebaut werden soll oder besser eine Konzerthalle, dann geht es um eine *kommunalpolitische Entscheidung*. „Kommune" ist ein anderer Begriff für Gemeinde oder Stadt. Politisch ist die Entscheidung, weil es hierbei um die Lösung eines Problems geht, das viele Menschen in der Stadt betrifft. In der Politik geht es immer um die Lösung von Problemen, bei denen ein öffentliches Interesse besteht. Viele Menschen sind der Ansicht, dass man Kinder dazu ermuntern soll, ihre Rechte aktiv wahrzunehmen und mitzugestalten in der Kommunalpolitik*. Kinder ab dem fünften Schuljahr seien dazu in der Lage. Andere meinen, man solle 10-, 11- oder 12-Jährige noch nicht damit belasten.
Hier sollt ihr euch selbst dazu euer eigenes Urteil bilden.

* Zum Begriff Kommunalpolitik findest du weitere Informationen im Glossar.

Nein, das ist noch nichts für uns Kinder!

Das ist mir alles viel zu kompliziert, was da an Entscheidungen in der Gemeinde abläuft. Uns Kindern fehlt da noch der Durchblick. Ich glaube auch nicht, dass die Erwachsenen unsere Ratschläge wirklich ernst nehmen würden.
Wir müssen schon so viel lernen in der Schule, da kann niemand erwarten, dass wir auch noch alle die schwierigen Dinge lernen, die man kennen muss, wenn man in der Politik mitmischen will. Wir wollen auch mal spielen und Freunde treffen in der wenigen Freizeit, die uns nach der Schule bleibt. Mitmachen in der Kommunalpolitik – dazu gibt es noch viele Gelegenheiten, wenn wir erst einmal groß sind.

Ja, viele Kinder sollen mitmachen!

Klar können wir Kinder uns ein Urteil bilden, wenn es in unserer Stadt um den Bau einer Konzerthalle oder um die Renovierung von Sport- und Spielstätten oder um sonst was geht. Viele von uns sollten sich einmischen, ganz so wie es unser gutes Recht ist.
Wir Kinder sind von den Entscheidungen in einer Stadt doch am allermeisten betroffen. Erwachsene interessiert es oft nicht, ob zum Beispiel ein Freibad geschlossen werden soll – uns Kinder aber sehr. Es sollten viel mehr Kinder den Mund aufmachen oder den Mut haben, für ein Kinder- oder Jugendparlament zu kandidieren. So sorgen wir am besten dafür, dass unsere Interessen berücksichtigt werden.

1 Welche Gründe für die Ja- und Nein-Position werden genannt? Liste sie auf.

2 Welche Ansicht wirkt überzeugender auf dich? Entscheide.

3 Wie fällt dein eigenes Urteil aus? Formuliere und begründe es (und tausche dich mit deinen Tischnachbarn darüber aus).

4 Stellt eure Urteile vor und diskutiert miteinander.

Was auch noch interessant sein kann:

- den Lokalteil deiner örtlichen Zeitung lesen: Finde heraus, über welche Probleme aktuell in deiner Stadt oder in deinem Dorf diskutiert wird. Überlege, was diese örtlichen Probleme mit den Interessen von Kindern und Jugendlichen zu tun haben. Bilde dir ein eigenes Urteil über die Lösung der Probleme.

D Mitarbeit in einem Kinder- und Jugendparlament

Hier erfahrt ihr, warum Kinder und Jugendliche in Kinderparlamenten mitarbeiten, welche Ziele ein Kinderparlament hat und wie die Wahl abläuft. Nach dem Lesen könnt ihr andere darüber informieren. Möglicherweise bekommt ihr selbst dadurch Lust, in einer solchen Einrichtung mitzumachen. Im Internet werdet ihr leicht weitere Informationen finden. Ihr braucht nur den Suchbegriff *Kinderparlament* einzugeben und dazu den Namen der Stadt, die euch interessiert.

Beispiel: KiJupa Recklinghausen

Das Kinder- und Jugendparlament (KiJupa) der Stadt Recklinghausen gibt es seit 2001; es besteht aus 59 Mitgliedern im Alter von 10–17 Jahren. Die Wahl ins KiJupa findet alle zwei Jahre an den weiterführenden Schulen sowie in Jugendzentren statt. Du kannst dich aber auch engagieren, wenn du nicht ins KiJupa gewählt wurdest. Dazu gibt es die Arbeitsgruppen (AGs). Dort kannst du hinkommen, wann immer du willst. Wenn du im Kinder- und Jugendparlament bist, ist es deine Aufgabe, die Interessen aller Kinder und Jugendlichen in Recklinghausen zu vertreten. Du versuchst, die Stadt ein wenig interessanter, schöner und lebenswerter für Kinder und Jugendliche zu gestalten.

(Aus: www.kijupare.de; Zugriff 02.01.2015)

Eliza F.

„Die Mitarbeit im Kinder- und Jugendparlament bietet die Möglichkeit, sich zu beteiligen. Das heißt, Kritikpunkte zu finden und Dinge nach unseren Ideen, nach unserem Willen zu verändern. Darüber hinaus lernt man, sich eine eigene Meinung zu bilden und diese anderen mitzuteilen. Meiner Meinung nach ist es sehr wichtig, all dies zu tun, denn es zeigt uns, dass man Angelegenheiten selbst in die Hand nehmen, Verantwortung tragen und seiner Meinung Ausdruck verleihen muss, um etwas zu seinen Gunsten zu verändern."

Stellungnahme der Schülerin Eliza F., 13 Jahre, Mitglied im KiJupa Recklinghausen

1 Welche Gründe für ihre Mitarbeit im KiJupa werden genannt? Nenne sie.

2 Was erfährst du über Aufgaben und Mitmachmöglichkeiten?

3 Fallen euch weitere Gründe für die Mitarbeit in einem KiJupa ein – weitere Aufgaben und Ziele, die es anstreben könnte? Sammelt gemeinsam.

Die Bewerbung

1. Wahltermin beachten
Mehrere Wochen vor der Wahl erfolgt die Bekanntgabe des Wahltermins. Die Kandidaten werden gebeten, ihre Wahlbewerbung schriftlich einzureichen beim Jugendamt der Stadt oder an die Adresse des KiJupas. Vordrucke dazu gibt es im Internet.

2. Überlegen, ob man kandidieren möchte
Folgende Kriterien, über die man nachdenken sollte, schlägt das KiJupa der Stadt Rösrath bei Köln vor:
Wenn du …
- Spaß daran hast, dich einzumischen,
- an politischen Zusammenhängen interessiert bist,
- diskussionsfreudig bist,
- mit anderen etwas verändern möchtest,
- Veranstaltungen planen und gestalten willst,
- bereit bist, etwas Zeit zu investieren,

… dann werde Kandidatin oder Kandidat.

3. Bewerbungsformular abgeben
Für die Bewerbung gibt es Vordrucke. Darin trägst du deinen Vor- und Zunamen ein, Adresse, Geburtsdatum, Klassenstufe, Schule, deine Unterschrift und die Unterschrift der Erziehungsberechtigten. Manchmal wird noch erwartet, dass du aufschreibst, warum du gewählt werden möchtest. Den Bogen versendest du per Mail oder Post. So kommst du auf die Kandidatenliste, die zur Wahl verschickt wird.

4. Wahlkampf machen
Natürlich solltest du versuchen, dich bekannt zu machen bei deinen Wählern. Oft werden vom Jugendamt oder vom bestehenden KiJupa öffentliche Wahlveranstaltungen organisiert, in denen sich die Kandidatinnen und Kandidaten vorstellen.

Wie wird man Mitglied?

Der Ablauf der Wahl von der Kandidatenaufstellung bis zur Bekanntgabe des Wahlergebnisses ist in einer Wahlordnung festgelegt, die der Rat der Stadt beschließt. Da jedes KiJupa eine eigene Wahlordnung hat, kann es Unterschiede geben. In der Regel sind die Wahlen so organisiert, wie auf dieser Seite dargestellt.

Der Ablauf der Wahl

- Mehrere Wochen vor der Wahl wird der Wahltermin öffentlich bekannt gegeben.
- Vertreter der Stadt bitten die Schulen darum, die Schülerinnen und Schüler über die Bedeutung der Wahlen zu informieren.
- Die Wählerinnen und Wähler erhalten einen Wahlzettel, auf dem die Namen aller Kandidatinnen und Kandidaten aufgelistet sind. Es darf nur einmal gewählt werden. Bei Krankheit ist Briefwahl möglich.
- Ein Wahlausschuss, der aus Mitgliedern des alten KiJupas gebildet wird, die nicht mehr kandidieren, zählt die Stimmen aus.
- Die Ergebnisse der Wahl werden öffentlich bekannt gemacht. Die gewählten KiJupa-Mitglieder werden persönlich benachrichtigt.

4 Schließt die Bücher, nachdem ihr diese Seite gelesen habt. Erzählt euch dann gegenseitig mit eigenen Worten den Weg zur Kandidatur und den Ablauf der Wahl.

5 Bei Wahlen zu den KiJupas fällt die Wahlbeteiligung oft sehr gering aus. Manche Fachleute sehen einen Grund dafür darin, dass die Kinder zu wenig über den Ablauf der Wahl und die Arbeit der KiJupas informiert sind. Was kann man tun, um Schülerinnen und Schüler besser zu informieren? Sammelt gemeinsam Vorschläge dazu.

3 Was geschieht in einem Rathaus?

Wir treffen Entscheidungen und erkunden die Arbeit im Rathaus

A Der Fall: Haushaltsberatungen in Schönstadt

Stellt euch folgende Situation vor: Im Rathaus von Schönstadt stehen die Haushaltsberatungen an. Es geht darum, welche Vorhaben im kommenden Haushaltsjahr verwirklicht werden sollen. In der Stadtverwaltung wurde eine Liste mit allen Vorhaben erstellt, die auf der Wunschliste der Stadt stehen. Die voraussichtlichen Kosten dazu hat die Verwaltung ebenfalls berechnet. Das Problem: Die Gesamtkosten aller Wünsche übersteigen die finanziellen Möglichkeiten der Stadt bei Weitem. Jede Stadt ist per Gesetz dazu verpflichtet, einen Haushaltsplan zu erstellen. Dann wird festgelegt, mit welchen Einnahmen zu rechnen ist und wofür es ausgegeben werden soll. Wichtige Einnahmequellen sind Steuern sowie Gebühren und Eintrittsgelder für städtische Einrichtungen. Zu den großen und weitgehend feststehenden Ausgabenposten gehören die Gehälter der städtischen Arbeiter und Angestellten und der Unterhalt von Schulen, Kindergärten, Museen, Theater und anderem mehr. Was dann noch von den Einnahmen übrig bleibt, kann für Neues ausgegeben werden.
Im Haushalt der Stadt Schönstadt sind das im kommenden Jahr noch fünf Millionen Euro. Zur Verwirklichung der gesamten Wunschliste wären zehn Millionen nötig. Es muss also gespart werden. Mit dem Zwang zum sparsamen Haushalten geht es Schönstadt so wie fast allen echten Gemeinden in Deutschland. Die Verwaltung von Schönstadt hat die Liste der Wünsche mitsamt den Haushaltsplanungen dem Oberbürgermeister übergeben. Dieser beruft den gewählten Stadtrat zur Beratung und Entscheidung ein. Er wird die Sitzung leiten. Der von den Bürgerinnen und Bürgern gewählte Rat der Stadt hat dann darüber zu entscheiden, was zum Wohle der Stadt verwirklicht werden soll und was nicht.

1 Welches Problem entsteht bei der Haushaltsplanung in dieser Stadt? Verwende in deiner Erklärung die Begriffe Kosten, Einnahmen und Ausgaben.

2 Wer übernimmt welche Rolle bei der Haushaltsplanung in einem Rathaus? Nenne die beteiligten Abteilungen und beschreibe ihre Aufgaben.

B Wir entscheiden in der Rolle des Stadtrates von Schönstadt

Hier findet ihr die von der Verwaltung der Stadt Schönstadt erarbeitete Wunschliste samt den voraussichtlichen Kosten. Ihr seid der Stadtrat und sollt über die drei Fragen A, B und C entscheiden. Von den in der Wunschliste veranschlagten 10 Millionen Euro kann Schönstadt im nächsten Jahr höchstens 5 Millionen ausgeben.

Euer Auftrag

- Geht zunächst die Wunschliste alleine durch und überlegt, wie ihr mit den einzelnen Maßnahmen verfahren würdet: A, B oder C?
- Setzt euch dann in Dreier- oder Vierergruppen zusammen. Ihr seid dann die sogenannten Ausschüsse, welche die Stadtratssitzung vorbereiten. Einigt euch gemeinsam auf Streichungen von circa 5 Millionen Euro.
- Versucht den Stadtrat, also die gesamte Klasse; von euren Vorschlägen zu überzeugen.
- Stimmt in einer gespielten Stadtratssitzung die einzelnen Vorhaben ab und einigt euch auf eine gemeinsame Liste.

A Welches Vorhaben soll auf jeden Fall verwirklicht werden?

B Auf welches Vorhaben soll verzichtet werden?

C Welches Vorhaben soll zu einem späteren Zeitpunkt verwirklicht werden?

Die Wunschliste	Voraussichtliche Kosten in Euro
1. Bau einer Lärmschutzmauer im Wohngebiet Schleemannstraße	1 500 000
2. Neubearbeitung des Internetauftritts der Stadt, um den Bürgerinnen und Bürgern mehr und bessere Dienste anbieten zu können	25 000
3. Ausbau und Modernisierung der zu kleinen städtischen Kindertagesstätte	800 000
4. Erschließung eines neuen Industriegebietes mit Straßen, Strom, Gas und Abwasserleitungen, damit sich neue Betriebe in Schönstadt ansiedeln können	2 000 000
5. Anschaffung von fünf neuen umweltfreundlichen Elektrobussen für die Beförderung von Schülerinnen und Schülern	1 200 000
6. Erneuerung des Daches im Gebäude des städtischen Gymnasiums, das schon längere Zeit undicht ist	950 000
7. Ausbau des Seniorenheims in der Stadtgartenstraße	800 000
8. Restaurierung der historischen Rathausfassade, da an vielen Stellen der Putz abbröckelt	1 100 000
9. Anschaffung eines neuen Vorhangs und eines Teils der verschlissenen Sitze im Stadttheater	200 000
10. Umbau eines städtischen Gebäudes in ein bisher nicht vorhandenes Jugendzentrum	500 000
11. Anschaffung neuer Spielgeräte für mehrere Spielplätze in der Stadt	25 000
12. Bau der schon lange geplanten Skater- und Schlittschuhbahn im Stadtpark	900 000
	Summe 10 Millionen

C Wer macht was im Rathaus?

Amtskette eines Oberbürgermeisters

Auf den folgenden Seiten könnt ihr euch genauer über die Arbeit in einem Rathaus informieren. Empfohlen wird, dass ihr die Arbeit aufteilt. Je ein Drittel der Klasse kann bearbeiten, was
(C 1) der Bürgermeister/die Bürgermeisterin leistet,
(C 2) der Stadtrat und
(C 3) die Verwaltung.
Anschließend könnt ihr euch in Dreiergruppen mit je einem Bearbeiter von C 1, C 2 und C 3 zusammensetzen und euch gegenseitig informieren. Gemeinsam könnt ihr dann vor der Klasse die Arbeit in einem Rathaus präsentieren. Ihr könnt auch das örtliche Rathaus in eurer Stadt erkunden. Dabei hilft euch die Methodenkarte auf der Seite 133.

C 1 Welche Aufgaben haben Bürgermeisterinnen und Bürgermeister? Beispiel Bielefeld

Jede Stadt in Deutschland hat ein Oberhaupt, den sogenannten **Bürgermeister** oder **Oberbürgermeister***, der von den Bürgern einer Stadt gewählt wird.
Ob eine Stadt von einem Bürgermeister oder Oberbürgermeister regiert wird, richtet sich nach ihrer Größe.

Hier begrüßt der Oberbürgermeister von Bielefeld, Pit Clausen, im Sommer 2014 die Ministerpräsidentin von Nordrhein-Westfalen, Hannelore Kraft.

Eine Großstadt wie Bielefeld mit mehr als 300 000 Einwohnern hat einen Oberbürgermeister. Kleinere Städte haben meist einen Bürgermeister.

Repräsentant der Stadt

Ein Oberbürgermeister hat viele wichtige Aufgaben. Zuerst einmal ist er das Gesicht, das „Aushängeschild" oder besser gesagt: der „**Repräsentant**" der Stadt. Bei vielen wichtigen Anlässen wird der Bürgermeister gefragt, ob er dabei sein kann, um den Veranstaltungen eine besondere Bedeutung zu verleihen. Für ganz besondere Anlässe legt der Oberbürgermeister seine Amtstracht an, zu der auch eine besondere Kette gehört.

Chef der Verwaltung

Als Bürgermeister ist man auch der Chef der Stadtverwaltung und der Vorgesetzte aller städtischen Mitarbeiter. Die Stadtverwaltung ist eine riesige Organisation, in Bielefeld gehören der Stadtverwaltung über 5 500 Mitarbeiterinnen und Mitarbeiter an. […]
Natürlich kann der Oberbürgermeister nicht jeden Mitarbeiter persönlich kennen und ihm sagen, was er tun soll. Aber er ist dafür verantwortlich, dass die Stadtverwaltung funktioniert. […]
Im Rathaus gibt es mehrere Dezernenten [Dezernenten leiten eine Abteilung in einem Rathaus], die jeweils für einen bestimmten Bereich zuständig sind. Sie helfen dem Bürgermeister, die Aufgaben zu verteilen. […]

Vorsitz im Stadtrat

Der Bürgermeister einer Stadt ist auch der Vorsitzende im Stadtrat, wo wichtige Themen diskutiert und Entscheidungen getroffen werden. Der Bürgermeister leitet diese Ratssitzungen und bereitet die Arbeitstreffen („Sitzungen") vor.
Er eröffnet die Sitzung und erteilt den Ratsmitgliedern das Wort oder – wenn nötig – entzieht er ihnen das Wort auch wieder.

(Aus: www.kinderrathaus.de; Stadt Bielefeld und Kidsville GbR, Redaktion Anke Hildebrandt, Christian Großekathöfer (Redaktion), Zugriff 05.01.2015)

* Zum Begriff Bürgermeister findest du weitere Informationen im Glossar.

1 Informiere deine Mitschülerinnen und Mitschüler über die Arbeit eines Oberbürgermeisters. Beantworte dazu die folgenden Fragen:
- Wie kommt er oder sie in sein Amt?
- Was sind ihre bzw. seine Aufgaben?
- Was ist seine oder ihre Rolle in den Ratssitzungen?

C 2 Die Rolle des Stadtrates

Die Aufgaben

In Deutschland haben alle Gemeinden das Recht, ihre örtlichen Angelegenheiten selbst zu regeln. Die wichtigen Entscheidungen trifft der von den Bürgerinnen und Bürgern der Stadt gewählte Stadtrat. Dabei geht es zum Beispiel um die Anschaffung von neuen Stadtbussen, um die Einrichtung eines neuen Spielplatzes oder Stadtparks, den Umbau des städtischen Krankenhauses, Kindergartens oder Altersheims und um vieles andere mehr. Der Rat entscheidet auch über den Haushalt der Stadt.

Die Wahl

In Nordrhein-Westfalen werden die Stadträte alle fünf Jahre von den Einwohnern der Gemeinde gewählt. Die Wahl der Bürgermeister findet getrennt dazu statt. Wahlberechtigt ist man ab 16 Jahren. Wer wählt, begibt sich in sein zuständiges Wahllokal. Dort erhält man einen Stimmzettel, mit dem man zwischen zahlreichen Kandidatinnen und Kandidaten auswählen kann. Sie gehören meist verschiedenen Parteien und Wählergemeinschaften an. Mit der Größe einer Stadt nimmt auch die Zahl der Mitglieder in einem Stadtrat zu. In einer Stadt mit 10000 Einwohnern sind es zum Beispiel 32 Mitglieder, bei 300000 Einwohnern sind es bereits 70. Die Ratsmitglieder werden Ratsherren oder Ratsfrauen genannt. Sie üben weiterhin ihren Beruf aus und erhalten für ihre Tätigkeit im Rat eine kleine finanzielle Entschädigung. Man nennt so etwas „ein Ehrenamt ausüben".

Mitwirkung der Bürger

Die Bürgerinnen und Bürger einer Stadt können beim Rat beantragen, selbst über eine wichtige Angelegenheit zu entscheiden. In einem solchen Fall kommt es zu einem *Bürgerentscheid*. Dann trifft nicht der Rat die Entscheidung, sondern alle Bürgerinnen und Bürger in einer geheimen Abstimmung. Ab 14 Jahren kann man den Rat schriftlich darum bitten, sich mit einem bestimmten Thema zu beschäftigen. Die gewählten Kinder- und Jugendräte können sich jederzeit an den Rat wenden.

Ablauf einer Entscheidung

Als Beispiel dazu ein Bericht aus dem Stadtrat von Bielefeld: Der Oberbürgermeister fragt alle, ob sie eine bestimmte Sache gut oder schlecht finden. Zum Beispiel, ob Bielefeld einen neuen Kindergarten oder einen Bolzplatz bekommen soll. Ein paar Mitglieder des Stadtrats sagen, wie sie den Vorschlag finden, und äußern dazu ihre Meinung. Am Ende fragt der Oberbürgermeister alle, ob sie dafür oder dagegen sind.
Zur Abstimmung hebt jeder still die Hand, und der Oberbürgermeister zählt die Hände, die dafür waren, und die, die dagegen waren.
Die Sache, die am Ende die meisten Hand-Stimmen erhalten hat, gewinnt und wird umgesetzt.

(Aus: www.kinderrathaus.de; Stadt Bielefeld und Kidsville GbR, Redaktion Anke Hildebrandt, Christian Großekathöfer (Redaktion), Zugriff 05.01.2015)

Hier eröffnet der Oberbürgermeister von Bielefeld die Sitzung des Rates.

1 Informiere deine Mitschülerinnen und Mitschüler über die Arbeit des Stadtrates. Verwende dazu die Zwischenüberschriften als Gliederungspunkte deines Vortrags.

C 3 Was macht die Gemeindeverwaltung?

Ihre Aufgaben

- Du möchtest einen Ausweis beantragen,
- jemand aus der Familie plant zu heiraten,
- Freund Kandil stellt einen Antrag auf Einbürgerung,
- deine Familie bezieht eine neue Wohnung,
- Sondermüll ist zu entsorgen ...

Wann immer solche Dinge anstehen, wird die Verwaltung der Gemeinde aktiv. Eine ihrer wichtigsten Aufgaben besteht darin, den Einwohnern bei behördlichen Angelegenheiten behilflich zu sein. Weil die Verwaltungsaufgaben sehr unterschiedlich sind, gibt es die Ämter mit den unterschiedlichen Zuständigkeiten, zum Beispiel das Einwohnermeldeamt, das Standesamt, das Jugendamt usw. Je nachdem, was man vorhat, muss man sich an das zuständige Amt wenden. Eine weitere wichtige Aufgabe der Verwaltung ist die Unterstützung der Arbeit der Stadträte. Zum Beispiel sind viele Berechnungen und Pläne notwendig, wenn die Stadt die Einrichtung eines neuen Industriegebietes beschließen möchte. Alle notwendigen Planungen werden von der Verwaltung erledigt.

Die Leitung der Verwaltung

Oberbürgermeisterinnen bzw. Oberbürgermeister sind die Chefs der Verwaltung. Das bedeutet, dass diese in den Städten Vorgesetzte von vielen hundert Mitarbeiterinnen und Mitarbeitern sein können. Weil sie diese Aufgabe nicht alleine leisten können, stehen ihnen mehrere Dezernenten zur Seite, die für verschiedene Bereiche zuständig sind. Das Wort Dezernent bedeutet „Mitentscheider". Sie sind sozusagen die Minister in der Regierung einer Stadt und zuständig für Jugendarbeit, Sport, Kunst, Wirtschaft und anderes.

Verwaltung online

Fast alle Rathäuser sind mittlerweile dazu übergegangen, ihre Dienstleistungen auch online anzubieten. Hier kann man sich über die Arbeit der Verwaltung informieren und herausfinden, was aktuell in Arbeit ist. Antragsformulare können heruntergeladen und vielfältige Informationsangebote mittels PC genutzt werden.

Das Ordnungsamt

Wer kümmert sich darum, dass Müll nicht achtlos weggeworfen wird? Wer ruft randalierende Jugendliche zur Ordnung, wenn sie nachts lärmend durch die Straßen ziehen? Das gehört zu den Aufgaben der städtischen Ordnungsämter. Als Teil der Stadtverwaltung arbeitet das Ordnungsamt mit der örtlichen Polizei zusammen und schreitet ein, wenn bestehende Gesetze verletzt werden. Dazu kann es auch Bußgelder verhängen, die vom Stadtrat beschlossen werden.

Ein städtischer Hilfspolizist, Angestellter des Ordnungsamtes, zeigt hier einem Passanten die Rote Karte. Viele Städte sagen Müllsündern den Kampf an mit Bußgeldern für weggeworfene Verpackungen, Kaugummis und Zigarettenkippen zwischen 20 und 35 Euro.

1 Informiere deine Mitschülerinnen und Mitschüler über die Arbeit der Verwaltung. Verwende dazu die Zwischenüberschriften als Gliederungspunkte deines Vortrags.

2 Findet ihr es richtig oder übertrieben, wenn die städtischen Ordnungsämter Bußgelder von Müllsündern verlangen? Nehmt am Ende Stellung zu dieser Frage.

Methodenkarte 8

Thema:
Das örtliche Rathaus

Erkundung

Erkundung: Was ist das?

Im Rahmen dieser Unterrichtsreihe könnt ihr euch euer örtliches Rathaus für eine Erkundung vornehmen. Erkunden heißt etwas auskundschaften, was bis dahin unbekannt war.
Die Erkundung kann außerhalb der Unterrichtszeit durchgeführt werden. Ihr sollt dabei möglichst viel über die Arbeit in einem Rathaus erfahren.

Wie macht man das?

1. Schreibt auf, was ihr in Erfahrung bringen wollt

Setzt euch zusammen und überlegt, was ihr wissen wollt. Formuliert Fragen wie zum Beispiel: Wie oft tagt der gewählte Gemeinderat? Wie sieht der Tagesablauf des Bürgermeisters aus? Welche Themen sind gerade besonders aktuell? Welche Ämter gibt es? Und andere Fragen mehr.

2. Vereinbart einen Termin

Setzt euch mindestens zwei Wochen vor der geplanten Erkundung mit dem Rathaus telefonisch in Verbindung. Sagt, was ihr vorhabt, vereinbart einen Termin, bittet darum, dass euch jemand für eure Fragen zur Verfügung steht und euch durch das Rathaus führt. Vielleicht nimmt sich ja die Bürgermeisterin oder der Bürgermeister oder einer der Beigeordneten persönlich Zeit für euch.

3. Teilt die Erkundungsaufgaben untereinander auf

In der Vorbereitung solltet ihr genau festlegen, wer was fragt, wer Fotos macht und wer was notiert. Besprecht, ob ihr eine Gruppe von Schülerinnen und Schülern die Erkundung durchführen lasst oder ob die gesamte Klasse daran teilnehmen soll.

4. Notiert die Ergebnisse

Es wäre schade, wenn ihr bei eurer Erkundung keine Möglichkeit hättet, die Beobachtungen und Gesprächsergebnisse festzuhalten. Denkt an Notizblöcke. Fragt nach, ob ihr Fotos machen dürft.

5. Überlegt, wie das Erkundungsergebnis präsentiert werden soll

Wenn nur ein Teil eurer Klasse die Erkundung aktiv durchführt, solltet ihr eine wirkungsvolle Präsentation für die Ergebnisse überlegen.

Worauf solltet ihr besonders achten?

Wichtig ist, dass ihr höflich seid, euch angemessen vorstellt, die getroffenen Vereinbarungen einhaltet und genau sagt, was ihr wollt.

4 Park oder Kino: Was soll mit dem Grundstück der Stadt geschehen?

Ein Planspiel durchführen

A Worum geht es?

In den Schulen der kleinen Stadt Schönstadt finden zurzeit heftige Diskussionen statt. Dabei geht es nicht um die Schule oder um Ärger mit den Lehrern. Es sind die Zustände in der Innenstadt von Schönstadt, welche die Kinder und Jugendlichen in zwei gegnerische Lager spalten. Welches Ereignis in einer Stadt kann zu solch heftigem Streit unter Jugendlichen führen?

Der Grund liegt in der Schönstädter Fußgängerzone. Hier gibt es noch ein großes unbebautes Grundstück, das sich im Besitz der Stadt befindet. Ursprünglich stand hier einmal das städtische Arbeitsamt, das aber vor vielen Jahren abgerissen werden musste und in einen größeren Bau an anderer Stelle umzog. Die Stadt ließ dann auf dem freien Grundstück eine Grünanlage einrichten mit Blumenbeeten, einer Wiese und einem Spielplatz für Kinder. Der besondere Clou: Vor drei Jahren hat die Stadt die Einrichtung einer Skateranlage innerhalb dieser Fläche genehmigt, die von einer Sportartikelfirma finanziell gesponsert wurde. Diese Anlage mit Plattform, Coping-Ramp, Fun-Ramp und Fly-Ramp erfreut sich nun bei den 10- bis 16-Jährigen großer Beliebtheit. Die Kinder und Jugendlichen können hier ihrem Hobby nachgehen, ohne jemanden zu stören. So hat sich der kleine Park am Rande der Fußgängerzone zum beliebtesten Freizeittreff der Schönstädter Kids entwickelt. Und damit soll jetzt Schluss sein.

Das Kinounternehmen **Kinomax** hat der Stadt das Angebot gemacht, das Grundstück zu kaufen, um dort ein modernes Großkino zu bauen. Zwar existiert in Schönstadt eine Kinoanlage mit mehreren Sälen, sie liegt aber außerhalb des Stadtzentrums. Die Firma Kinomax plant die Einrichtung von sechs supermodernen Kinosälen und einer Tiefgarage für 300 Autos unterhalb der Anlage. Und genau dieser Plan ist der Grund für den Streit unter den Schönstädter Jugendlichen.

Eine Gruppe, die sich **Skaterkids** nennt, ist empört. Sie will erreichen, dass ihr Park und ihre Skateranlage auf jeden Fall erhalten bleiben. Diese Jugendlichen fordern von der Stadt, dass sie das Grundstück unter keinen Umständen verkauft.

Demgegenüber steht aber eine Gruppe von Jugendlichen, die sich **Filmfreaks** nennt. Diese Gruppe wäre froh, wenn Schönstadt eine zentral gelegene Kinoanlage bekäme. Ihre Sprecher haben den Bürgermeister und die Stadt in einem Zeitungsartikel dazu aufgefordert, das Grundstück für einen guten Preis zu verkaufen.

Beide Jugendgruppen haben Verbündete unter den Erwachsenen. Die Gruppe der Skaterkids wird von zahlreichen Eltern unterstützt, die sich in der Bürgerinitiative **Rettet unseren Park** zusammengeschlossen haben. Sie wollen kein Großkino mit riesiger Tiefgarage. Sie wollen auch nicht auf die letzte grüne Lunge in der Innenstadt von Schönstadt verzichten.

Die jugendlichen Filmfreaks werden kräftig von der Firma **Kinomax** unterstützt. Kinomax wirbt mit dem Argument, dass ein modernes Kinozentrum heutzutage zum Bild eines attraktiven Stadtzentrums gehört.

Der **Stadtrat von Schönstadt** muss entscheiden. Soll der Park entfernt und das Grundstück verkauft werden oder nicht? Einerseits bringt der Verkauf eine willkommene Summe Geld in die ziemlich leere Stadtkasse von Schönstadt. Andererseits nehmen Bürgermeister und Ratsmitglieder die Sorgen der Kinder, Jugendlichen und Eltern ernst, die für den Erhalt des Parks kämpfen. Was ist zu tun? Auf diese Frage sollt ihr in einem Planspiel eine Lösung finden.

Streit in Schönstadt

So oder so?

Blick auf Innenstadt, Park und Fußgängerzone; der rot umrandete Bereich müsste für Kino und Tiefgarage geopfert werden.

B Das sind eure Rollen im Planspiel

Für die Durchführung müsst ihr euch auf fünf Gruppen aufteilen.

Stadtrat von Schönstadt

Ihr müsst zusammentragen, welche Gründe für den Erhalt des Parks sprechen und welche für den Bau des Großkinos. In einer Versammlung mit allen Gruppen werdet ihr am Anfang eure Überlegungen vortragen, dann die verschiedenen Gruppen anhören und am Ende eine Entscheidung treffen. Ihr müsst mit allen Beteiligten höflich umgehen, weil ihr ja wiedergewählt werden wollt. Im Stadtrat müssen nicht alle einer Meinung sein, sondern ihr könnt nach der Mehrheit entscheiden.

Pro Kino

Geschäftsleitung der Firma Kinomax

Ihr wollt die Kinoanlage unbedingt bauen. Für euch kommt nur ein Standort im Zentrum infrage. Ihr bietet der Stadt für das Grundstück einen Preis von drei Millionen Euro. Ihr würdet die Stadt auch an den Einnahmen aus dem Parkhaus beteiligen. Versucht, die anderen Jugendlichen und die Eltern von den Vorzügen eines modernen Kinos zu überzeugen.

Jugendgruppe Filmfreaks

Ihr müsst möglichst viele gute Begründungen für den Bau eines modernen Großkinos zusammentragen. Ihr müsst versuchen, die gegnerischen Jugendlichen davon zu überzeugen, dass auch sie Vorteile von einem Kinoneubau haben. Die Einwände der Eltern und des Stadtrates gegen ein Kino müsst ihr mit guten Argumenten entkräften.

Kontra Kino

Bürgerinitiative „Rettet unseren Park"

Ihr seid Eltern von kleinen und großen Kindern, die auf keinen Fall auf Park und Freizeittreff in der Innenstadt verzichten wollen. Ihr seid der Meinung, dass es beim geplanten Kino wieder einmal nur um das Geld und gegen die Umwelt geht. Ihr müsst die Versammlung davon überzeugen, dass die letzte grüne Lunge im Zentrum der Stadt für alle Bewohner unbedingt erhalten werden muss.

Jugendgruppe Skaterkids

Ihr müsst mit vielen guten Begründungen verhindern, dass euer Park und eure Skateranlage zerstört werden. Ihr seid zwar keine Kinogegner, meint aber, dass ein neues Kino nicht an der Stelle des Parks gebaut werden darf. Erklärt den übrigen Teilnehmern auch, warum ein Park umweltfreundlicher ist als ein Kino mit Tiefgarage.

C So verläuft das Planspiel

Gruppe: …

Unser Ziel:

…

Unsere Argumente:

1. …
2. …
3. …

Erste Phase: Vorbereitung der gemeinsamen Versammlung

1. Bildet in der Klasse die fünf beteiligten Gruppen.
2. Schreibt in jeder Gruppe auf, wie eurer Ansicht nach die Lösung in diesem Streit aussehen soll.
3. Sucht nach möglichst vielen Argumenten, mit denen ihr in der Versammlung den Stadtrat und die übrigen Teilnehmer überzeugen wollt, und notiert sie.
4. Nehmt mit anderen Gruppen per Brief Kontakt auf, mit denen ihr euch vielleicht verbünden könnt oder denen ihr einen Vorschlag zu machen habt.
5. Einigt euch auf euer Vorgehen in der Versammlung und überlegt, wer welche Argumente vortragen wird.

Zweite Phase: Durchführung der Versammlung

1. Die Diskussionsleiterin bzw. der Diskussionsleiter eröffnet die Sitzung und begrüßt die Teilnehmer.
2. Der Stadtrat informiert die Versammlung über den Stand der Überlegungen.
3. Alle weiteren Gruppen tragen der Reihe nach ihre Ansichten vor.
4. Die Versammlung diskutiert.
5. Der Stadtrat zieht sich zur Beratung zurück.
6. Der Stadtrat teilt der Versammlung den Beschluss des Rates mit und begründet die Entscheidung.

Dritte Phase: Auswertung des Planspiels

Nach dem Ende des Spiels solltet ihr eine Auswertung anhand folgender Kriterien vornehmen: Qualität der Argumente, Vorgehensweisen der Gruppen, Qualität der Entscheidung, Vergleich mit der Wirklichkeit.
Sucht nach Antworten auf die folgenden Fragen:

1. Welche der Gruppen hatte in der Versammlung die überzeugendsten Argumente?
2. Welche der Gruppen hat sich taktisch am klügsten verhalten?
3. Wem nützt und wem schadet die Entscheidung, die der Rat der Stadt getroffen hat?
4. Wie kann man in der Wirklichkeit ein solches oder ein ähnliches Problem so lösen, dass möglichst viele Kinder, Jugendliche und Erwachsene an der Problemlösung mitwirken können?

D Demokratie in der Gemeinde

1 Welche Möglichkeiten der Wahl und welche weiteren Mitwirkungsmöglichkeiten werden im Text genannt? Notiere stichwortartig.

2 Warum werden Gemeinden oft als *Keimzelle der Demokratie* bezeichnet? Erkläre es.

3 Die Zeichnung zeigt die Demokratie als eine Baustelle, an der ständig gearbeitet werden muss. Versuche, diese Darstellung mit deinen Worten zu erklären.

Wahlen in der Gemeinde

Im Grundgesetz für die Bundesrepublik Deutschland steht, dass die Gemeinden alle Angelegenheiten, die das Zusammenleben in der örtlichen Gemeinschaft betreffen, selbst regeln dürfen. Zur Erfüllung dieser Aufgaben wählen die Bürgerinnen und Bürger in regelmäßigen Abständen ihren örtlichen Gemeinde- oder Stadtrat und in einer weiteren Wahl die Bürgermeisterin oder den Bürgermeister. In einigen Bundesländern können Jugendliche ab 16 Jahren an den Wahlen teilnehmen (zum Beispiel in Nordrhein-Westfalen), in anderen erst ab 18.
Einwohner sind alle, die in einer Gemeinde wohnen. Als Bürger wird bezeichnet, wer das Wahlrecht zu den Gemeindewahlen besitzt. Dazu gehören auch alle Ausländer, die aus einem der Mitgliedstaaten der Europäischen Union (EU) kommen. Sie haben in den Gemeinden ebenfalls das Recht zu wählen und gewählt zu werden. Das gleiche Recht haben Deutsche, wenn sie in einem Land der EU wohnen.
In Gemeinden ab einer bestimmten Größe wird ein *Integrationsrat* gewählt. An seiner Wahl nehmen diejenigen ausländischen Einwohner teil, die aus einem Land kommen, das nicht zur Europäischen Union gehört. Seine wichtigste Aufgabe besteht darin, das friedliche Miteinander der Menschen mit unterschiedlicher Herkunft in einer Gemeinde zu fördern.
In vielen Gemeinden haben Kinder und Jugendliche die Möglichkeit, ein Kinder- und Jugendparlament als ihre eigene Interessenvertretung zu wählen.

Weitere Mitwirkungsmöglichkeiten

Neben dem Recht zu wählen und gewählt zu werden, gibt es weitere Möglichkeiten zur politischen Beteiligung in der Gemeindepolitik. Alle Einwohner können sich mit Anfragen, Bitten und Beschwerden an die Verwaltung, den Gemeinderat oder den Bürgermeister wenden.
Sie können an *Einwohnerversammlungen* teilnehmen, in denen der Rat über die bedeutsamen Angelegenheiten in der Gemeinde informiert und zur Diskussion einlädt. Ab 14 kann man einen Einwohnerantrag stellen. Darin fordert man den Stadtrat dazu auf, sich mit einem bestimmten Thema zu beschäftigen.
Mit der Mehrheit von zwei Dritteln seiner Mitglieder kann der Gemeinderat einen *Bürgerentscheid* beschließen. Dann stimmen die Bürger einer Stadt direkt darüber ab, ob zum Beispiel eine neue Sporthalle gebaut werden soll oder nicht.
Viele Bewohner schließen sich auch einer örtlichen *Bürgerinitiative* an. In solchen Vereinigungen finden sich Menschen zusammen, die auf ein bestimmtes Ziel hinarbeiten und sich wieder auflösen, sobald sie ihr Ziel ganz oder wenigstens zum Teil erreicht haben.

Keimzelle der Demokratie

Weil Gemeinden im Vergleich zu Staaten eher klein sind, werden sie oft als Keimzelle der Demokratie* bezeichnet. Nirgendwo sonst in der Politik haben die Menschen so vielfältige Möglichkeiten zur demokratischen Beteiligung. Sie können Leserbriefe schreiben, Ratsmitglieder ansprechen, Spenden sammeln. Sie können sich für benachteiligte Gruppen einsetzen und Menschen unterstützen, die besondere Hilfe benötigen.

* Zum Begriff Demokratie findest du weitere Informationen im Glossar.

Kompetenzstationen

Demokratie in der Gemeinde

Station 1 – Politik in der Gemeinde: Was habe ich damit zu tun?

S M U H

Was muss eine Gemeinde leisten?
Viermal richtig – viermal falsch
Notiere nur die vier richtigen Antworten.

Im Rathaus einer Gemeinde wird entschieden,
1. welche öffentlichen Verkehrsmittel eingerichtet werden,
2. wer Mitglied des Landesparlamentes wird,
3. welche Artikel in der örtlichen Tageszeitung erscheinen,
4. wie die Müllabfuhr funktionieren soll,
5. ob städtische Theater, Museen oder Sportstätten gebaut werden,
6. welche Schulen in der Stadt renoviert werden,
7. wer Chef einer der großen Firmen in der Stadt wird,
8. wie Parkanlagen und Spielplätze in der Stadt gepflegt werden.

Station 2 – Sollen Kinder sich für Gemeindepolitik interessieren?

S M U H

Zur Frage, ob Kinder mitreden und mitmachen sollen in der Gemeindepolitik, gibt es unterschiedliche Ansichten.
Einige sagen: „Nein, das ist noch nichts für Kinder!“
Andere sagen: „Ja, viele Kinder sollen mitmachen!“

Hier kannst du deinen ganz persönlichen Standpunkt zu dieser Frage formulieren. Schreibe dazu einen kleinen Text, der auf folgende Fragen Antwort gibt:
1. Welcher Grund spricht dagegen, dass Kinder mitreden und mitmachen?
2. Welcher Grund spricht dafür?
3. Wie denkst du über diese Frage und wie begründest du deine Ansicht?

Station 3 – Was geschieht in einem Rathaus?

S M U H

Hier hat ein Karikaturist ein Problem dargestellt, mit dem viele gewählte Bürgermeister und Stadträte sich herumschlagen müssen. Beschreibe das Problem. Verwende in deiner Beschreibung die Begriffe (1) Haushaltsberatungen, (2) Wunschliste, (3) Sparen.

„Nein, Liebling, es ist nicht die Caritas, es ist der Oberbürgermeister“

Station 4 – Planspiel Demokratie in der Gemeinde

S M U H

Die folgenden Begriffe bezeichnen unterschiedliche Mitwirkungsmöglichkeiten in der Gemeindepolitik. Wie viele davon kannst du in je einem Satz erklären: eine, zwei, alle drei?

Bürgerentscheid

Bürgerinitiative

Einwohnerantrag

7 Grundlagen des Wirtschaftens

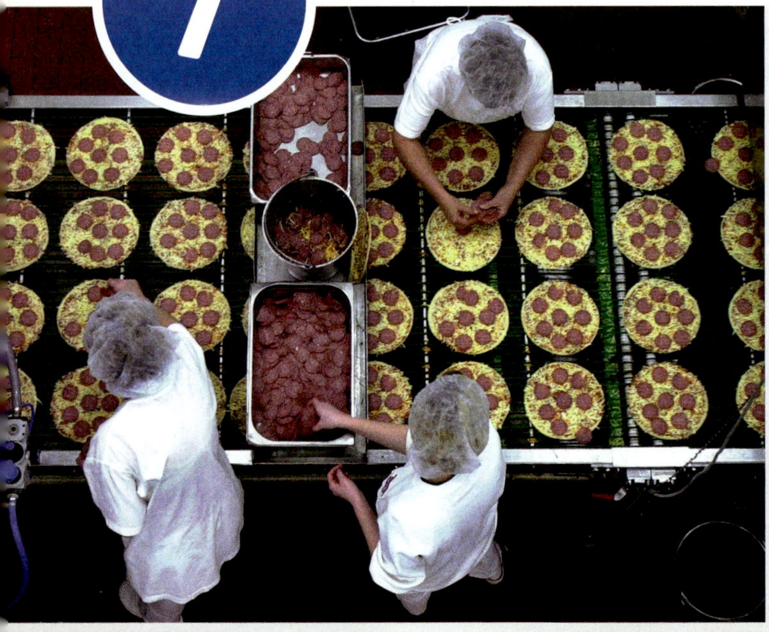

Wir untersuchen die Bedeutung der Wirtschaft für unseren Alltag

1. Allein nachdenken

Alle Fotos haben etwas mit Wirtschaft zu tun. Beschreibe, welche Tätigkeiten Menschen in den dargestellten Situationen ausüben.

2. Zu zweit beraten

Welche weiteren wirtschaftlichen Tätigkeiten fallen euch ein?

3. In der Klasse sammeln

Warum sollten sich Schülerinnen und Schüler in wirtschaftlichen Fragen auskennen?

Im Verlauf dieses Kapitels könnt ihr …

- die Bedeutung der Wirtschaft in eurem Alltag beschreiben,
- das Grundprinzip wirtschaftlichen Handelns erklären und anwenden,
- erläutern, welche Arten von Bedürfnissen es gibt,
- begründen, warum sich Politiker intensiv um wirtschaftliche Probleme kümmern.

Eigene Schwerpunkte könnt ihr setzen, indem ihr …

- Eltern oder andere Menschen in eurer Umgebung nach ihren Bedürfnissen befragt,
- in der Rolle von Politikern diskutiert und eine Entscheidung trefft.

Detektivaufgabe für das ganze Kapitel:
Finde heraus, was Max beim Einkaufen vergisst.

1 Was habe ich mit Wirtschaft zu tun?

Wir ermitteln Merkmale guten Wirtschaftens

A Wirtschaft im Alltag

1

2

3

4

5

1 Alle Zeichnungen zeigen Situationen, die etwas mit Wirtschaft zu tun haben. Beschreibe sie.

2 Wähle ein oder zwei der Zeichnungen aus und verfasse dazu eine kleine Geschichte. Stellt sie euch gegenseitig vor.

3 Sammelt gemeinsam weitere Situationen, in denen ihr und eure Familie mit Wirtschaft zu tun habt.

Was auch noch interessant sein kann:

- aufschreiben, was du gestern gemacht hast, und prüfen, welche Tätigkeit etwas mit Wirtschaft zu tun hat

Der Fall: Vom Eichhörnchen lernen

Eichhörnchen sind niedliche Tiere. Im Spätsommer und Herbst können wir sie besonders häufig in Parks beobachten. Für sie ist jetzt ihr Tisch reich gedeckt, weil es Früchte und Nüsse im Überfluss gibt. Besonders gerne sammeln sie unter großen, alten Bäumen, denn dort finden sie leicht und ohne Anstrengung, was sie suchen. Sie könnten sich jetzt jeden Tag so richtig den Bauch vollschlagen – doch darauf verzichten sie. Stattdessen legen sie sich einen Vorrat für den Winter an und sorgen damit vor. Ihre „gesparten" Nüsse legen sie in verschiedenen Verstecken ab. Wenn im Winter die Nahrung knapp wird, suchen sie ihre Verstecke auf und versorgen sich mit den Nüssen, die sie in Zeiten des Überflusses gespart haben. So können sie auch dann überleben, wenn sie eines der Verstecke nicht wiederfinden. Die Eichhörnchen leben von den Schätzen der Natur, doch sie schädigen sie nicht.

Merkmale guten Wirtschaftens

Sehr vieles, was ihr den Tag über macht, hat mit Wirtschaft zu tun: wenn ihr euch Werbung anschaut oder einkaufen geht, wenn ihr in den Urlaub fahrt, wenn ihr Geld spart oder auf dem Flohmarkt altes Spielzeug verkauft. Wer sich in solchen Situationen klug verhalten will, muss sich auskennen. Das ging schon den ersten Menschen auf der Erde nicht anders. Sie mussten in wirtschaftlichen Fragen fit sein – sonst hätten sie nicht überlebt. Essen, Trinkwasser, ein Dach über dem Kopf und Kleidung zum Schutz gegen Regen und Kälte – für alles mussten sie sorgen, an alles denken. Dafür mussten sie lernen, gut zu wirtschaften: also zu planen, zu organisieren, für schwierige Zeiten vorzusorgen, sich die Vorräte einzuteilen und erfinderisch zu sein, um sich die schwere Arbeit zu erleichtern. Schon früh erkannten sie, dass der sorgsame Umgang mit der Natur, den mühsam hergestellten Produkten und der menschlichen Arbeitskraft ein Grundprinzip des guten Wirtschaftens ist.

Nichts anderes meinen wir, wenn wir heute sagen, jemand kann mit seinem Geld und seinen Mitteln haushalten. Das griechische Wort für Haushalt heißt „Oikos". Deshalb wird Wirtschaft häufig auch als Ökonomie bezeichnet. Auch du wirtschaftest, wenn du dir zum Beispiel dein Taschengeld einteilst, kein Geld für Unnötiges verschwendest, für unerwartete Ausgaben sparst, größere Anschaffungen planst oder Preise vor dem Einkaufen vergleichst.

1 Warum mussten sich bereits die ersten Menschen in wirtschaftlichen Fragen gut auskennen? Erkläre es.

2 Arbeite aus dem Text heraus, welche Tätigkeiten zum guten Wirtschaften gehören.

3 Auch das Eichhörnchen wirtschaftet. Überlege, welche menschlichen Tätigkeiten sich auf das Beispiel des Eichhörnchens übertragen lassen.

Beispiel: gutes Wirtschaften

Mensch	Eichhörnchen
sich das Geld einteilen	nicht alle Nüsse auf einmal essen

B Wirtschaft

1 Was versteht man unter Wirtschaft? Erkläre den Begriff anhand von Beispielen.

2 Erläutere das ökonomische Prinzip. Benutze dazu auch das Schaubild.

3 Einmal angenommen, deine Mutter schickt dich zum Getränkekaufen.
a) Du sollst einen Kasten Limonade kaufen.
b) Du bekommst zehn Euro, um Limonade zu kaufen.
Wie verhältst du dich in den beiden Fällen nach dem ökonomischen Prinzip? Begründe deine Vorgehensweise.

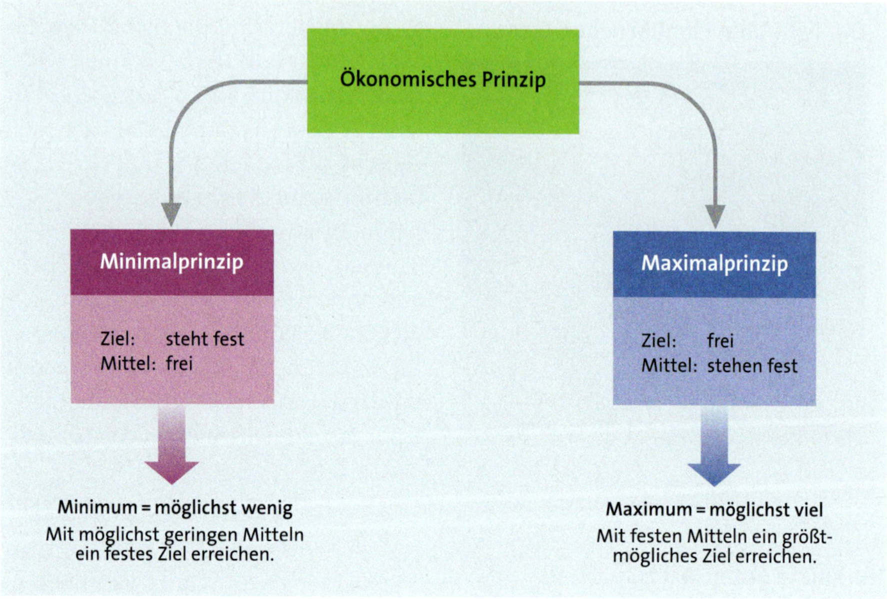

Wirtschaft* – was ist das?

Um leben zu können, brauchen wir viele Dinge: Essen, Getränke oder Kleidung etwa. Doch allein damit sind die meisten von uns nicht zufrieden. Wir möchten uns das Leben so angenehm wie möglich gestalten und uns möglichst viele Wünsche erfüllen. Damit wir das können, muss eine Menge organisiert werden. Wir brauchen Fabriken, in denen Produkte hergestellt werden, Lkws und Züge, um die Waren zu transportieren, und Geschäfte, in denen sie verkauft werden. Unternehmen werben, damit Kunden ihre Produkte kaufen. Erwachsene müssen eine Arbeit finden, um Geld zu verdienen. Das alles ist Aufgabe der Wirtschaft. Als Wirtschaft bezeichnen wir alle Tätigkeiten, die sich mit der Herstellung, der Verteilung und dem Verbrauch von all den Dingen beschäftigen, die wir zum täglichen Leben brauchen.

Das ökonomische Prinzip

Zu den wichtigsten Merkmalen guten Wirtschaftens gehört Sparsamkeit. Das bedeutet, dass man weder Geld noch Zeit noch Materialien verschwendet, sondern darauf achtet, für diese eine möglichst hohe Gegenleistung zu bekommen. Dabei können wir zwischen zwei Möglichkeiten wählen.
Einmal angenommen, du möchtest dir einen neuen Fahrradhelm kaufen. Dann kannst du versuchen, den Helm so billig wie möglich zu kaufen. Es ist dabei sinnvoll, vor dem Einkaufen die Preise zu vergleichen, um herauszufinden, wo dein Wunschmodell am billigsten angeboten wird. Du versuchst also, ein festes Ziel (den Fahrradhelm) mit einem Minimum an Geld zu verwirklichen. Du handelst in diesem Fall nach dem **Minimalprinzip**. Unternehmen wenden das Minimalprinzip an, indem sie zum Beispiel bei der Herstellung von Waren versuchen, möglichst wenig Rohstoffe, Arbeitskräfte oder Energie zu verbrauchen.
Eine zweite Möglichkeit besteht darin, dass du dir vornimmst, für den Fahrradhelm nicht mehr als 60 Euro auszugeben. Du versuchst dafür die bestmögliche Ware zu bekommen. Zum Beispiel kannst du auf eine möglichst gute Qualität achten. Wenn du feststellst, dass mehrere Fahrradhelme zu diesem Preis angeboten werden, ist es sinnvoll, das Modell mit der *besten Qualität* zu wählen. Du versuchst also mit einem vorgegebenen Betrag möglichst viel Gegenleistung zu bekommen, also einen maximalen Nutzen zu haben. In diesem Fall handelst du nach dem **Maximalprinzip**. Das wendest du auch an, wenn du versuchst, für dein Geld möglichst umweltbewusst hergestellte Produkte zu kaufen, etwa Bio-Lebensmittel.
Beide Prinzipien zusammen nennt man das Prinzip der Wirtschaftlichkeit oder das ökonomische Prinzip.

* Zum Begriff Wirtschaft findest du weitere Informationen im Glossar.

Aktiv lernen

C Ist das klug gewirtschaftet? Wir beurteilen Fallbeispiele

Euer Auftrag:

1. Entscheide für jedes Beispiel, ob die Person klug gewirtschaftet hat. Achte darauf, deine Entscheidungen zu begründen.
2. Sucht euch einen Partner und vergleicht eure Ergebnisse.
3. Stellt die Ergebnisse in der Klasse vor.

1. Max geht gerne im Supermarkt einkaufen, doch leider vergisst er immer wieder einen Einkaufskorb oder eine Tasche mitzunehmen. Stattdessen nimmt er Plastiktüten. „Kostet doch fast nichts!", meint er.

Klug gewirtschaftet?
Ja, weil …
Nein, weil …

2. Mehmet liebt Hamburger. Eigentlich möchte Mehmet einen kleinen Hamburger zu 1,50 Euro essen, weil er nicht so großen Hunger hat. Doch dann bestellt er doch das XXL-Menü zu 5,90 Euro, obwohl er es nicht ganz aufessen kann.

Klug gewirtschaftet?
Ja, weil …
Nein, weil …

3. Leila braucht unbedingt einen neuen Wintermantel. Bereits im September schaut sie sich in Läden nach geeigneten Modellen um. Doch sie wartet mit dem Kauf bis Ende Januar – dann bekommt sie den Mantel zum deutlich günstigeren Preis.

Klug gewirtschaftet?
Ja, weil …
Nein, weil …

4. Herr Gerstner hat sein Auto abgeschafft. Wenn er doch einmal ein Fahrzeug braucht, nutzt er ein Auto, das er sich mit mehreren Leuten teilt. Das nennt man Carsharing.

Klug gewirtschaftet?
Ja, weil …
Nein, weil …

5. Die Erdbeeren, die im Februar im Supermarkt angeboten werden, sehen verführerisch aus. Trotzdem verzichtet Frau Elsner – und wartet, bis die heimischen Erdbeeren reif sind. Die schmecken viel besser, kommen aus der Umgebung und müssen nicht Tausende von Kilometern transportiert werden.

Klug gewirtschaftet?
Ja, weil …
Nein, weil …

6. Paul gilt in der Familie als Schnäppchenjäger. Heute hat er gleich 10 kg Bananen ergattert. „Die waren unglaublich billig. So ein tolles Sonderangebot habe ich noch nie gesehen", strahlt er.

Klug gewirtschaftet?
Ja, weil …
Nein, weil …

2 Das Grundproblem: Von allem gibt es immer zu wenig

Wir entscheiden, was wir zum Leben brauchen

Eine Einstiegsübung für alle:
- Notiere alle persönlichen Wünsche, die dir spontan einfallen.
- Wie wahrscheinlich ist es, dass du alle Wünsche in den nächsten Wochen erfüllen kannst: sehr wahrscheinlich, eher wahrscheinlich, nicht wahrscheinlich?

Schwimmen und/oder …

shoppen und/oder …

chillen mit Freunden?

A Der Fall: Ella hat ein Problem

Jede Woche besucht sie einmal den Klarinettenunterricht und dreimal das Basketballtraining. Als Schülerin muss sie Hausaufgaben machen. Hin und wieder soll sie im Haushalt helfen. Schließlich braucht sie Zeit zum Chillen, zum Chatten, zum Shoppen und um sich mit Freunden zu treffen. Sie würde gerne zusätzlich noch Saxophon lernen, Gesangsstunden nehmen, bei einer Musicalaufführung mitmachen, regelmäßig reiten, schwimmen und öfter ausschlafen.
Ella bräuchte für ihr Wunschprogramm doppelt so viel Zeit, wie sie hat. Auch mehr Geld wäre nötig, denn Reitstunden sind nicht umsonst. Und ein Chauffeur wäre nicht schlecht, der sie schnell zu ihren Termin bringt.
Meistens sind die Wünsche einer Person größer als ihre Fähigkeiten und Mittel, diese zu erfüllen. Knappheit nennen das die Leute, die sich mit Wirtschaft wissenschaftlich befassen.
Meine Tochter hat also genau dieses Knappheitsproblem. Alle Menschen wollen immer mehr von irgendetwas: mehr Zeit, mehr Schnitzel, mehr Cola, mehr Autos, mehr Gesundheit, mehr Liebe, mehr Benzin, mehr saubere Luft, mehr Ferien, mehr Tickets für das Champions-League-Finale oder mehr Schokolade. Wie dieses Problem meiner Tochter und all ihrer Mitmenschen am besten gelöst oder zumindest behandelt werden kann, davon handelt die Wirtschaft.

(Aus: Winand von Petersdorff: Das Geld reicht nie, Frankfurt, 2013, S. 9f.)

1 Welches Problem hat Ella? Beschreibe es.

2 Erkläre, was Ellas Problem mit dem Thema Wirtschaft zu tun hat.

B Knappheit zwingt zu Entscheidungen

Im folgenden Text geht es ebenfalls um Wünsche. Wünsche, die man sich unbedingt erfüllen möchte, nennt man Bedürfnisse. Wenn man mehrere Bedürfnisse hat, muss man sich entscheiden – denn alle auf einmal zu erfüllen, ist nicht möglich. Eine solche Entscheidung könnt ihr in der Klasse nachspielen.

Bedürfnisse

- *Zeit für sich selbst haben*
- *sich bewegen*
- *mit Freunden zusammen zu sein*
- *sich unterhalten*
- *etwas Aufregendes erleben*
- *sich etwas Besonderes gönnen*
- *spielen*
- *chillen*
- *essen und trinken*

Diskussion über den Klassenausflug

Schon seit vielen Wochen freut ihr euch auf euren Schulausflug. Er soll in eine große Stadt führen. Da ihr beim letzten Schulfest Kuchen verkauft habt, befindet sich in der Klassenkasse ein stattlicher Überschuss, den ihr für diesen Ausflug verwenden wollt. Nächsten Freitag soll es endlich losgehen. Der Wetterbericht hat strahlend schönes Sommerwetter angekündigt. Am Vormittag wollt ihr das neue Mitmach-Museum besuchen, die Führung wird ungefähr bis ein Uhr mittags dauern. Bis der Bus zurückfährt, habt ihr dann noch drei Stunden Zeit. Einige Eltern haben sich bereit erklärt, euch zu begleiten und die Aufsichtspflicht zu übernehmen. So könnt ihr euch in verschiedene Gruppen aufteilen, die ganz unterschiedliche Dinge unternehmen. Was wollt ihr mit eurer freien Zeit anfangen? Mit Freunden Karten spielen oder euch einfach nur ausruhen und quatschen, lieber ins Kino gehen, shoppen, etwas besichtigen, Fußball in einem Park spielen oder eher ins Schwimmbad gehen? Ihr sollt nun über eure Bedürfnisse reden und einen Programmvorschlag für die drei freien Stunden entwickeln.

1 Wie sieht euer Programm für die freie Zeit aus? Formuliert einen Vorschlag für die drei freien Stunden. (Das geht auch in Gruppen.)

2 Die Knappheit von Zeit und Geld zwingt dazu, Entscheidungen zu treffen – und das bedeutet auch, stets auf etwas zu verzichten. Erläutert diese Aussage an einem Beispiel.

C Bedürfnisse

1 Nenne vier verschiedene Arten von Bedürfnissen und dazu jeweils ein Beispiel.

2 Wie kommt es, dass Menschen unterschiedliche Bedürfnisse haben? Erläutere die verschiedenen Einflüsse.

3 „Meine Bedürfnisse" – Verfasse dazu einen Text, in dem du aufschreibst, welche deiner persönlichen Bedürfnisse sich mit Geld verwirklichen lassen und welche nicht. (Beachte dazu auch die Abbildung.)

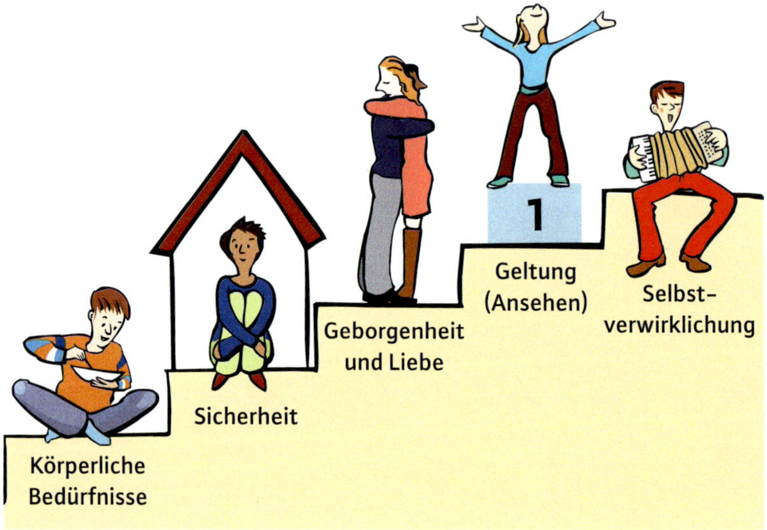

Arten von Bedürfnissen

Menschen haben unterschiedliche Bedürfnisse. So braucht jeder Mensch Essen und Trinken, Kleidung und ein Dach über dem Kopf. Weil diese Bedürfnisse überlebenswichtig sind, spricht man von *Grundbedürfnissen*. Daneben gibt es Dinge, die wir zwar nicht zum Überleben brauchen, die aber unser Leben sehr viel angenehmer und leichter machen: zum Beispiel Autos, Schmuck, Fernseher, Parfüm, Reisen. Diese Art von Bedürfnissen nennt man *Konsum-* oder *Luxusbedürfnisse*.

Sicherlich verspürt ihr auch manchmal das Bedürfnis, Musik zu hören oder einen Film im Kino anzuschauen. In diesen Fällen befriedigt ihr *kulturelle Bedürfnisse*. Das sind Bedürfnisse nach Unterhaltung und Bildung. Nicht alle Bedürfnisse lassen sich mit Geld stillen. Mit unseren Bedürfnissen nach Zuwendung oder Freundschaft können wir nicht einfach in das nächste Kaufhaus gehen. Gerade deswegen kann es manchmal schwierig sein, solche Bedürfnisse zu befriedigen. Diese Art von Bedürfnissen nennt man *soziale Bedürfnisse*.

Die Reihenfolge der Bedürfnisse

Der amerikanische Wissenschaftler Abraham Maslow hat die verschiedenen Bedürfnisse in eine Reihenfolge gebracht. So muss jeder Mensch zunächst alle Kraft und Zeit darauf richten, seine Grundbedürfnisse zu befriedigen. Erst wenn wir satt sind und nicht mehr durstig, können wir nach und nach die nächsten Stufen der Bedürfnisse erklimmen. Dann empfinden wir zum Beispiel das Bedürfnis nach einer Wohnung und nach Arbeit, um damit unser Bedürfnis nach Sicherheit zu stillen.

Unterschiede von Mensch zu Mensch?

Manche Bedürfnisse sind von Mensch zu Mensch verschieden. Sie werden beeinflusst

- vom Lebensalter: Ein 13-jähriges Mädchen möchte am Wochenende in einen Freizeitpark, während seine Eltern vielleicht lieber eine Radtour unternehmen.
- von den geografischen Verhältnissen: Ein Jugendlicher in Afrika hat manchmal andere Bedürfnisse als ein deutscher Jugendlicher.
- von der Kultur und Religion: Bewohner einer Südseeinsel kleiden und ernähren sich anders als zum Beispiel Menschen in Ägypten.
- von äußeren Einflüssen: Was die Familie, Verwandte und Freunde denken, ist den meisten Menschen sehr wichtig. Sie orientieren sich in ihren Wünschen und Bedürfnissen an ihnen: Was sie haben, möchte man auch selbst gerne besitzen.
- von der Werbung: Sie hat zum Ziel, Bedürfnisse gezielt zu beeinflussen und Wünsche nach ganz bestimmten Produkten zu wecken.

Aktiv lernen

S M U H

D Wir entscheiden, was wir wirklich zum Leben brauchen

	nehme ich mit	für welche Bedürfnisse?
1. Zahnbürste		
2. Duschgel		
3. Spielkonsole		
4. Bikini/Badehose		
5. Schlafsack		
6. Kopfkissen		
7. Feuerzeug		
8. Trinkwasser		
9. Schuhe		
10. Lebensmittel		
11. Taschenlampe		
12. Bücher		
13. Haarbürste		
14. Sonnenschutzmittel		
15. Schreibzeug		
16. Foto		
17. Windjacke		
18. Jeans		
19. Unterwäsche		
20. Seekarte		
21. Taschenmesser		
22. Gaskocher		
23. Handtücher		
24. Batterien		
25. Handy		
26. Spielkarten		
27. Schreibblock		
28. Wecker		
29. Foto meiner Familie		
30. Heftpflaster		
31. Zahnpasta		
32. Wasser		
33. Uhr		
34. Föhn		
35. Poster meiner Lieblingsstars		
36. Strümpfe		
37. T-Shirts		
38. Sonnenbrille		
39. Pullover		
40. Süßigkeiten		

Grundbedürfnisse

Konsum- und Luxusbedürfnisse

Kulturelle Bedürfnisse

Soziale Bedürfnisse

Stellt euch vor, ihr nehmt an einer 14-tägigen Schiffsreise teil. Das Segelschiff wird euch mit der Mannschaft zur Verfügung gestellt. Alles, was ihr zum Leben braucht, müsst ihr mitnehmen. An Bord gibt es keinen Strom. Der Platz an Bord ist sehr begrenzt. Deswegen könnt ihr insgesamt nur 20 Gepäckstücke mitnehmen. Worauf könnt ihr verzichten? Was braucht ihr wirklich zum Leben?

Euer Auftrag:

1. Entscheidet euch in Einzelarbeit für die 20 Gegenstände, die ihr für wichtig haltet.
2. Tauscht euch dann mit einem Partner aus und einigt euch auf eine gemeinsame Liste.
3. Ordnet eure ausgewählten Gegenstände den vier Bedürfnisarten zu und stellt eure Liste in der Klasse vor.
4. Welche Bedürfnisse verlieren in Notsituationen ihre Bedeutung? Redet darüber in der Klasse.

E Wirtschaftsgüter befriedigen viele Bedürfnisse: das Beispiel Pommes frites

Eine Einstiegsübung für alle:
Wie stellst du dir den Weg einer Kartoffel bis zur tiefgekühlten Pommes frites vor? Beschreibe Stationen auf ihrem Weg.

Was sind Güter?

Um unsere Bedürfnisse nach Essen und Trinken, nach Kleidung und einem Dach über dem Kopf zu befriedigen, brauchen wir Güter. Wir verstehen darunter die Mittel, die erforderlich sind, um Bedürfnisse zu befriedigen.

Freie Güter sind umsonst

An einem Strand, wie er auf dem Foto zu sehen ist, habt ihr vielleicht das Bedürfnis, eine Sandburg zu bauen. Die Mittel dazu sind Sand und Wasser. Kein Problem: Beides steht euch im Überfluss zur Verfügung und kostet nichts. Daher sind Sand und Wasser am Strand *freie Güter*.

Wie kann man Wirtschaftsgüter einteilen?

Die meisten Güter, die wir zum Leben brauchen, kosten allerdings Geld. Güter, die Geld kosten, werden als *Wirtschaftsgüter* bezeichnet. Wenn man sich zum Beispiel eine Portion Pommes frites kauft, erwirbt man ein Wirtschaftsgut, weil man dafür bezahlen muss. Um die knusprig frittierten Kartoffelstäbchen herzustellen, muss man arbeiten. Das trifft für alle Wirtschaftsgüter zu, egal, ob es sich um Nahrungsmittel, T-Shirts oder Fahrräder handelt. Insgesamt bilden die Wirtschaftsgüter eine riesige Gruppe sehr verschiedener Dinge. Daher hat man sie eingeteilt, um sie besser unterscheiden zu können.

Sachgüter

Was braucht man zum Beispiel zur Herstellung von Pommes frites? Natürlich zunächst einmal Kartoffeln. Kartoffeln sind ein Rohstoff. Weil sie Geld kosten, sind sie ein Wirtschaftsgut. Rohstoffe werden meist verarbeitet, um sie zu einem nützlichen Gut zu machen. Bei der Herstellung von Pommes frites werden Kartoffeln in Fabriken mithilfe von vielen Maschinen gesäubert, getrocknet und in riesigen Fritteusen in Pflanzenfett frittiert. Danach werden sie verpackt, in Kühlhäusern gelagert und zu den Käufern transportiert. Zur Herstellung von Pommes frites braucht man viele Sachen, alle zusammen werden als *Sachgüter* bezeichnet. Weil die fertigen Pommes nach der Herstellung gegessen, also konsumiert werden, bezeichnet man diese Art von Gütern als *Konsumgüter*. Dazu zählen zum Beispiel auch Messer und Gabel, die man vielleicht zum Essen der Pommes benutzt. Konsumgüter sind also Sachen, die man benutzt, um ein Bedürfnis zu befriedigen. Die vielen Maschinen, die zur Herstellung der Pommes nötig waren, werden als *Produktionsgüter* bezeichnet.

Sand, Luft und Wasser kosten am Strand nichts und sind freie Güter; Strandkörbe kosten Geld und sind Wirtschaftsgüter.

Dienstleistungen

Wir benötigen auch noch Güter zum Leben, die keine Sachen sind. Zum Beispiel braucht man einen Fahrer, der die verpackten Pommes frites zu den Verkaufsstellen transportiert. Fahrerinnen und Fahrer werden für ihre Arbeit bezahlt. Daher stellt auch ihre Arbeit ein Wirtschaftsgut dar. Alle Güter, die daraus bestehen, dass Menschen anderen Menschen einen Dienst erweisen, werden *Dienstleistungen* genannt. Dazu gehört die Leistung von Köchen und Kellnern, die Pommes frites in Restaurants zubereiten und servieren, aber auch die Leistungen von Friseuren, Ärzten, Lehrern, Bankangestellten und vielen anderen, die in Dienstleistungsberufen tätig sind.

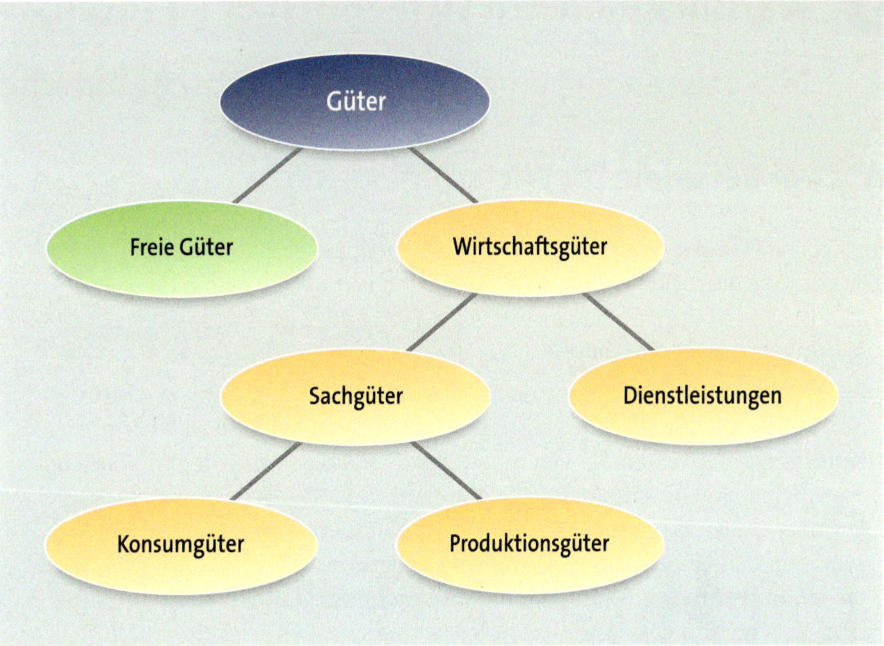

Julia benutzt die unterschiedlichsten Güter

A Zum Frühstück isst Julia wie jeden Morgen **Müsli**.

B Danach packt sie ein **Frühstücksbrot** und die für den Tag benötigten **Schulbücher** in ihre Tasche.

C Als sie aus dem Haus tritt, freut sie sich über die Sonne und atmet tief die **frische Luft** ein, jetzt erst wird sie richtig wach.

D Der **Busfahrer im Schulbus** bringt sie und andere Kinder sicher zur Schule.

E Im Kunstunterricht stellt sie mithilfe eines **Keramikofens** ihre selbst glasierte **Blumenvase** fertig.

F Um vier Uhr holt sie ihre Mutter ab, die als **Bankkauffrau** in einer großen Bank arbeitet.

G Anschließend geht sie zusammen mit ihrer Mutter zum **Friseur** und lässt sich die Haare schneiden.

H Zu Hause angekommen, benutzen Mutter und Tochter eine **elektrische Küchenmaschine**, um Saft aus den Früchten zu pressen.

I Nach dem Abendessen schalten sie und ihre Mutter noch für eine Stunde den **Fernseher** ein.

Güter	Güterart
A Müsli	Wirtschaftsgut Sachgut Konsumgut
…	…

1 Welche verschiedenen Güter werden benötigt, um Pommes frites industriell herzustellen? Nenne sie.

2 Vergleicht eure Ergebnisse mit einem Partner und erklärt euch abwechselnd in eigenen Worten jeden im Schaubild genannten Begriff.

3 Welche Güterarten nutzt Julia den Tag über? Legt dazu eine Tabelle an und tragt die passenden Güterarten ein.

3 Warum kümmern sich Politiker so intensiv um Wirtschaft?

Diskutieren und eine wirtschaftspolitische Entscheidung treffen

A Zwei Beispiele für Wirtschaftsgesetze

Im Folgenden findet ihr zwei Beispiele für Wirtschaftsgesetze.
Teilt euch die Bearbeitung zu zweit auf und informiert euch gegenseitig.

1. Preisabsprachen verboten!

Elf große Firmen, die Schokolade herstellen, wurden in einem Gerichtsurteil zu 60 Millionen Euro Strafe verurteilt. Der Grund: Sie hatten sich heimlich getroffen und miteinander vereinbart, ihre Schokolade zu einem hohen Preis anzubieten. Solche Absprachen sind in Deutschland gesetzlich verboten. Politiker wollen damit Verhaltensweisen verhindern, die den Wettbewerb zwischen den Unternehmen verhindern. Warum ist Wettbewerb so wichtig? Bei freiem Wettbewerb kämpfen die Unternehmen gegeneinander um Kunden. Sie sind also gezwungen, ständig Neuheiten zu entwickeln und ihre Produkte zu günstigen Preisen anzubieten. Sonst kauft der Kunde sofort das Produkt eines Konkurrenten.

2. Wer arbeitet, hat Recht auf einen Mindestlohn

Seit 2015 bekommt fast jeder Beschäftigte in Deutschland mindestens 8,50 Euro Lohn pro Stunde Arbeitszeit. Vorher gab es viele Menschen, die zwar den ganzen Tag arbeiteten, aber so wenig Lohn bekamen, dass sie oft davon nicht leben konnten. Das war zum Beispiel bei vielen Friseurinnen der Fall. Nach langer Diskussion verabschiedete der Deutsche Bundestag deshalb ein Gesetz, das vorschreibt, wie viel Beschäftigte mindestens in der Stunde verdienen müssen. Obwohl man auch vom gesetzlichen Mindestlohn nicht üppig leben kann, bekommen nun viele Beschäftigte deutlich mehr Lohn als vorher. Unternehmen beklagen jedoch die stark gestiegenen Lohnkosten und fürchten, dass Arbeitsplätze gefährdet werden.

1 Stelle deinem Partner das von dir gewählte Beispiel vor. Antworte dabei auf folgende Fragen: Was ist der Inhalt der Regelung? Warum wurde das Gesetz beschlossen?

2 Überlegt gemeinsam: Wem nützen die Gesetze? Wem schaden sie eher?

3 War es richtig, dass sich die Politiker um diese Probleme gekümmert haben? Oder eher nicht? Berücksichtigt dabei, welche Folgen es hätte, wenn die Politik nicht eingreifen würde.

B Wirtschaft und Politik

1 Nenne mindestens fünf Beispiele von staatlichen Maßnahmen, mit denen die Politik in die Wirtschaft eingreift.

2 Erläutere in einem kurzen Text die Zwischenüberschriften auf dieser Seite.

3 Führende Politiker kümmern sich intensiv um die Wirtschaft. Überlege, warum Wirtschaftspolitik so wichtig für den Erfolg einer Regierung ist.

Spitzenpolitiker suchen häufig das Gespräch mit der Wirtschaft, hier zum Beispiel Bundeskanzlerin Angela Merkel mit einem Mitarbeiter einer Maschinenfabrik.

Das Verbot von Preisabsprachen und die Einführung des Mindestlohns sind nur zwei von zahlreichen Gesetzen, die für die Wirtschaft gelten. So ist in Deutschland bis auf wenige Ausnahmen Kinderarbeit verboten. Auch für Auszubildende gelten besondere Schutzbestimmungen. Warum mischt sich die Politik überhaupt in die Wirtschaft ein? Dafür gibt es mehrere Gründe.

Regeln in der Wirtschaft

Ohne Regeln geht es nicht. Das gilt für die Wirtschaft genauso wie für die Schule oder den Sport. Sie stellen sicher, dass alle Beteiligten in der Wirtschaft fair miteinander umgehen, dass sich jeder auf den anderen verlassen kann. So muss zum Beispiel ein Kaufmann sicher sein, dass jeder Kunde seine Ware bezahlt. Sonst hätte er in kürzester Zeit selbst kein Geld mehr. Umgekehrt muss jeder Kunde sicher sein, dass der Kaufmann ehrlich ist und für seine Ware nicht mehr verlangt, als vereinbart war. Die erforderlichen Regeln dazu werden vom Staat* in Form von Gesetzen gestaltet.

Schutz der Schwachen

In der Wirtschaft herrscht harter Wettbewerb, in dem nur Leistung zählt. Nicht so leistungsfähige Menschen werden oft an den Rand gedrängt oder finden vielleicht gar nicht erst eine Arbeit. Der Staat schützt sie vor Ausbeutung und unterstützt sie in Notsituationen mit Geld. Auch berufstätige Mütter werden oft benachteiligt, weil sie zeitlich eingeschränkt sind. Der Staat setzt sich deshalb besonders für sie ein, etwa indem er Kündigungen nach der Elternzeit verbietet oder Müttern ein Recht auf Teilzeitarbeit garantiert.

Sicherung von Arbeitsplätzen

Die Politik hat großes Interesse daran, dass Unternehmen erfolgreich sind. Nur dann können neue Arbeitsplätze geschaffen und bestehende gesichert werden. Der Staat fördert deshalb zum Beispiel auch die Gründung neuer Firmen. In Krisenzeiten müssen Unternehmen manchmal weniger Steuern zahlen oder bekommen Unterstützung, damit sie ihre Beschäftigten nicht entlassen müssen.

Umweltschutz und Wirtschaft*

Wenn Unternehmen produzieren, können manchmal Umweltschäden entstehen, unter denen alle zu leiden haben. Der Schutz der Umwelt durch Gesetze ist deshalb eine Aufgabe des Staates.
Politik soll dazu beitragen, dass möglichst viele Menschen gut leben können. Deshalb kümmert sie sich um all diese Aufgaben. Doch gibt es immer wieder Streit darüber, wie sehr und mit welchen Maßnahmen der Staat in die Wirtschaft eingreifen soll. Manche Leute meinen, er solle sich noch stärker einmischen. Andere denken, der Wirtschaft ginge es besser, wenn er sich mehr heraushalten würde.

* Zu den Begriffen Staat, Umweltschutz und Wirtschaft findest du weitere Informationen im Glossar.

S M U H

C Wir diskutieren: Sollen ungesunde Lebensmittel deutlich teurer werden?

Wirtschaftspolitische Entscheidungen bekommen wir oft direkt im Alltag zu spüren. Das ist auch bei dem Thema dieser Doppelseite der Fall. Deshalb trägt die Politik eine besondere Verantwortung. Ihr sollt in dieser Stunde die Rollen von Politikerinnen und Politikern einnehmen und aus ihrer Sicht diskutieren. Wie würdet ihr entscheiden?

So könnt ihr vorgehen:

1. Lies zunächst die Materialien auf dieser Doppelseite.
2. Ordne die Aussagen im Kasten in Argumente, die für und gegen den Vorschlag sprechen.
3. Bilde dir ein Urteil. Tauscht euch anschließend darüber in Gruppen aus.
4. Stellt eure Arbeitsergebnisse in der Klasse vor.
5. Diskutiert nun wie Politiker. Wie im Bundestag könnt ihr abschließend über die Diskussionsfrage abstimmen.

Worum geht es?

Wie in anderen Industrieländern werden auch in Deutschland die Menschen immer dicker. Zwei von drei Männern und jede zweite Frau sind bereits übergewichtig. Auch immer mehr Kinder sind davon betroffen. Wissenschaftler sind davon überzeugt, dass der häufige Verzehr von Fastfood und süßen Getränken eine wichtige Ursache ist.

So machen es andere Länder

Dänemark hat bereits 2011 eine Sondersteuer auf besonders fetthaltige Lebensmittel eingeführt. Weil jedoch die Verwaltungskosten sehr hoch waren und man keine Erfolge sah, wurde sie inzwischen wieder abgeschafft. Im selben Jahr hat Frankreich die „Cola-Steuer“ auf alle süßen Getränke eingeführt. Auch in Ungarn und Rumänien gibt es inzwischen besondere Abgaben für dick machende Lebensmittel.

Der Vorschlag für Deutschland

Mehrere Politiker schlagen nun vor, eine Sonderabgabe auf Fastfood, Chips, fettiges Gebäck und süße Limonaden einzuführen. Damit würde ungesundes Essen und Trinken deutlich teurer.
Soll eine solche Sonderabgabe auf ungesunde Lebensmittel eingeführt werden? Über diese Frage sollt ihr euch ein Urteil bilden und miteinander diskutieren.

Kann eine Sonderabgabe zur Lösung des Problems beitragen?

Wer sich an einer Diskussion beteiligt und andere überzeugen möchte, sollte seine Haltung stets begründen. Auf dieser Seite findet ihr Gründe für und gegen eine Sonderabgabe auf ungesunde Lebensmittel. Welche haltet ihr für besonders überzeugend? Fallen euch noch weitere Gründe ein?

Argumente

Menschen, die viel Fastfood essen, werden richtig süchtig danach. Vor solchen Gefahren müssen Politiker schützen. ❶ *Die Gründe für Übergewicht sind vielfältig. Eine Sondersteuer beseitigt nur eine Ursache. Die Leute sollten sich lieber mehr bewegen, damit könnte man mehr erreichen.* ❷ *Viele Menschen essen nur gelegentlich Fastfood und sind nicht übergewichtig. Doch auch sie müssten künftig mehr bezahlen.* ❸ *Übergewicht ist nicht nur ein Schönheitsproblem, sondern verursacht auch viele Krankheiten. Deren Kosten muss die Gemeinschaft tragen.* ❹ *Wenn ungesunde Lebensmittel teurer werden, könnten sich Kinder von ihrem Taschengeld nicht mehr so viel Ungesundes leisten. Damit verringert sich die Gefahr, dick zu werden.* ❺ *Was jemand isst und trinkt, ist Privatsache und geht niemanden etwas an – auch die Politik nicht.* ❻ *In der Lebensmittelindustrie arbeiten Tausende von Menschen. Wenn viele Getränke und Snacks teurer werden, verlieren die Unternehmen Kunden, die Beschäftigten müssten Angst um ihre Arbeitsplätze haben.* ❼ *Mit dem Geld aus der Sonderabgabe könnte man Aufklärungs- und Gesundheitsprogramme für die ganze Bevölkerung finanzieren.* ❽

Methodenkarte 9

S M U H

Diskussion

Thema: Sondersteuer für ungesunde Lebensmittel

Worum geht es?

Wenn man diskutiert, führt man ein Gespräch, bei dem unterschiedliche Meinungen vertreten werden. Ziel des Gesprächs ist, möglichst viele Gesprächspartner vom eigenen Standpunkt zu überzeugen.

Warum ist das wichtig?

Im Politikunterricht wird häufig diskutiert, weil es oft um umstrittene Themen geht. Nur wer sich gut ausdrücken kann und seinen Standpunkt klug begründet, kann andere überzeugen und wird in einer Diskussion Gehör finden. Das kann man lernen. Deshalb sollte man frühzeitig beginnen, sich an Diskussionen zu beteiligen und diese Fähigkeiten zu trainieren. Diese Methode kannst du auch bei privaten Streitgesprächen einsetzen.

Wie geht das?

Vorbereitung

Nur wer gut informiert ist, kann mitreden. Bereite dich deshalb gründlich vor. Lies dazu die Materialien im Buch. Du kannst auch im Internet oder in Zeitungen nach weiteren Informationen suchen. Entscheide dich dann, welche Ansicht du in der Diskussion vertreten willst.

Den eigenen Standpunkt verdeutlichen

Zu Beginn einer Diskussion solltest du zunächst deine Meinung zu der Ausgangsfrage äußern.
Ich bin für eine Sondersteuer.
Ich bin gegen eine Sondersteuer.

Den Standpunkt begründen

Wenn man nur seine Meinung sagt, dann reicht das nicht aus, um andere zu überzeugen. Mit einer Begründung kannst du deutlich machen, warum du so denkst. Je besser dir das gelingt, desto überzeugender wirkst du. Begründen kannst du deine Meinung mit eigenen Erfahrungen oder Beobachtungen. Du kannst Beispiele anführen oder etwas, was du gelesen oder im Fernsehen gesehen hast.
Ich bin für eine Sondersteuer, weil …
Ich bin gegen eine Sondersteuer, weil …

Auf den Vorredner eingehen

Eine gute Diskussion entsteht nur, wenn du deinem Vorredner genau zuhörst und an das anknüpfst, was er oder sie gesagt hat.
In diesem Punkt gebe ich dir Recht. Auch ich finde, dass …
Da bin ich ganz anderer Ansicht. Ich denke, dass …

Respekt vor Meinung anderer

Lass auch andere Sichtweisen gelten. Ziel einer Diskussion ist nicht, dass am Ende alle einer Meinung sind.

Grundlagen des Wirtschaftens

Station 1 Was habe ich mit Wirtschaft zu tun?

S M U H

Was würdest du Nicolas erwidern?
Formuliere eine Antwort und gehe dabei auf folgende Punkte ein:

- Erläutere ihm an Beispielen, welche Bedeutung Wirtschaft im Alltag für Kinder und Jugendliche hat.
- Begründe, warum auch Kinder und Jugendliche wirtschaften.

Station 2 Das Grundproblem: Von allem gibt es immer zu wenig

S M U H

Vielleicht habt ihr schon einmal von Robinson Crusoe gehört, der in einem berühmten Roman von Daniel Defoe die Hauptfigur ist. Er landete als Schiffbrüchiger auf einer einsamen Insel. Zunächst war er glücklich, mit dem Leben davongekommen zu sein. Doch er hatte nichts retten können – außer seiner Kleidung, die er bei sich trug. Erst nach 28 Jahren auf der Insel wurde er gerettet.
Beschreibe in einem kurzen Text, warum Robinson auf der Insel wirtschaften musste. Wofür musste Robinson zunächst sorgen? Welche Bedürfnisse konnte er auf der Insel wahrscheinlich stillen, welche nicht?

Station 3 Warum kümmern sich Politiker so intensiv um Wirtschaft?

S M U H

Soll es eine Sondersteuer für ungesunde Lebensmittel geben?

3 Gründe, die für die Steuer sprechen:
1) ______
2) ______
3) ______

3 Gründe, die dagegen sprechen:
1) ______
2) ______
3) ______

In der Diskussion vertrete ich folgenden Standpunkt:
Ich bin der Ansicht, dass …

______

weil …

______

8 Vom richtigen Umgang mit Geld

Wir planen wirtschaftliches Handeln

1. Allein nachdenken

Einmal angenommen, du bekommst einen 20-Euro-Schein geschenkt. Was würdest du damit machen? Sparen oder alles ausgeben?

2. Zu zweit beraten

Welche Bedeutung hat Geld in eurem Leben, eine große oder eine eher geringe?

3. In der Klasse sammeln

Manche sagen, Geld macht glücklich. Was meint ihr?

Im Verlauf dieses Kapitels könnt ihr …

- beschreiben, warum die Menschen das Geld erfunden haben,
- erläutern, warum auch Papiergeld wertvoll ist,
- einen Jungen in Geldnöten beraten und Tipps für den Umgang mit Geld formulieren,
- erläutern, woher Familien ihr Geld bekommen,
- einen Haushaltsplan für eine Familie erstellen.

Eigene Schwerpunkte könnt ihr setzen, indem ihr …

- eine Befragung zum Thema Taschengeld durchführt,
- für euch selbst einen Taschengeldplan erstellt,
- die Ergebnisse eines berühmten Experiments auf den Umgang mit Geld übertragt.

Detektivaufgabe für das ganze Kapitel:
Warum können die Frauen in Kiriwina ihr Geld nicht im Portemonnaie aufbewahren? Finde es heraus.

1 Welche Rolle spielt das Geld?

Wir erklären, warum Papierscheine wertvoll sein können

Eine Einstiegsübung für alle
Rebecca kann sehr gut zeichnen und hat zum Spaß einen 10-Euro-Schein gezeichnet, der einem echten täuschend ähnlich ist. Nachdenklich fragt sie sich: „Warum ist dieses Papier nichts wert und der echte Schein so viel?" Überlege dir den Grund.

A Der Fall: Soll Carlo seine neuen Kopfhörer gegen Pizza tauschen?

Carlo und Paul haben zwei Stunden Fußballtraining hinter sich. Beide spielen im gleichen Verein, kennen sich aber bisher privat noch kaum. Als sie gemeinsam durch die Stadt nach Hause gehen, merken die beiden Hobbyfußballer, wie extrem hungrig und durstig sie nach dem anstrengenden Training sind. Carlo sagt: „Wir kommen gleich an einem Restaurant vorbei, wo die Pizza klasse schmeckt. Sollen wir da reingehen und uns eine große Pizza und was zu trinken bestellen? Ich habe Geld dabei." „Ich leider nicht", antwortet Paul und dabei würde er so gerne Pizza essen gehen. „Ich kann dir bis morgen was leihen", schlägt Carlo vor. Traurig winkt Paul ab: „Nächste Woche kriege ich erst wieder neues Taschengeld." Dabei denkt er insgeheim: „Eine große Pizza genießen und das noch schön im italienischen Restaurant – was für ein Traum!"
Plötzlich kommt ihm eine Idee: „Du, Carlo, ich habe völlig neue Kopfhörer geschenkt bekommen. Die überlasse ich dir, wenn du mich dafür ins Restaurant einlädst!" Verblüfft schaut Carlo ihn an: „Neue Kopfhörer gegen eine Pizza samt Getränk im Restaurant: Ist denn beides gleich viel wert?"
Ist das ein kluger Tausch, den Paul vorschlägt? Welche Rolle spielt das Geld in dieser Geschichte?

1 Paul und Carlo haben beide Appetit auf Pizza. Beschreibe, auf welchem Weg sie diesen Wunsch erfüllen möchten.

2 Wie würdest du dich an Carlos Stelle verhalten?

B Warum gibt es das Geld?

Gäbe es kein Geld, würde meine Friseurin mir die Haare schneiden, wenn ich ihr dafür etwas gäbe, das in ihren Augen genau einen Haarschnitt wert ist. Ich könnte dafür abends vielleicht den Salon ausfegen. Andererseits kann ich besser schreiben als fegen.
Ich könnte ihr Wurst mitbringen von meinen Eltern, die Landwirte sind. Das könnte klappen. Aber in meiner Stammkneipe könnte ich nicht mit Wurstdosen bezahlen, in Supermärkten sowieso nicht. Tauschen ist aus mehreren Gründen schwierig. Wenn jemand etwas hat, was ich haben will, dann bekomme ich es nur, wenn zwei Bedingungen erfüllt sind. Er will mein Wunschobjekt verkaufen und er will haben, was ich ihm zum Tausch anbiete. Dazu kommt noch ein

Problem: Beide Wunschobjekte müssen in den Augen beider Betrachter gleich viel wert sein.
Wenn jemand eine Jeans anbietet und auf mein Fahrrad scharf ist, welches ich gerade loswerden will, dann ist nur der erste Schritt getan. Mir könnte dann der Gedanke kommen, dass seine Jeans nur 30 Prozent Fahrrad wert ist. Was nun? Fahrräder kann man nicht zerteilen.
Wenn ich dagegen mit Geld statt mit einem Fahrrad bezahle, habe ich beide Probleme nicht. Der Jeanshändler nimmt das Geld gerne, weil er es selber überall einsetzen kann. Außerdem ist das Geld auch in kleine Einheiten teilbar, ohne dass es an Wert verliert.
Experten sagen, Geld ist nützlich als *Recheneinheit* und als *Tauschmittel*. Und es gibt noch etwas Nützliches am Geld. Es verdirbt nicht, nutzt sich nicht ab. Zumindest meistens ist das so. Selbst ein abgegriffener bekleckerter, eingerissener 10-Euro-Schein ist genauso viel wert wie ein nagelneuer 10-Euro-Schein. Dazu sagen die Fachleute, Geld dient als *Wertaufbewahrungsmittel*.
Damit das Geld funktioniert, müssen die Menschen ihm Vertrauen schenken. Sie müssen an den Wert glauben und daran, dass es auch für andere wertvoll ist. Ohne Vertrauen in den Wert würde ich meine Sachen nicht gegen Geld abgeben.
Theoretisch kann alles zu Geld erklärt werden: Kugelschreiber, Ansichtskarten oder irgendetwas anderes. Die Hauptsache ist das Vertrauen. Der Glauben an den Wert verschwindet schnell, wenn jeder das „Geld" ohne Aufwand herstellen kann und darf.

(Nach: Winand von Petersdorff, Das Geld reicht nie, FAZ-Institut für Management-, Markt- und Medieninformationen GmbH, Frankfurt 2013, S. 92f.)

Warum in Kiriwina Bananenblattgeld an Wert verliert

Auf der tropischen Insel Kiriwina im Pazifik konnte man bis vor kurzer Zeit fast alles mit Doba, dem Geld aus Bananenblättern, bezahlen. Das stellten die Frauen selbst her. Sie trockneten dazu Bananenblätter und ritzten auf die Blätter Muster. Das erforderte viel Zeit und auch handwerkliches Geschick, sie konnten deshalb stets nur eine begrenzte Menge herstellen. Fünf Bündel Doba-Blätter hatte lange Zeit den Gegenwert von fünf Betelnüssen. Betelnüsse kaut man zur Entspannung, ihre Wirkung ist ähnlich wie Alkohol.
Vor einigen Jahren kam ein schlauer Kopf auf die Idee, eine Doba-Maschine zu erfinden. Seit die Frauen das Bananengeld mithilfe der Maschine herstellen, bekommt man für fünf Bündel Doba nur noch drei Betelnüsse.
Kiriwina war lange Zeit sehr abgeschieden, seit einigen Jahren kommen jedoch immer mehr Händler von den Nachbarinseln und wollen ihre Produkte verkaufen. Besonders Reis ist bei den Einwohnern neuerdings beliebt – und dafür akzeptieren die Händler kein Doba, sondern nur Geld in der Währung von Papua-Neuguinea.

3 Beschreibe, warum Tauschgeschäfte im Alltag schwierig sind.

4 Geld ist aus mehreren Gründen nützlich. Erläutere drei besonders wichtige Aufgaben von Geld.

5 Erkläre, warum die Erfindung der Doba-Maschine in Kiriwina den Wert des Geldes verändert hat.

C Geld

1 Warum darf Geld nur in begrenzter Menge vorhanden sein? Erkläre es.

2 Erläutere, welche Vorteile der Euro gegenüber den ehemaligen Währungen in Europa hat.

3 Frau Maier bewahrt ihr Geld in einem Sparstrumpf auf. Sie hat Angst, es auf ein Sparkonto einzuzahlen, weil sie glaubt, es sei dort unsichtbar und nicht mehr vorhanden. Überzeuge sie davon, dass ihre Angst übertrieben ist.

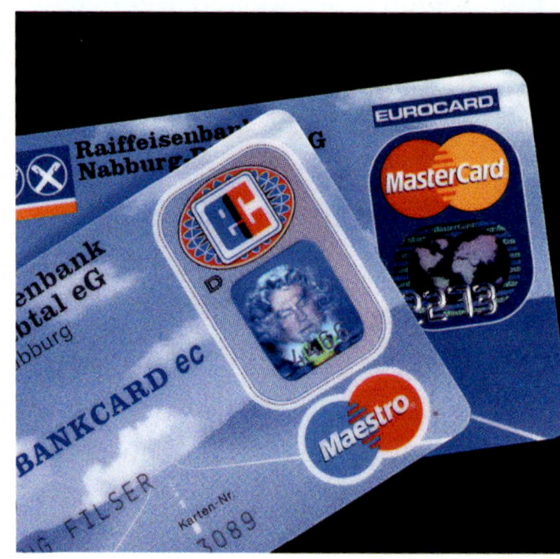

Warum Geldscheine wertvoll sind

Wenn ihr in eure Geldbörse schaut, dann seht ihr darin Münzen und vielleicht auch Scheine. Wie aber ist es möglich, dass kleine Papierscheine zehn, zwanzig oder gar hundert Euro wert sein können? Geldscheine an sich sind natürlich fast gar nichts wert. Sie stehen nur als Zeichen für einen Wert. Die Menschen haben sich darauf verständigt, dass ein Schein über zehn Euro eben diesem Wert entspricht. Damit Geld seinen Wert behält, darf es nur in begrenzter Menge vorhanden sein, es muss also stets knapp sein. Über die Geldmenge und den Wert des Geldes wacht bei uns die Europäische Zentralbank. Nur die Europäische Zentralbank und Regierungen haben das Recht, Geld zu drucken.

Der Euro – die gemeinsame europäische Währung

Das Geld, das in einem bestimmten Land oder in mehreren Ländern von allen benutzt wird, nennt man Währung. In Europa haben viele Staaten eine gemeinsame Währung – den Euro. Damit kann man in diesen Ländern bezahlen.
Bis zum Jahr 2002 hatten diese Länder jeweils eine eigene Währung, zum Beispiel Frankreich den Franc, Italien die Lira, Deutschland die D-Mark. Vorteil der europäischen Währung ist, dass man heute an den Grenzen nicht mehr sein Geld in eine andere Währung umtauschen muss. Auch die Unternehmen können viel einfacher Geschäfte machen. In einem Euroland sieht man auch sofort, was die angebotenen Waren kosten. Früher musste man erst umrechnen, bevor man den Wert vergleichen konnte.

Bargeld – Buchgeld

Wenn du dir ein neues Schulheft kaufst, bezahlst du an der Kasse wahrscheinlich direkt mit Münzen oder einem Schein. Diese Art der Bezahlung nennt man Barzahlung. Neben dem Bargeld gibt es aber auch unsichtbares Geld, das man nicht anfassen kann. Es entsteht, wenn du Geld auf ein Sparbuch oder ein Konto einzahlst. Weil die Bank den Betrag in ihren Büchern verbucht, also notiert, heißt dieses Geld Buchgeld. Wenn du es wieder von deinem Sparbuch abhebst, wird es wieder zu Bargeld.

Bargeldlos bezahlen

Heute werden größere Beträge nur noch selten in bar bezahlt. Es wäre viel zu umständlich, so viele Geldscheine zu transportieren.
Zum Beispiel bekommen deine Eltern ihr Gehalt vom Arbeitgeber auf ihr Konto überwiesen. Bargeldlos bezahlen sie auch Miete, Strom und größere Anschaffungen. Immer mehr Menschen bezahlen inzwischen auch ihre täglichen Einkäufe bargeldlos, indem sie an der Kasse ihre Bankkarte oder Kreditkarte benutzen. Der zu zahlende Betrag wird ihnen dann von ihrem Bankkonto abgebucht. Ihr Guthaben verringert sich dann um diesen Geldbetrag.

D Das Geldquiz

Mit dem Quiz auf dieser Seite könnt ihr testen, ob ihr euch wichtige Informationen aus diesem Unterkapitel über das Geld richtig gemerkt habt. Das Quiz ist gelöst, wenn sich aus den aneinandergefügten Lösungsbuchstaben eine Bezeichnung für etwas ergibt, was viele Menschen gerne in der Tasche haben.

Euer Auftrag

1. Löst das Quiz alleine oder zu zweit.
2. Meldet euch, sobald ihr das Lösungswort gefunden habt.
3. Notiert die richtigen Antworten als kurze Merksätze in eurem Heft.

1 Das Geld wurde erfunden, …
- **A** weil man sich viele Wünsche erfüllen wollte.
- **B** weil die Menschen ein einfaches Tauschmittel benötigten.
- **C** weil viele Menschen reich geworden waren.
- **D** weil Eltern ihren Kindern etwas Wertvolles vererben wollen.

2 Das Recht, Geld zu drucken, hat/haben …
- **A** nur die Regierungen und die Europäische Zentralbank.
- **B** alle Banken.
- **C** das Finanzministerium in Berlin.
- **D** der Deutsche Bundestag.

3 Der Euro hat den Vorteil, …
- **R** dass man an den Grenzen der Euroländer kein Geld tauschen muss.
- **S** dass er mehr wert ist als frühere Währungen.
- **T** dass man damit in allen europäischen Ländern bezahlen kann.
- **U** dass man einfacher Geld ins Ausland überweisen kann.

4 Als „unsichtbares Geld" bezeichnet man …
- **E** Geld in einem Sparschwein.
- **F** Münzen in der Geldbörse.
- **G** Buchgeld.
- **H** verlorenes Geld.

5 Unter Bargeld versteht man …
- **E** alle als Zahlungsmittel gültigen Münzen und Geldscheine.
- **F** alles Geld, das es in einem Land gibt.
- **G** Geld, das man beim Einkaufen dabeihat.
- **H** die Summe aller Löhne und Gehälter.

6 Handel mit Geld ist einfacher als Tauschhandel, weil …
- **I** man weniger ausgeben muss.
- **J** man damit mehr verdient.
- **K** man so mehr einkaufen kann.
- **L** man den Warenwert besser vergleichen kann.

Beispielkarte:

Als Währung bezeichnet man …
- **A** Geld, das die Regierung gespart hat.
- **B** Geld, das auf den Bankkonten liegt.
- **C** das Geld, das alle Menschen in einem oder mehreren Ländern benutzen.
- **D** Geld, das bargeldlos überwiesen wird.

Lösung C, Merksatz:
Als Währung bezeichnet man das Geld, das alle Menschen in einem oder mehreren Ländern benutzen.

7 Von den folgenden Produkten hat den höchsten Wert …
- **B** ein Kilogramm Salz.
- **C** ein Kilogramm Mehl.
- **D** ein Kilogramm Schokolade.
- **E** ein Kilogramm Zucker.

Das Lösungswort lautet:

? ? ? ? ? ? ?

2 Sparen oder alles ausgeben?

Wir bewerten Vorschläge zum Umgang mit Geld

A Der Fall: Andi in Geldnöten

Andi und Robin laufen nach der Schule gemeinsam zur Bushaltestelle und unterhalten sich:

ROBIN: Nina hat gefragt, ob wir Lust haben, heute Nachmittag noch ein Eis zu essen.

ANDI: Mist, das würde ich wirklich gerne, doch bin ich im Moment wirklich knapp mit meinem Geld. Ich habe sogar von meiner Mutter schon einen Vorschuss für den nächsten Monat bekommen.

ROBIN: Ach, komm doch mit, bald beginnt doch ein neuer Monat, dann hast du doch wieder Geld.

ANDI: Ich weiß wirklich nicht, wie ich das bezahlen soll. Ich könnte vielleicht noch meine Schwester anpumpen, meine Mutter leiht mir mit Sicherheit nichts mehr.

ROBIN: Sei kein Spielverderber. Alle sind dabei.

ANDI: Ich muss mir das noch überlegen. Da kommt mir eine Idee: Ich rufe einfach meine Oma an und jammere ein wenig. Wahrscheinlich schenkt sie mir dann das Geld fürs Eisessen.

ROBIN: Zur Not leihe eben ich dir das Geld und du gibst es mir wieder zurück, sobald du kannst. Das mache ich wirklich gerne – ich habe doch genügend Geld.

ANDI: Wie machst du das nur? Ich komme in letzter Zeit nie mit meinem Geld klar. Ständig bin ich pleite. Und sparen kann ich rein gar nichts.

Andi und Robin sind seit der Grundschule eng befreundet …

ROBIN *lacht*: Du kaufst auch viel unnützen Kram. Ich lasse mich eben nicht so leicht verführen. *Da mischt sich Hatice ein, die in der gleichen Klasse wie die beiden ist.*

HATICE: Wenn du dir jetzt noch weiteres Geld leihst, kommst du doch nächsten Monat wieder nicht mit deinem Geld aus. Du musst das Ganze doch zurückzahlen. Also ich mache mir jeden Monat einen Plan, was ich wofür ausgeben will.

ROBIN: Also ich spare immer etwas für überraschende Ausgaben, wie zum Beispiel heute.

ANDI: Das hilft mir jetzt im Moment nicht viel. Ich muss mich jetzt entscheiden, was ich mache. Soll ich mir das Geld leihen, meine Oma anbetteln oder aufs Eisessen verzichten – auch wenn's schwer fällt.

1 Beschreibe, welche Schwierigkeiten Andi im Umgang mit Geld hat.

2 Wie würdest du dich an Andis Stelle verhalten? Begründe deine Entscheidung.

B Kinder und Jugendliche müssen den Umgang mit Geld lernen

Dazu führte die Süddeutsche Zeitung ein Gespräch mit der Wissenschaftlerin Kirsten Schlegel-Matthies:

Kinder müssen lernen mit Geld umzugehen. Das können sie nicht, wenn sie nur zuschauen, wie es ausgegeben wird. Wenn sie selbst ein paar Cent – mehr sind es am Anfang ja nicht – zur Verfügung haben, müssen sie selbst überlegen, wofür sie ihr Geld ausgeben.

Was kaufen sich Kinder und Jugendliche denn?

Jüngere Süßigkeiten, Ältere übrigens oft auch. Bei ihnen kommen dann noch Ausgehen, Kleidung, Computerspiele und Handys hinzu.

Wie stark sollten Eltern Einfluss nehmen?

Überhaupt nicht. Es ist das Geld der Kinder, dafür sind sie verantwortlich. Also sollen sie auch allein entscheiden dürfen, was sie kaufen. Zu dem Lernprozess gehört übrigens auch die Erkenntnis, dass das Geld weg ist, wenn es ausgegeben wurde und die Kinder auf das nächste Taschengeld warten müssen. Wenn Kinder immer dann Geld bekommen, wenn sie sich einen Wunsch erfüllten wollen, entwickeln sie kein Verhältnis dazu. Und ihnen fehlt die Erkenntnis, dass Geld nicht unbegrenzt vorhanden ist.

Süßigkeiten, Sammelkarten oder auch Schulsachen: Was sollten Kinder von ihrem Taschengeld zahlen müssen?

Jüngere sollten es zur freien Verfügung haben. Mit Jugendlichen können Eltern aber durchaus verhandeln: Du kannst mehr Geld bekommen, musst davon aber bestimmte Dinge kaufen. Wenn etwa ein 14-Jähriger 75 statt 25 Euro bekommt, muss er davon auch Schulsachen und Kleidung kaufen.

Und wenn sich das Kind diese Planung noch nicht zutraut?

Fängt man eben kleiner an: Wenn es eine bestimmte Markenjacke will, zahlen die Eltern einen Grundbetrag, den sie für eine durchschnittliche Jacke ausgeben würden. Der Jugendliche begleicht die Differenz zur Markenware und muss notfalls auch darauf sparen.

(Nach: Katja Schnitzler, Eltern sollten über Geld reden, in: www.sueddeutsche.de; 17.09.2012, Zugriff: 30.10.2014)

Drei Mal Taschengeld

Andi bekommt von seinen Eltern monatlich 22 Euro Taschengeld, von seiner Oma 8 Euro. Er kann das Geld für seine persönlichen Wünsche verwenden.

Robin bekommt kein festes Taschengeld. Er erhält von seiner Mutter alle paar Tage zwischen drei und fünf Euro. Auch sein Vater steckt ihm hin und wieder einen Zehn-Euro-Schein zu.

Hatice bekommt von ihren Eltern 40 Euro im Monat. Sie muss davon allerdings alle Schulsachen bezahlen, also Hefte, Stifte usw.

1 Warum bekommen viele Kinder und Jugendliche regelmäßig Taschengeld? Nenne Gründe.

2 Welche der drei Taschengeldregelungen würdest du dir wünschen? Begründe deine Entscheidung und vergleiche dein Ergebnis mit einem Partner.

3 Auch wenn Kinder kein regelmäßiges Taschengeld bekommen, können Sie im Alltag den Umgang mit Geld trainieren. Sammelt Ideen.

4 Andi hatte im Monat März folgende Ausgaben: Kino 5 €, Schwimmbad (3-mal) 6,90 €, Geschenk 5 €, Sammelmarken 8 €, Hamburger 4,60 €. Außerdem hat er einen Vorschuss von 3,50 € erhalten. Im April will er ohne Schulden auskommen und möchte deshalb genau planen. Formuliert – allein oder in Gruppen – einen Vorschlag, wie viel Geld er für die einzelnen Dinge höchstens ausgeben soll. Ihr könnt auch einen oder zwei Punkte ganz streichen. Stellt eure Pläne anschließend in der Klasse vor.

Was auch noch interessant sein kann:

- für sich selbst einen Taschengeldplan erstellen

C Sparen heißt verzichten – wozu kann das gut sein?

Manchmal kann es ganz schön hart sein, den alltäglichen Kaufverlockungen zu widerstehen und geduldig zu warten, bis man das Geld für den Kauf angespart hat. Dass sich das lohnt, zeigt ein berühmtes Experiment, das der amerikanische Wissenschaftler Walter Mischel mit Kindern durchgeführt hat.

Kann er widerstehen? Marshmallows sind bei Kindern beliebte Süßigkeiten aus Schaum mit Zucker.

Das Marshmallow-Experiment

Ein Kind nach dem anderen, allesamt zwischen vier und sechs Jahre alt, setzte er in einen kargen Untersuchungsraum an einen Tisch. Darauf stand ein Teller mit einem Marshmallow, sonst nichts. Während das Kind begierig auf die klebrige Süßigkeit starrte, erklärte Mischel ihm, dass es das Marshmallow sofort essen könnte oder aber eine Weile warten und dafür später zwei bekomme.
Dann verließ er den Raum und beobachtete durch einen Einwegspiegel, was die Kinder anstellten, bis er 15 Minuten später zurückkam. Einige Kinder schafften es, unter Aufbietung all ihrer Kräfte zu warten. Andere konnten oder wollten nicht – und das Marshmallow war vom Teller verschwunden, als Mischel zurück ins Zimmer kam. Der Psychologe war sehr zufrieden. Die Zeit, die bis zum Aufessen verging, war ein gutes Maß für die Willenskraft, fand er.

Warten können zahlt sich aus

Als er die Kinder 13 Jahre später nochmals einlud, gab es erstaunliche Ergebnisse. Jene, die schon im Vorschulalter hatten warten können, waren als junge Erwachsene zielstrebiger und erfolgreicher in Schule und Ausbildung. Außerdem konnten sie besser mit Rückschlägen umgehen, wurden als sozial kompetenter beurteilt und waren seltener drogenabhängig. Die Ungeduldigen dagegen waren gefühlsmäßig instabiler und schnitten in der Schule schlechter ab – obwohl sie nicht weniger intelligent waren. Dazu schreibt der Wirtschaftswissenschaftler Matthias Sutter in seinem neuen Buch: „Geduld heißt: Ich verzichte auf heutigen Konsum, um in der Zukunft mehr davon zu haben. So haben die Ungeduldigen später durch eine kürzere Ausbildungszeit nicht nur ein geringeres Einkommen, sie tendieren auch deutlich mehr dazu, kein oder nur sehr wenig Geld zu sparen und stattdessen Schulden anzuhäufen."

(Nach: Fanny Jiménez, Alles kommt zu dem von selbst, der warten kann, in: www.welt.de, 15.07.14)

1 Beschreibe den Ablauf des Marshmallow-Experiments und die langfristigen Folgen für die teilnehmenden Kinder.

2 Begründe, warum sich die Fähigkeit „warten zu können" im späteren Leben auszahlt.

3 Angenommen, du hättest selbst an dem Experiment teilgenommen: Welche Tricks hättest du dir einfallen lassen, um die Wartezeit zu überbrücken?

D Wir treffen eine Entscheidung im Umgang mit Geld

Nadja ist sehr sportlich. In ihrer Freizeit trainiert sie zusammen mit ihrem Freund Malte Skateboard in dem nahe gelegenen Park. Ihr größter Wunsch ist ein eigenes Skateboard, da sie bisher immer mit dem geliehenen Gerät von Malte geübt hat. Eisern hat sie das ganze Jahr über gespart. Nun fehlen ihr noch 50 Euro bis zur Erfüllung ihres Wunsches. Sie hat sich nun mehrere Möglichkeiten überlegt, wie sie an das Geld kommen könnte. Doch kann sie sich noch nicht entscheiden. Ihr sollt sie dabei beraten.

Euer Auftrag:
- Überlege zunächst alleine und entscheide dich für die deiner Ansicht nach beste Lösung. Begründe deine Entscheidung.
- Suche dir einen Partner, tauscht euch über eure Entscheidung aus und einigt euch auf eine gemeinsame Lösung. Stellt diese in der Klasse vor.
- Welche Möglichkeit kommt für euch auf keinen Fall infrage? Diskutiert darüber in der Klasse.

Möglichkeit 1:
In vier Monaten ist Weihnachten. Sie kann sich zu Weihnachten ein Skateboard wünschen und hoffen, dass sie es von ihren Eltern geschenkt bekommt.

Möglichkeit 2:
Sie kann ihre Eltern bitten, ihr die 50 Euro zu geben und das Skateboard sofort kaufen. Dafür bietet sie an, an freien Nachmittagen auf ihren kleinen Bruder aufzupassen.

Möglichkeit 3:
Sie kann sich das Geld von ihrer Oma leihen und das Skateboard sofort kaufen. Sie müsste dann das Geld in den nächsten Monaten in kleinen Beträgen zurückzahlen.

Möglichkeit 4:
Sie kann im Internet nach einem gebrauchten Skateboard suchen, das sie von ihren Ersparnissen bezahlen kann.

Möglichkeit 5:
Sie kann so lange sparen, bis sie die erforderliche Summe beisammenhat. Das würde einige Monate dauern.

Möglichkeit 6:
Sie kann auf ein eigenes Skateboard verzichten, weil es eigentlich zu teuer für sie ist. Das bisher gesparte Geld kann für wichtige Dinge genutzt werden.

Methodenkarte 10

Eine Befragung durchführen

Thema:
Umgang mit Geld

Warum werden Befragungen durchgeführt?

Mit einer Befragung könnt ihr herausfinden, was andere Menschen über ein Thema denken oder wie sie mit einem Problem umgehen. In unserem Beispiel geht es darum, in Erfahrung zu bringen, wie Kinder ihr Taschengeld verwenden. Ihr könnt so eigene Ansichten mit denen anderer Kinder und Jugendlicher vergleichen.

1. Vorbereitung

- Zunächst muss man sich klar werden, was man wissen möchte. Auf der nächsten Seite findet ihr einen Vorschlag für einen Fragebogen. Natürlich könnt ihr auch eigene Fragen formulieren oder den Bogen mit weiteren Fragen ergänzen.
- Überlegt euch dann, wen ihr befragen wollt. Ihr könnt Schülerinnen und Schüler aus anderen Klassen in eurer Schule befragen oder auch Freunde. Wenn ihr die Umfrage an eurer Schule durchführen wollt, müsst ihr eure Schulleitung um Erlaubnis bitten.
- Denkt daran, dass eine Befragung normalerweise anonym, also ohne die Nennung des Namens, durchgeführt wird.

2. Durchführung

Ihr könnt euch zum Beispiel in Kleingruppen aufteilen, die dann Schülerinnen und Schüler aufsuchen und befragen. Das hat den Vorteil, dass ihr auf mögliche Fragen zum Bogen direkt

S M U H

antworten könnt. Ihr könnt auch die Fragebogen verteilen und am nächsten Tag einsammeln. Damit spart ihr Zeit.

3. Auswertung

- Für die Auswertung ist es hilfreich, die Klasse in Gruppen aufzuteilen. Zum Beispiel können einzelne Gruppen die Auswertung von jeweils einer Frage übernehmen. Zerschneidet dazu die Bögen so, dass jede Frage für sich allein ausgewertet werden kann. Bei der Auswertung ist eine Strichliste sinnvoll.
- Wenn alle Zahlen vorliegen, könnt ihr zum Beispiel in einem Plakat zusammenfassen, was ihr herausgefunden habt.
- Redet anschließend in der Klasse über die einzelnen Ergebnisse. Überraschen sie euch oder entsprechen sie euren Erwartungen?

Worauf solltet ihr noch achten?

- Für den Erfolg der Befragung ist es wichtig, dass die Befragten gerne daran teilnehmen und bereit sind, den Fragebogen ehrlich auszufüllen. Tretet also freundlich auf und setzt sie nicht unter Zeitdruck. Stellt euch kurz vor und erklärt, warum eure Klasse eine Befragung durchführt. Informiert die Befragten auch gleich zu Beginn darüber, dass die Befragung anonym, also ohne Nennung des Namens, durchgeführt wird.

Vorschlag für die Gestaltung eines Fragebogens

Persönliche Angaben

Mädchen ☐ Junge ☐ Alter ______

1. Wie viel Geld steht dir im Monat zur Verfügung?

☐ weniger als 20 € ☐ 20 bis 25 €
☐ 25 bis 30 € ☐ mehr als 30 €

2. Wofür gibst du dein Taschengeld hauptsächlich aus? – (maximal 3 Nennungen)

☐ Kleidung ☐ Fastfood
☐ Süßigkeiten ☐ Apps für mein Handy
☐ Spiele für Spielkonsolen ☐ Geschenke
☐ Hobbys ☐ Computer
☐ Zeitschriften, Comics ☐ Kosmetika
☐ Sonstiges

3. Sparst du einen Teil deines Geldes?

☐ regelmäßig ☐ selten ☐ nie

4. Ist es dir schon passiert, dass du beim Einkaufen mehr Geld ausgegeben hast, als du wolltest?

☐ häufig ☐ manchmal ☐ selten

5. Wie kommst du mit deinem Geld aus?

a) Ich komme im Allgemeinen gut aus und habe am Monatsende noch Geld übrig. ☐
b) Ich komme gerade so aus, ich habe am Monatsende kein Geld übrig. ☐
c) Ich habe schon vor Monatsende kein Geld mehr. ☐

3 Wie können Familien mit ihrem Einkommen auskommen?

Wir beraten bei der Haushaltsplanung

A Woher bekommen Familien ihr Geld?

Familie Steinke sitzt am Samstagabend gemütlich beim Abendessen. Alle genießen es, endlich einmal Zeit füreinander zu haben. Beide Eltern sind berufstätig. Herr Steinke ist bei einer großen Versicherung angestellt, Frau Steinke arbeitet in Teilzeit als Erzieherin in einem Kindergarten. Nachdem sie schon eine Weile über ihre Erlebnisse der vergangenen Woche geredet haben, schaltet sich Robin in das Gespräch ein.

ROBIN: Du Papa, was verdient ihr beiden eigentlich?
VATER: Nanu? Wie kommst du denn darauf? Willst du etwa eine Taschengelderhöhung?
ROBIN: Nein, das ist nicht der Grund. Es interessiert mich eben.
VATER: Also, ich bekomme im Monat 3 600 Euro und Mama verdient 1 150 Euro.
ROBIN: So viel? Dann sind wir ja richtig reich!
VATER: Das sieht nur auf den ersten Blick so aus. Wir sind weder reich noch arm, sondern wir liegen im Durchschnitt. Das ist unser Brutto-Gehalt.
NIKE: Was ist denn Brutto-Gehalt?
MUTTER: Das Brutto-Gehalt ist also unser Gesamtverdienst, das bekommen wir nicht ausbezahlt. Davon gehen allerdings noch eine Menge Abzüge weg.
ROBIN: Was denn?
VATER: Wir müssen zum Beispiel Steuern* an den Staat bezahlen. Das sind Abgaben, die der Staat braucht, um seine Aufgaben zu erledigen. So braucht er zum Beispiel Geld, um Schulen zu unterhalten, Lehrer zu bezahlen oder um Straßen zu bauen.
NIKE: Und wie viel ist das?
VATER: Das habe ich jetzt nicht im Kopf. Lass mich mal nachschauen …
Wenig später kommt der Vater mit den Lohnabrechnungen zurück.
VATER: Also Mama und ich bezahlen zusammen 540 Euro Steuern, dazu kommt noch die Kirchensteuer von 22 Euro. Die Kirchensteuer erhält aber nicht der Staat, sondern das Geld wird gleich an die Kirchen weitergeleitet, die damit ihre Ausgaben bezahlen.
NIKE: Na ja, trotz der Steuern haben wir doch noch sehr viel Geld übrig …
MUTTER: Halt, das war noch nicht alles. Wir zahlen auch jeden Monat Geld in die Krankenversicherung ein. Von

* Zum Begriff Steuern findest du weitere Informationen im Glossar.

unserem Krankenkassenbeitrag zahlen die Kassen dann Arztrechnungen, Medikamente oder eine Behandlung im Krankenhaus. Wie hoch ist unser Krankenkassenbeitrag, Johannes?
VATER: Pro Monat beträgt er 405 Euro.
MUTTER: Wir sind auch versichert, wenn wir im Alter einmal so krank werden, dass wir nicht mehr für uns selbst sorgen können. Diese Versicherung heißt Pflegeversicherung.
VATER: Dafür zahlen wir 54 Euro.
MUTTER: Ach, das hätte ich fast vergessen. Damit wir später im Alter einmal genug Geld zum Leben haben, zahlen wir jeden Monat 466 Euro in die Rentenversicherung. Wenn wir dann nicht mehr arbeiten können, bekommen wir trotzdem jeden Monat Geld, das ist die Rente.
NIKE: Oma bekommt ja auch eine Rente, das hat sie mir einmal erzählt.
MUTTER: Ganz genau. Johannes, haben wir jetzt alle Abzüge?
VATER: Es fehlt noch die Arbeitslosenversicherung. Die beträgt insgesamt 74 Euro. Damit sind wir versichert, wenn einer von uns beiden vielleicht einmal arbeitslos wird. In einem solchen Fall bekommen wir wenigstens einen Teil unseres früheren Gehaltes überwiesen.
MUTTER: Alle diese Versicherungen heißen zusammen Sozialversicherungen. Dieses Geld sehen wir gar nicht auf dem Konto, sondern es wird gleich von unserem Brutto-Lohn an die Kassen überwiesen. Die Arbeitgeber, also unsere Betriebe, zahlen dann noch einmal in ca. gleicher Höhe Sozialversicherungsabgaben für uns. Das ist gesetzlich so geregelt.
NIKE: So kompliziert habe ich mir das mit dem Geld nicht vorgestellt.
ROBIN: Und was haben wir dann im Monat für uns noch übrig?
VATER: Das ist unser Netto-Lohn, aber das könnt ihr euch doch ganz leicht selbst ausrechnen. Zusätzlich zu unserem Netto-Gehalt bekommen wir übrigens vom Staat noch das Kindergeld – für jeden von euch 184 Euro im Monat.

Brutto-Gehalt	**4750 Euro**
– Steuern	???
– Kirchensteuer	???
– Krankenversicherung	???
– Pflegeversicherung	???
– Rentenversicherung	???
– Arbeitslosenversicherung	???
Netto-Gehalt	**???**
+ Kindergeld	???
Verfügbares Einkommen	**???**

1 Erkläre, was man unter dem Brutto- und dem Netto-Gehalt versteht.

2 Wie hoch ist das Netto-Gehalt von Frau und Herrn Steinke? Schreibe dazu Brutto-Gehalt, Steuern und die einzelnen Sozialversicherungen übersichtlich untereinander, errechne den Nettobetrag und vergleiche dein Ergebnis mit einem Partner.

3 Viele Menschen in Deutschland schimpfen über die ihrer Meinung nach zu hohen Abgaben. Was würde passieren, wenn niemand mehr Abgaben zahlen müsste? Erläutert mehrere Folgen.

B Einkommen

1 Im Text findest du folgende Begriffe: Einkommen, erwerbstätig und Sozialleistungen. Erkläre, was sie bedeuten.

2 Lege eine Tabelle an, in der du zu jeder Einkommensart mindestens ein Beispiel einträgst.

3 Betrachte die Personen auf dem Schaubild. Erkläre, woher diese jeweils ihr Haupteinkommen beziehen.

Als Einkommen bezeichnet man das Geld, das eine Familie regelmäßig zur Verfügung hat. Es setzt sich meistens aus mehreren Bestandteilen zusammen.

Einkommen aus Arbeit

Knapp die Hälfte der Bevölkerung ist erwerbstätig. Diese Menschen gehen arbeiten und bekommen dafür Lohn und Gehalt. Sie können bei einem Unternehmen oder auch beim Staat angestellt sein. Manche Erwerbstätige sind selbstständig. Sie sind nicht angestellt, sondern arbeiten auf eigene Rechnung und werden von ihren Auftraggebern bezahlt. Dazu zählen zum Beispiel viele Ärzte, Rechtsanwälte, Unternehmer oder Künstler. Mit ihrem Gehalt versorgen Erwerbstätige auch Familienmitglieder mit, die nicht arbeiten, zum Beispiel Kinder.

Einkommen im Alter

Menschen im Ruhestand beziehen Renten. Dafür haben sie während ihres Arbeitslebens Beiträge in die Rentenversicherung eingezahlt. Zu einem Teil werden die Renten auch vom Staat finanziert. Wer Beamter war, bekommt im Alter eine Pension, dafür musste er nicht extra in eine Versicherung einzahlen, weil die Beiträge schon in seinem Gehalt enthalten sind.

Einkommen aus Besitz

Dazu zählen Einnahmen aus der Vermietung von Wohnungen oder Häusern. Wer bei der Bank ein Guthaben hat, erhält dafür Zinsen. Manche Menschen besitzen auch Aktien. Das sind Anteile von Unternehmen, die im Wert steigen oder sinken. Nur sehr wenige Menschen besitzen allerdings so viel, dass sie allein von ihrem Vermögen leben können.

Einkommen aus staatlichen Leistungen

Aus Steuereinnahmen unterstützt der Staat seine Bürger mit Geld, für das sie keine Gegenleistung erbringen müssen. Solche Leistungen werden als Sozialleistungen bezeichnet. So bekommen zum Beispiel alle Familien mit Kindern Kindergeld. Menschen, die zu wenig Geld haben, um davon zu leben, erhalten Sozialhilfe und auch einen Zuschuss zu ihrer Miete, das Wohngeld. Studenten, deren Familien ein Studium nicht finanzieren können, können einen staatlichen Zuschuss zu ihren Kosten erhalten (BAFöG). Menschen, die arbeitslos werden, erhalten Arbeitslosengeld aus den Leistungen der Versicherung, in die sie zuvor eingezahlt haben.

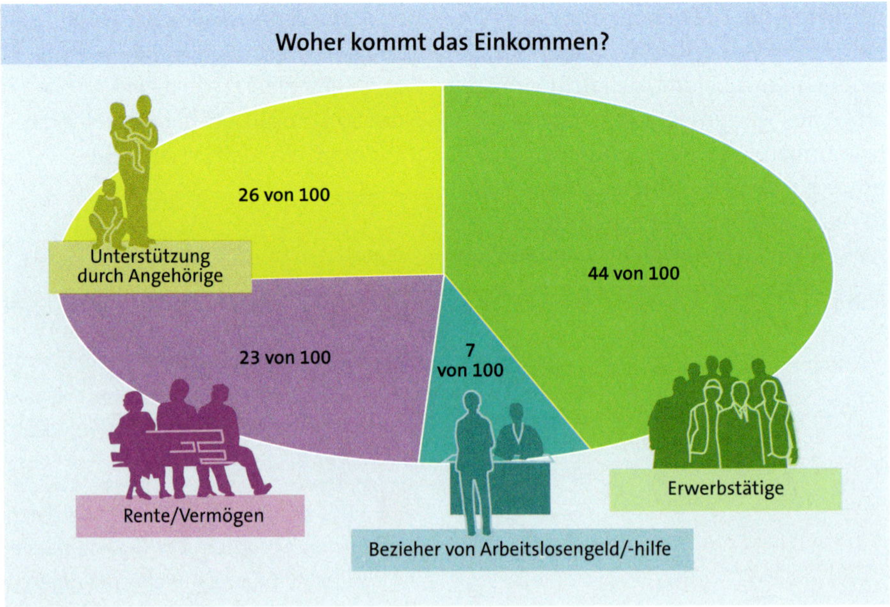

C Wie kann Familie Böger mit ihrem Geld auskommen?

Haushaltsplan von Familie Böger für einen Monat

Miete mit Heizung, Strom, Wasser	750 €
Telefon, Internet, Fernsehen	60 €
Versicherungen	220 €
Taschengeld	25 €
Nahrungsmittel, Getränke	350 €
Monatskarte Bus	40 €
Auto (Benzin)	130 €
Kleidung, Schuhe	120 €
Haushaltsgeräte, Reparaturen	100 €
Körperpflege, Friseur	60 €
Geschenke	80 €
Musikunterricht	60 €
Freizeit, Sport	140 €
Sparen (Urlaub, sonstige Dinge)	210 €
Gesamt	**2 345 €**

Seit ihrer Scheidung lebt Saskia Böger als Alleinerziehende mit ihrer Tochter Alina zusammen. Frau Böger arbeitet Teilzeit in einer Bank und verdient 1 650 Euro netto im Monat. Zusammen mit dem Geld, das Alinas Vater für ihren Unterhalt zahlt, und dem Kindergeld stehen der Familie im Monat 2 345 Euro zur Verfügung. Wie viele Familien überlegt Frau Böger sehr genau, wie sie mit dem Geld sinnvoll wirtschaften kann. Deshalb erstellt sie regelmäßig einen Haushaltsplan, in dem sie festlegt, was sie für einzelne Dinge ausgeben will. Einige Ausgaben liegen von vornherein fest, wie zum Beispiel die Kosten für die Miete. Andere Ausgaben schwanken, zum Beispiel die Ausgaben für Freizeit. Doch jede in der kleinen Familie hat Wünsche – und diese sind oft ganz unterschiedlich. Alina möchte wieder einmal in einen Freizeitpark, die Mutter sich vielleicht lieber ein Essen im Restaurant gönnen. Da nicht alle Wünsche gleichzeitig erfüllt werden können, muss Frau Böger gut planen und dann entscheiden, wofür das Geld verwendet werden soll. Für die Erfüllung besonderer Wünsche müssen sie manchmal auch mehrere Monate sparen. In ihrem Haushaltsbuch trägt Saskia Böger dann im Laufe des Monats sorgfältig alle Einnahmen und Ausgaben ein, damit sie einen Überblick hat, ob sie mit den Ausgaben noch im Plan liegt.

1 Erkläre, warum Alinas Mutter jeden Monat einen Haushaltsplan erstellt.

2 Im Haushaltsplan von Familie Böger finden sich feste und veränderliche Ausgaben. Betrachte den Plan: Wie viel Geld für feste Ausgaben muss Frau Böger jeden Monat einplanen?

3 Frau Böger hat eine neue Stelle angetreten und bekommt dort ab dem nächsten Monat 100 Euro weniger Gehalt. Entwickle einen Vorschlag, wo sie die 100 Euro einsparen könnte.

Aktiv lernen

D Wir entwerfen einen Haushaltsplan

Euer Auftrag:

- Stellt mithilfe der Preisliste auf der folgenden Seite jeweils Frühstück und ein warmes Abendessen für drei Tage zusammen. Herr Steinke nimmt auch an diesen Mahlzeiten teil. Einzige Bedingung: Das Haushaltsgeld von 50 € muss für drei Tage reichen.
- Präsentiert eure Vorschläge in der Klasse und bewertet sie. Dabei könnt ihr euch unter anderem fragen: Sind die Vorgaben eingehalten worden? Sind die Mahlzeiten abwechslungsreich und gesund?

War das ein Schock für Robin und Nike! Als sie aus der Schule kamen, stand der Krankenwagen vor der Tür. „Die kommen bestimmt wegen Mama“, rief Robin voller Schreck. Er sollte recht behalten. Seine Mutter hatte schon seit einigen Tagen über Bauchschmerzen geklagt. Es war der Blinddarm – und der musste raus.

Der Vater war auch schon da und fuhr mit ins Krankenhaus. Abends sprach Herr Steinke mit seinen Kindern. „Es ist alles noch einmal gut gegangen. Gefährlich ist es nicht, aber Mama muss mindestens fünf Tage im Krankenhaus bleiben. Ich könnte Tante Andrea bitten, zu uns zu kommen und für euch zu sorgen.“ „Also was denkst du denn, Papi. Wir sind doch schließlich alt genug, um uns ein paar Tage lang selbst zu versorgen.“ „Also gut. Dann müsst ihr einkaufen gehen und euch etwas zu essen machen, denn ich gehe abends nach der Arbeit zu Mama und komme erst nach Hause, wenn die Geschäfte schon zu sind.“

Am nächsten Tag haben Nike und Robin keine Lust zum Kochen. Sie gehen in eine Pizzeria und bestellen sich eine Pizza. Nike trinkt einen Orangensaft, Robin eine große Cola. Zum Nachtisch essen beide noch ein Eis. Dafür müssen sie 24,50 € bezahlen. Auf dem Weg zum Krankenhaus gehen sie noch schnell in den Supermarkt und kaufen sich ein paar Süßigkeiten für 1,80 € und einen Blumenstrauß für ihre Mutter im Krankenhaus. Am Abend bittet Nike ihren Vater um Geld. „Ich habe dir doch gestern erst 35 € gegeben“, ruft Herr Steinke entsetzt, „die können doch unmöglich schon weg sein.

Und der Kühlschrank ist auch leer, für mich ist nichts zu essen da.“ Herr Steinke ist stocksauer. Nun setzen sich die drei zusammen und beschließen, in Zukunft vernünftiger zu wirtschaften. Dazu gehört, dass genau geplant wird, was gekauft wird.

Nike und Robin bekommen nochmals 50 €. Damit müssen sie jetzt die drei Tage bis zum Wochenende auskommen. Sie setzen sich hin und machen einen Plan.

Was brauchen wir?	Das kostet ungefähr	Was braucht eine Person pro Mahlzeit?
Milch	1 € (1 l)	0,25 l
Butter	1,5 € (250 g)	40 g
Zucker	1 € (kg)	20 g
Apfelsaft	1,50 € (1 l)	0,5 l
Mineralwasser	4 € (12 Flaschen)	0,5 l
Tee	2,5 € (20 Teebeutel)	1 Teebeutel
Brot	3 € (kg)	150 g
Brötchen	0,5 € (Stück)	2
Marmelade	2,5 € (500 g)	50 g
Honig	6 € (500 g)	50 g
Joghurt	0,5 € (150 g)	150 g
Eier	2,5 € (10 Stück)	1 bis 2
Cornflakes	4 € (750 g)	75 g
Apfel	2,5 € (kg)	200 g
Bananen	2 € (kg)	200 g
Orangen	2,5 € (kg)	200 g
Nudeln	2 € (500 g)	125 g
Kartoffeln	2 € (kg)	250 g
Reis	1,5 € (4 Portionen)	1 Portion
Kartoffelpüree	2 € (4 Portionen)	1 Portion
Tomatensauce (Glas)	2 € (2 Portionen)	1 Portion
Hackfleisch	8 € (kg)	150 g
Putenschnitzel	12 € (kg)	150 g
Hähnchenkeule	10 € (kg)	250 g
Fischstäbchen	3 € (12 Stück)	6
Aufschnitt	2 € (100 g)	50 g
Käse	2 € (100 g)	50 g
Salat	1 € (Stück)	0,5
Tomaten	2 € (kg)	250 g
Gurke	1 € (Stück)	0,5
Karotten	2 € (kg)	250 g
Brokkoli	2 € (kg)	250 g
Spinat (Tiefkühl)	2 € (750 g)	250 g

E Eine Jeans für 100 Euro?
Wir entwickeln Lösungsvorschläge für einen Streit um Geld

Bepackt mit vielen Einkaufstüten kommt Claras Mutter von einem Ausflug in die Stadt zurück.

MUTTER: Hallo Clara, ich habe gerade ein wirklich tolles Schnäppchen gemacht. Schau mal, ich habe im Zero-Shop eine Jeans für dich gekauft. Die war auf 25 Euro reduziert.

CLARA: Aber Mami, du weißt doch, dass ich solche Jeans nicht mag. Die ziehe ich nicht an. Wie stehe ich denn damit vor meinen Freundinnen da! Schau sie dir doch mal an: Die gefällt doch keinem, da lachen doch alle. Nein, die kannst du gleich zurückbringen.

MUTTER: Jetzt bin ich wirklich enttäuscht. Da laufe ich mir die Hacken ab, um eine schöne Jeans für dich zu finden ... und nun so etwas. Du bist wirklich undankbar. Was willst du denn eigentlich?

CLARA: Das weißt du ganz genau, ich will unbedingt eine Original Miss-B-Jeans. Die hat in unserer Klasse fast jedes Mädchen. Bitte, bitte, Mami, du weißt doch, wie wichtig mir das ist.

MUTTER: Kommt gar nicht infrage, die kostet doch mindestens 100 Euro. Das leiste ich mir selbst nicht mal. Du hast keine Ahnung, wie hart wir unser Geld verdienen müssen. So viel Geld gebe ich auf keinen Fall für eine ganz gewöhnliche Jeans aus.

CLARA: Und diese blöde Jeans hier ziehe ich auf keinen Fall an, ich mache mich vor meinen Freundinnen doch nicht lächerlich.

MUTTER: Dann kann ich dir nicht helfen, lass dir etwas einfallen.

1 Beschreibe, worüber sich Clara und ihre Mutter streiten.

2 Wie könnte der Streit beigelegt werden? Entwickle einen Vorschlag.

3 Bereitet ein Gespräch zwischen Sarah und ihrer Mutter vor und spielt die Lösung in einem Rollenspiel nach.

Tipp: Die Aufgaben können auch in der Gruppe bearbeitet werden.

Vom richtigen Umgang mit Geld

Station 1 Welche Rolle spielt das Geld?

S M U H

1. Erkläre dem Mann mit dem Huhn, warum es viel praktischer ist, mit Geld zu bezahlen. Nenne mindestens drei Vorteile.
2. Eine Legehenne ist eigentlich viel mehr wert als ein 10-Euro-Schein, der doch nur aus Papier ist. Begründe, warum der Schein trotzdem wertvoll ist.

Station 2 Sparen oder alles ausgeben?

S M U H

1. Beschreibe drei Möglichkeiten, wie sich Cynthia diesen Wunsch erfüllen kann.
2. Für welche Möglichkeit würdest du dich entscheiden? Begründe dein Urteil.

Station 3 Wie können Familien mit ihrem Einkommen auskommen?

S M U H

K	A	R	E	N	T	E	B	Z	M
I	R	S	P	T	X	C	A	K	P
N	B	E	A	O	T	T	E	L	O
D	E	U	B	A	F	Ö	G	U	W
E	I	K	I	N	D	F	I	L	O
R	T	M	A	T	I	P	X	L	H
G	W	V	E	R	M	Ö	G	E	N
E	S	P	U	A	W	T	M	U	G
L	I	P	E	N	S	I	O	N	E
D	A	U	P	H	W	S	T	J	L
E	K	L	O	Z	N	C	E	F	D

- In dem Buchstabensalat verstecken sich sechs Begriffe, die Einkommensarten bezeichnen, davon drei Begriffe in den waagrechten Spalten, drei in den senkrechten Spalten. Verfasse für jeden Begriff eine kurze Erklärung.

9 Kinder und Jugendliche als Verbraucher

Wir treffen gut überlegte Kaufentscheidungen

1. Allein nachdenken

Angenommen, dein altes Fahrrad geht kaputt und du möchtest ein neues haben. Was musst du überlegen, bevor dein Wunsch Wirklichkeit wird?

2. Zu zweit beraten

Stell dir vor, dein neues Fahrrad gefällt dir kurz nach dem Kauf nicht mehr. Darfst du es im Geschäft umtauschen?

3. In der Klasse sammeln

Warum sollte man als Käufer seine Rechte kennen?

Im Verlauf dieses Kapitels könnt ihr …

- eure Rechte als Käufer erklären,
- beschreiben, wie Werbung wirkt,
- in einem Marktspiel untersuchen, warum sich Preise ändern,
- erklären, worauf man beim Einkaufen achten sollte.

Eigene Schwerpunkte könnt ihr setzen, indem ihr …

- euch ein Urteil darüber bildet, wie wichtig die Marke beim Einkaufen ist,
- bei einer Supermarktrallye kluge Tipps zum Einkaufen auf einem Plakat darstellt.

Detektivaufgabe für das ganze Kapitel:
Finde heraus, warum die Fische in einem Werbespot die Flucht ergreifen.

1 Darf ich einkaufen, was ich will?

Wir lösen Fälle zum Verbraucherrecht

A Einkaufsgeschichten: Welche Rechte haben Kinder und Jugendliche?

Die meisten Kinder und Jugendlichen gehen gerne shoppen. Doch dürfen sie von ihrem Taschengeld wirklich kaufen, was sie wollen? Und was passiert, wenn die Freude an dem Gekauften nicht lange anhält? Diese Fragen sind Thema der beiden Einkaufsgeschichten auf dieser Doppelseite. Wählt ein Beispiel aus, das ihr bearbeiten wollt.

1. Darf Tim sein Meerschweinchen behalten?

Der 11-jährige Tim liebt Tiere über alles. Deshalb besucht er zusammen mit seinem besten Freund Emilian wann immer möglich ein Tierheim wenige Straßen weiter.
„Du, es gibt Neuigkeiten: Ich darf mir ein Meerschweinchen kaufen", erzählt Emilian eines Tages aufgeregt. „Meine Mutter hat bei den Kleinanzeigen in der Zeitung ein tolles Angebot entdeckt. Kommst du mit?" Gemeinsam mit Emilians Mutter fahren sie zur Züchterin. Zusammen suchen sie bei ihr ein junges schwarzes Meerschweinchen aus. „Möchtest du auch eines? Ich würde es dir zum Sonderpreis von 5 Euro geben", fragt die Züchterin, als sie Tims sehnsüchtigen Blick sieht. Zunächst zögert Tim noch, doch dann gibt er sich einen Ruck. „Ja, natürlich. Den Kaufpreis kann ich von meinem Taschengeld bezahlen." „Bist du auch sicher, dass deine Eltern damit einverstanden sind?", fragt Emilians Mutter nach. „Ja natürlich, das geht schon klar", flunkert Tim. Als er freudestrahlend mit dem kleinen Meerschweinchen nach Hause kommt, reagiert seine Mutter entsetzt: „Du weißt ganz genau, dass wir in der engen Wohnung hier nicht auch noch ein Haustier halten können. Darüber haben wir doch schon gesprochen."
„Ein Meerschweinchen braucht doch nur wenig Platz. Außerdem würde ich mich ganz allein darum kümmern." „Kommt gar nicht infrage, du bringst das Meerschweinchen sofort zurück." Jetzt reagiert Tim trotzig: „Nein, das habe ich mir von meinem Taschengeld gekauft. Und ihr habt immer gesagt, dass ich damit machen kann, was ich will."
Muss Tim das Meerschweinchen wirklich zurückgeben?

Nein, weil er es von seinem Taschengeld gekauft hat. Er darf damit machen, was er will.

Ja, weil er für den Kauf eines Haustiers die Erlaubnis seiner Eltern braucht.

2. Kann Lilly ihr Skateboard umtauschen?

Die 12-jährige Lilly ist überglücklich, als sie zum Geburtstag von ihren Eltern und Großeltern das lang ersehnte Skateboard geschenkt bekommt.
Sie kann schon sehr geschickt damit umgehen, weil sie den ganzen Sommer über mit ihren Freunden auf der Halfpipe geübt hat. Selbst kleinere Kunststücke gelingen ihr. Ganz klar, dass sie auf fast allen Wegen ihr Skateboard dabeihat. Trotz allem Spaß geht sie keine unnötigen Risiken auf der Straße ein. Deshalb erschrickt sie umso mehr, als sie auf einer ebenen Straße plötzlich strauchelt und stürzt. Ihre beiden Freundinnen können sie gerade noch abfangen. „Hast du dir wehgetan?“, fragen sie. „Gott sei Dank nicht, ich kann mir das gar nicht erklären, warum ich gestürzt bin“, erwidert Lilly. Gemeinsam untersuchen sie den Schaden: Eine Rolle hat sich gelöst und den Sturz verursacht. „Das gibt's doch nicht – das Skateboard ist gerade mal zwei Monate alt. So etwas darf doch nicht passieren, damit kann ich nicht mehr fahren“, regt sich Lilly auf. Ihre beiden Freundinnen geben ihr recht. Was tun? „Vielleicht kann man die Rolle reparieren. Auch wenn das wieder Geld kostet, lohnt es sich doch“, schlagen ihre Freundinnen vor. „Nein, das kommt gar nicht infrage. Ich bin doch nicht schuld daran, dass sich die Rolle gelöst hat“, erwidert Lilly.

Lilly kann das Skateboard in das Geschäft zurückbringen und darauf bestehen, dass sie ein neues bekommt. Schließlich ist sie ja nicht schuld an dem Schaden, die Ursache war wahrscheinlich ein Materialfehler.

Gekauft ist gekauft. Lilly oder ihre Eltern hätten das Skateboard schon im Geschäft prüfen müssen, ob es einwandfrei ist. Jetzt ist es zu spät. Vielleicht kann man es auf eigene Rechnung reparieren lassen.

1 Notiere die wichtigsten Informationen zu dem von dir gewählten Fall und lies dazu den Infotext auf Seite 182.

2 Suche einen Partner, der den anderen Fall bearbeitet hat. Informiert euch gegenseitig über eure Fälle, trefft gemeinsam eine Entscheidung, wer recht hat, und begründet sie.

3 Lilly hat sich entschieden, mit der Verkäuferin im Sportgeschäft wegen der kaputten Rolle zu reden. Das Gespräch könnt ihr in einem Rollenspiel nachspielen. Achtet dabei besonders auf eine angemessene Begrüßung, freundliches Auftreten und eine überzeugende Begründung eures Anliegens.

B Rechte beim Einkaufen

1 Beschreibe, welche Rechte du beim Einkaufen in deinem jetzigen Alter hast.

2 Was kannst du tun, wenn zum Beispiel eine Jeans schon nach der ersten Wäsche kaputtgeht? Erkläre.

3 Die Rechte von Kindern und Jugendlichen beim Einkaufen sind durch Gesetze geregelt. Suche nach Gründen, warum das so ist. Findest du das gut oder eher überflüssig? Begründe dein Urteil.

Ab wann dürft ihr allein einkaufen?

Das hängt ganz von eurem Alter ab. Kinder bis zum 7. Geburtstag sind noch nicht geschäftsfähig. Das bedeutet, dass Kinder bis zu diesem Alter nicht alleine einkaufen dürfen. Wenn sich also eine Sechsjährige am Kiosk Süßigkeiten kauft, dann ist der Kauf ungültig. Das bedeutet, dass ihre Mutter die Süßigkeiten zurückgeben kann und den Kaufpreis erstattet bekommen muss.

Was bedeutet „beschränkt geschäftsfähig“?

Ab dem 7. Geburtstag bis zum 18. Geburtstag sind Kinder und Jugendliche „beschränkt geschäftsfähig“. Das bedeutet, dass ihr mit eurem Taschengeld oder geschenktem Geld grundsätzlich kaufen dürft, was ihr wollt. Einige Einschränkungen gibt es allerdings:

- Unter 16 Jahren dürft ihr keinen Alkohol, unter 18 Jahren keine Zigaretten kaufen;
- für größere Käufe braucht ihr die Zustimmung der Eltern;
- wenn ihr ein Haustier kaufen wollt, braucht ihr bis zum Alter von 14 Jahren die Erlaubnis der Eltern;
- ihr dürft keine Videospiele oder Filme kaufen, die für euer Alter nicht zugelassen sind.

All diese Einschränkungen haben den Zweck, Kinder und Jugendliche zu schützen. In einigen Fällen können Kinder auch sicherlich nicht genau abschätzen, welche Folgen ein Kauf hat, zum Beispiel dann, wenn sie ein Kaninchen kaufen, das dann jahrelang betreut und versorgt werden muss.

Rechte der Käufer

Wenn ein Händler etwas verkauft, ist er verpflichtet, die Ware in einwandfreier Qualität zu liefern. Doch vielleicht stellt man erst nachträglich fest, dass zum Beispiel nach dem Waschen die Nähte einer Jeans aufgehen. In diesem Fall kannst du dort reklamieren, wo du die Jeans gekauft hast. Der Händler muss dann die Jeans entweder kostenlos reparieren oder – wenn das nicht möglich ist – eine neue einwandfreie Jeans liefern. Wenn es das Modell nicht mehr gibt, kann man einen Preisnachlass aushandeln oder den Kaufpreis zurückverlangen. Bis zu zwei Jahre nach dem Kauf müssen Händler berechtigte Reklamationen anerkennen. Der Käufer muss das Datum des Kaufs nachweisen, indem er die Quittung vorlegt.

S M U H

C Wir entscheiden, wer was kaufen darf

Euer Auftrag:

1. Treffe für jedes Beispiel eine Entscheidung und begründe diese.
2. Stellt eure Ergebnisse in der Klasse vor.

3 x Ja – 3 x Nein	Ja, das geht, weil …	Nein, das geht nicht, weil …
1. Maren (12 Jahre) ist ganz stolz auf ihre neueste Anschaffung: einen quietschgrünen Sitzsack, den sie im Ausverkauf zum Preis von 23,90 Euro sehr günstig kaufen konnte. Finanziert hat sie den Kauf von ihrem Taschengeld und dem Geld, das sie zu ihrem Geburtstag bekommen hat. Ihre Eltern finden den Sitzsack geschmacklos und vertreten die Ansicht, dass er ihr hübsches Zimmer verschandelt. Durfte sie den Sitzsack auch ohne die Erlaubnis der Eltern kaufen?	?	
2. Der 26-jährige Kosta schickt seinen kleinen Bruder Mikis (12 Jahre) zum Kiosk mit dem Auftrag, für ihn und seine zwei Freunde drei Bier zu kaufen.		?
3. Die 11-jährige Caroline hat sich von ihrem Taschengeld ein Buch ihrer Lieblingsautorin gekauft. Doch nach den ersten 30 Seiten findet sie es langweilig und will es in den Laden zurückbringen und umtauschen. „Die Verkäuferin merkt doch gar nicht, dass ich schon darin gelesen habe“, meint sie.		
4. Die 12-jährige Teresa hat sich im Supermarkt ihre Lieblingsjoghurts gekauft. Zu Hause stellt sie verärgert fest, dass das Haltbarkeitsdatum schon seit zwei Tagen abgelaufen ist. Kann sie die Joghurts zurückbringen?	?	
5. Der 15-jährige Mark hat von seinen Eltern 400 Euro für den Kauf eines neuen Mountainbikes bekommen. Zusammen mit seinem Freund sucht er in einem Fachgeschäft ein geeignetes Rad für 370 Euro aus. Darf er das Fahrrad allein kaufen?		
6. Die 10-jährige Julie liebt Tiere über alles. Sie kann sich gar nicht satt sehen an den kleinen Kätzchen ihrer besten Freundin. Diese ist bereit, ihr ein Kätzchen für einen Euro zu verkaufen, wenn sie verspricht, es gut zu versorgen.		?

2 Lassen wir uns zu sehr von der Werbung verführen?

Wir formulieren Tipps gegen Supermarktfallen

A Muss es immer die Marke sein?

Eine Einstiegsübung für alle:
Adidas, Nike, Cola, Nivea … die meisten Kinder und Jugendlichen kennen viele Marken. Welche findest du gut? Warum? Sammle zunächst alleine und tausche dich dann mit einem Partner aus.

Die Versprechen der Marken

Warum kaufen Jugendliche T-Shirts von Nike oder Adidas, obwohl die gut und gerne zehnmal teurer sind als ganz normale T-Shirts ohne Logo? Billiges verkauft sich gut, haben wir gelernt. Und was noch? Cooles verkauft sich gut. Nike, Adidas, Red Bull, Coca Cola, iPods. Alle diese Sachen haben eines gemeinsam: einen berühmten Namen.
Alle sind Markenartikel. Jeder kennt sie. Aber das kommt nicht von ungefähr: Die Unternehmen geben sehr viel Geld für Werbefilme, Plakate oder Anzeigen aus, um ihre Produkte bekannt zu machen. […]
In erfolgreichen Marken steckt ein Gefühl, das der Kunde haben möchte. Adidas war lange erfolgreich. Später wurde das Sportschuhunternehmen etwas langweilig. Doch dann, vor 25 Jahren, machten die New York Rapper Run DMC ein Lied auf Adidas-Superstar-Turnschuhe („My Adidas"), das ein Nummer-1-Hit wurde. Einige Leute behaupten, die Rapper hätten auch die Mode erfunden, Turnschuhe mit offenen Schubändern zu tragen.
Nach dem Lied machte Adidas einen Werbevertrag mit den Rappern. Für Adidas war das Lied sehr gut, weil das Unternehmen dadurch nicht mehr altmodisch wirkte. Rapper waren damals jung und aufregend. Der Ruf der Rapper sollte sich auf Adidas übertragen und als Nächstes auf den Käufer.
[…] Bei der Marke bezahlt man das Gefühl immer mit. Deswegen können Markenwaren ein bisschen teurer sein. Wenn man Glück hat, kann man bei Aldi Jeans ohne bekannten Namen für 12 Euro kaufen. Hosen der Marke Diesel kosten zehnmal so viel. Aber die teuersten kosten 100-mal so viel: Jeans der Edelmarke „7 for all Mankind". Die Hose hebt den Po, warben die Erfinder. Und sie macht lange Beine.
Deshalb haben Hollywood-Stars wie Nicole Kidman, Cameron Diaz und Gwyneth Paltrow die Hose gekauft. Weil Stars oft fotografiert werden, landete die Hose in Illustrierten. Bald wollten viele Frauen „7 for all Mankind" tragen. Jeder spielt in der Hose ein bisschen Hollywood. Oder er will ein bisschen verrückt sein. Dafür geben Kunden Geld aus. […] Inzwischen ist die Welt weitergezogen. Die Edeljeans sind viel billiger geworden. Die Marke ist verblasst.

(Aus: Winand von Petersdorff: Das Geld reicht nie, Frankfurt 2013, S. 151 ff.)

Wie wichtig ist die Marke?

Jil, 13, aus Freigericht
Wenn ich Geld kriege, gehe ich zu H&M oder kaufe mir Sachen von Adidas, Puma oder Nike. Man guckt schon so ein bisschen, was die anderen so anhaben, welche Marken und so. Ich glaube, das ist ganz normal.

Maren, 10, aus Ingolstadt
Ich bin keine große Geldausgeberin und denke auch nicht so viel über Geld nach. Das interessiert mich eigentlich nicht besonders. Auch Markensachen sind mir meistens egal.

Jonah, 12, aus Hamburg
Ich bin ein großer Fan von Apple-Produkten und spare immer so lange, bis ich mir etwas Neues leisten kann. Ich bin einfach so von den Produkten begeistert. Weil die Sachen so teuer sind, verdiene ich mir auf Flohmärkten etwas hinzu und zu Weihnachten und zum Geburtstag wünsche ich mir Geld.

(Aus: Dein Spiegel, 08/2012, S. 31)

Warum sind Kinder und Jugendliche für Markenproduzenten so wichtig?

Auf der Einkaufsliste: drei Privatinseln mit Palmen in der Karibik, zehn Airbus-318-Flugzeuge, plus Benzin – und eine eigene Eisfabrik, die alle Kinder am Strand mit zwei Kugeln Himbeereis beliefert. Wenn alle Kinder in Deutschland ein Jahr lang ihr Taschengeld zusammenlegen würden, können sie sich das gemeinsam leisten.

1,87 Milliarden Euro – so viel Taschengeld haben Kinder 2013 bekommen. Dass Kinder gern einkaufen, wissen auch Firmen, die zum Beispiel Spielzeug erfinden oder Lebensmittel herstellen. […] Kinder bestimmen bei den Eltern mit, was im Einkaufswagen landet. Auch deshalb sind Kinder als Zielgruppe der Werbung interessant. Sie geben nicht nur ihr eigenes Geld aus, sondern sie haben großen Einfluss darauf, was die Eltern kaufen. […]

Imen und Henna gehen in Berlin in die 5. Klasse. Ihnen fällt auf, dass an ihrer Schule viele sehr ähnliche Sachen tragen – obwohl es keine Schuluniform gibt. Auf einmal haben viele Kinder die gleiche Uhr, einen ähnlichen Rucksack oder die gleichen Shorts. „Das nervt manchmal", stöhnt Imen, „und es ist auch total langweilig."

(Aktualisiert nach: Antonia Bauer: Unser Taschengeld, in: Dein Spiegel 08/2012, S. 28 ff.)

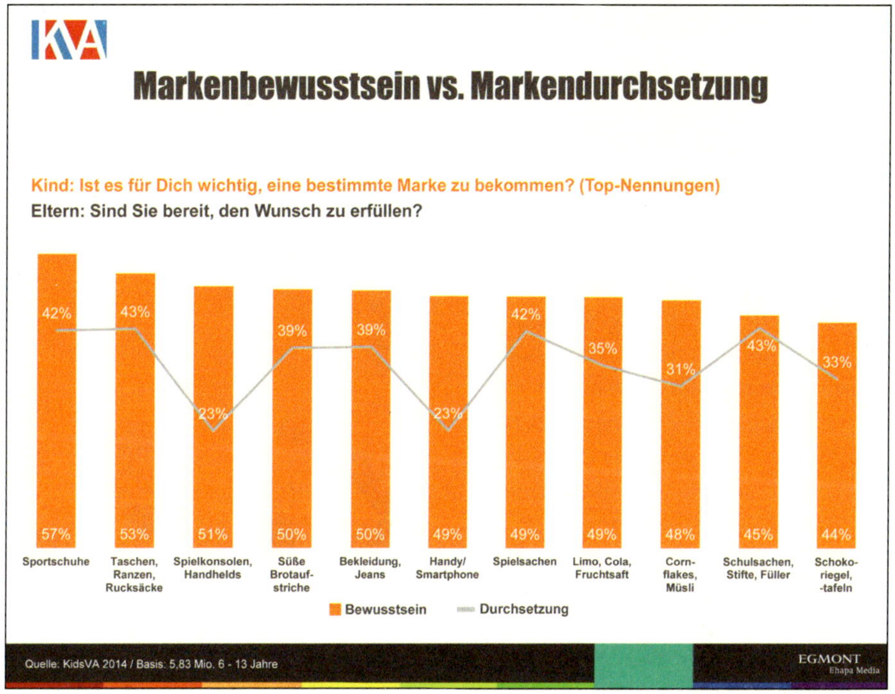

Die Grafik kann man so lesen:

57 % = 57 von 100 Kindern halten bei Sportschuhen eine bestimmte Marke für wichtig.

42 % = 42 von 100 Eltern sind bereit, den Wunsch der Kinder zu erfüllen.

1 Warum kaufen Verbraucher gerne Markenprodukte? Beschreibe die Gründe.

2 Welche der drei Stellungnahmen entspricht am ehesten deiner Einstellung zu Marken? Stelle deine Ansicht in der Klasse vor und begründe.

3 Viele Eltern klagen darüber, dass ihre Kinder nur noch Markenartikel kaufen wollen. Betrachte das Schaubild und überprüfe, ob diese Aussage stimmt.

4 Imen beobachtet, dass in ihrer Schule viele Kinder ähnliche Sachen tragen. Wie findet ihr das? Diskutiert darüber in der Klasse.

Was auch noch interessant sein kann:

- eine Umfrage zum Thema „Wie wichtig ist die Marke?" durchführen
- Werbeanzeigen und Spots bekannter Marken untersuchen: Was versprechen sie direkt oder indirekt den Käufern?

B Ein neues Eis kommt auf den Markt

Am liebsten mögen die Deutschen Vanille und Schokolade. Dennoch bringen die Eis-Hersteller jedes Jahr neue Sorten auf den Markt. „Es kommt darauf an, dass wir vertraute Dinge mit etwas Neuem mischen", erklärt Torsten Müller, Marketing-Manager der Firma Nestlé Schöller. Was das sein könnte, darüber diskutiert er mit seinen Kollegen. Testkunden werden befragt. Am Ende sieht das Ergebnis so aus: Schoko und Vanille, die vertrauten Sorten, werden getrennt durch eine Schicht fester Knack-Schokolade. Die ist dann neu.

Es gibt bereits viele verschiedene Eissorten, trotzdem werden jedes Jahr neue entwickelt.

Kaufinteresse wecken

Danach müssen Mark Scheller und seine Kollegen ran, die eigentlichen Eisköche: Sie mischen Zutaten, frieren sie ein, probieren und mischen neu. Wenn alle zufrieden sind, kommt für die Marketing-Leute die Hauptarbeit: Sie müssen dafür sorgen, dass die Menschen das Eis haben wollen. Mövenpick ist eine sogenannte Premium-Marke. Das bedeutet: Die Produkte sind etwas teurer als andere. Dafür soll der Käufer das Gefühl haben, sich etwas ganz Besonderes zu gönnen.

Ein toller Name muss her

Schon der Name muss nach etwas Besonderem klingen: „Chocolat Creation" klingt französisch und soll ausdrücken, dass es mehr als nur Schokoladen-Eis ist. „Creation" soll zeigen, dass es sich um eine Art kleines Kunstwerk handelt. Auch die Verpackung soll edel aussehen. Hellbraun ist sie, mit goldener Schrift.

Ein lustiger Werbespot

Dann muss ein Werbespot her. Einer, den die Leute sich auch merken. Der geht so: Eine hübsche Frau setzt sich vor ein Aquarium und öffnet die Eistüte. Die Fische werden neugierig und schwimmen an die Scheibe. Dann beißt die Frau in das Eis. Es knackt laut und deutlich. Die Frau reißt die Augen auf – mit so einem Geräusch hat sie anscheinend nicht gerechnet. Auch die Fische nicht: Sie erschrecken und ergreifen die Flucht. „An dieser Stelle müssen viele schmunzeln", sagt Julia Aldejohann, die Produkt-Managerin. Das bleibt eher im Kopf als etwas Langweiliges. Zwischen 100 000 und einer Million Euro kostet der Dreh so eines Filmchens. Damit es im Fernsehen läuft, muss Mövenpick noch einmal zahlen: 20 Sekunden Werbezeit kosten bis zu 100 000 Euro.

Die Kunden sind begeistert

Manchmal bleibt Julia Aldejohann im Supermarkt an der Kühltruhe stehen und hört zu, wie sich Kunden über Eis unterhalten. Und wenn sie sagen: „Das kenn ich aus der Werbung", weiß Aldejohann: Sie hat ihren Job gut gemacht.

(Nach: Miriam Olbrisch: Das will ich auch, in: Dein Spiegel, 08/2012, S. 33)

1 Eigentlich braucht niemand eine neue Eissorte. Was unternimmt die Firma, damit sie trotzdem gekauft wird? Beschreibe die einzelnen Maßnahmen.

2 Bei Marken bezahlt man das Gefühl immer mit. Erkläre die Aussage am Beispiel von „Chocolat Creation".

Infoseite

C Werbung

1 Erkläre, was man unter Werbung versteht und welche Arten von Werbung es gibt.

2 Warum werben Unternehmen gerne mit Stars? Begründe.

3 Wie sollten kluge Verbraucher mit Werbung umgehen? Formuliere Tipps.

Was ist Werbung?

Als Werbung bezeichnet man alle Maßnahmen, die den Verkauf eines Produkts steigern. Unternehmen wollen mit Werbung auf ihr Angebot aufmerksam machen, über die Vorteile ihrer Produkte informieren und in den Käufern den Wunsch wecken, die Waren zu kaufen. Denn nur wer viel verkauft, kann als Unternehmen überleben. Da Werbung für die Zukunft von Unternehmen so wichtig ist, geben sie auch sehr viel Geld dafür aus. Wenn zum Beispiel in der Autoindustrie neue Modelle eingeführt werden, kann die Werbekampagne dafür oft mehrere Hundert Millionen Euro kosten.

Arten von Werbung

Bei Werbung denkt ihr sicherlich zuerst an Anzeigen in Zeitungen, Zeitschriften, Anzeigenblättern und im Internet, aber auch an Werbespots im Radio, Fernsehen und im Kino.
Immer wichtiger werden jedoch auch andere Formen der Werbung. Beim Sponsoring unterstützt ein Unternehmen mit einem Geldbetrag Sport-Teams, Ausstellungen, Schulen oder andere Einrichtungen. Wenn dann darüber in den Zeitungen oder im Fernsehen berichtet wird, nützt es den Unternehmen, weil sie bekannt werden und die Menschen positiv über sie denken.
Bei der Schleichwerbung – auf Englisch Product Placement – werden in beliebten Fernsehsendungen Produkte eines Unternehmens so geschickt in die Handlung eingebaut, dass der Zuschauer meist gar nicht merkt, dass es sich um Werbung handelt. So trinkt zum Beispiel der Hauptdarsteller einer beliebten Serie immer wieder ein Erfrischungsgetränk einer bestimmten Marke. Die Folge ist, dass die Zuschauer natürlich dasselbe Produkt wie der Fernsehstar kaufen werden, und manchmal ist ihnen gar nicht bewusst, warum sie das tun.

Tricks der Werbemacher

Werbung ist besonders wirkungsvoll, wenn sie nicht nur informiert, sondern darüber hinaus auch die Gefühle der Menschen anspricht. Wer möchte nicht reich, gut aussehend und beliebt sein oder ein abenteuerliches Leben führen? Die Botschaft, die die Werbung vermittelt, ist einfach: Wenn du dieses Produkt kaufst, erfüllen sich alle deine Wünsche. Um dieses Ziel zu erreichen, bedienen sich die Werbemacher vieler Tricks: So sind zum Beispiel fast alle Menschen in Werbespots jung, braun gebrannt,

fröhlich, haben wunderschönes Haar und eine makellose Haut. Kurz: Es sind Idealmenschen.
Gerne wird auch mit Stars geworben. Dabei benutzt man die Tatsache, dass die Fans Stars als Vorbild empfinden und ihnen in jeder Hinsicht nacheifern, also auch zum Beispiel das gleiche Haarshampoo wie sie benutzen wollen. Stars wollen mit Werbung natürlich vor allem Geld verdienen – und es ist eher unwahrscheinlich, dass sie privat tatsächlich das Haarshampoo benutzen, für das sie geworben haben.
Werbung hat einen besonders großen Einfluss auf Menschen, die über ihre Tricks nicht aufgeklärt sind. Kluge Verbraucher können entscheiden, wie sie mit Werbung umgehen.

D Einkaufsfalle Supermarkt: Wir formulieren kluge Tipps

Wahrscheinlich ist es euch auch schon einmal so gegangen: Eure Mutter hat euch zum Einkaufen in den Supermarkt geschickt – vielleicht, um Milch zu holen. Und ihr habt euch von dem verlockenden Angebot an Süßigkeiten verführen lassen und Schokolade gekauft, obwohl ihr das eigentlich nicht vorhattet.

So wie euch ergeht es jeden Tag sehr vielen Menschen. Jedes zweite Produkt, das im Einkaufswagen landet, wird ungeplant gekauft. Kein Wunder, denn die Unternehmen gestalten mit vielen Werbe- und Verkaufstricks die Supermärkte so, dass sich Kunden dazu verleiten lassen, mehr zu kaufen, als sie brauchen. Hier könnt ihr zeigen, dass ihr schlau wie Füchse seid und euch im Supermarkt nicht austricksen lasst.

So könnt ihr vorgehen:

1. Formuliere allein zu jeder Supermarktfalle einen Einkaufstipp.
2. Stellt euch gegenseitig eure Ergebnisse vor und einigt euch in der Gruppe auf einen Tipp, den ihr auf einem Plakat darstellt. Wie ihr dabei vorgehen könnt, erfahrt ihr auf der Methodenkarte, S. 190.
3. Präsentiert eure Plakate in der Klasse. Welche gefallen euch besonders gut? Begründet eure Entscheidung.
4. Die Plakate könnt ihr in der Schule aufhängen, damit alle Schülerinnen und Schüler eure Arbeitsergebnisse kennenlernen und nutzen können.

1. Supermarktfalle: Einkaufswagen

Die Einkaufswagen in Supermärkten sind nicht zufällig viel zu groß für die meisten Kunden. Ein einzelner Salat wirkt darin ganz verloren. Die Kunden sollen dazu verführt werden, noch einige Dinge hineinzulegen, damit es nicht so leer im Wagen aussieht.

Unsere Tipps als Einkaufsfüchse:

...

2. Supermarktfalle: Weite Wege für Alltagsdinge

Forscher haben herausgefunden, dass die meisten Menschen mehr einkaufen, wenn es im Supermarkt linksherum geht. Warum das so ist, weiß noch niemand. Aber deswegen läuft man in fast allen Supermärkten linksherum. Die Waren sind so angeordnet, dass die Dinge, die man fast immer braucht, zum Beispiel Milch, in der hinteren Ecke des Supermarktes zu finden sind. Auf dem Weg dorthin sieht man viele andere Waren und lässt sich gerne verleiten, mehr zu kaufen, als man braucht.

Unsere Tipps als Einkaufsfüchse:

...

3. Supermarktfalle: Teure Waren stehen immer in Augenhöhe

Die Regale sind in den Märkten immer gleich aufgebaut: Die teuren Produkte findet man in Augenhöhe von Erwachsenen oder kurz darüber. Der Trick dabei: Wer im Vorbeilaufen nach einer Ware greift, erwischt immer die teure. Ganz unten in den Regalen findet man die billigen Produkte. Sie sind von der Qualität her meist nicht schlechter, doch die Supermärkte verdienen nicht so viel daran.

Unsere Tipps als Einkaufsfüchse:

...

4. Supermarktfalle: Angebliche Sonderangebote

Früher oder später trifft jeder Kunde auf kunstvoll aufgehäufte Berge von Limonadenflaschen, Schokotafeln oder Konserven. Sie werden abseits der Regale präsentiert. Wenn dann noch die Preisschilder gelb oder rot sind, denken die meisten Kunden automatisch, dass es sich hier um Sonderangebote handelt. Das ist jedoch nicht immer der Fall, oft sind die Produkte sogar eher teurer. Die Hersteller bezahlen häufig viel Geld dafür, dass ihre Produkte außerhalb der normalen Regale aufgestellt werden.

Unsere Tipps als Einkaufsfüchse:

...

5. Supermarktfalle: Verlockende Gerüche

In manchen Supermärkten duftet es zum Beispiel in der Backwarenabteilung verführerisch nach frischem Brot, auch wenn gerade gar nicht gebacken wird. Wer kann da widerstehen, besonders wenn man gerade hungrig ist? Und schon landen die Brötchen im Einkaufswagen. Die Supermarktbetreiber haben nämlich herausgefunden, dass Düfte Menschen zum Kaufen verleiten und setzen deswegen auch künstlich hergestellte Gerüche ein.

Unsere Tipps als Einkaufsfüchse:

...

6. Supermarktfalle: Süßigkeiten im Kassenbereich

Meist muss man einige Zeit warten, bis man mit dem Bezahlen dran ist. Gerade kleinere Kinder fangen dann häufig an zu quengeln. Die Supermarktchefs haben sich dafür einen besonders wirkungsvollen Trick ausgedacht: Direkt an der Kasse gibt es besonders viele Schokoriegel, Kaugummis, Getränkedosen oder Eis zu kaufen. Viele Eltern sind genervt und geben den Wünschen der Kinder nach – dabei sind die Riegel oft viel teurer als die Süßigkeiten in den Regalen.

Unsere Tipps als Einkaufsfüchse:

...

Ein Plakat entwerfen

Thema: Einkaufstipps

Was ist ein Plakat?

Plakate sind große bedruckte Papierbögen, die an öffentlichen Plätzen zu sehen sind. Sie begegnen uns überall in unserem Alltag auf Schritt und Tritt. Sie wollen in Sekundenschnelle die Aufmerksamkeit des Betrachters gewinnen und ihn dazu bringen, über etwas nachzudenken, etwas zu kaufen oder sich anders zu verhalten. Damit sie das erreichen, dürfen sie nur wenig Text enthalten. Ein Plakat besteht in der Regel nur aus

- einem guten Spruch,
- einem interessanten Bild,
- einer ansprechenden Gesamtgestaltung.

Das auf dieser Seite abgebildete Plakat enthält einen Einkaufstipp für die Kunden in einem Supermarkt. Es warnt davor, auf den Trick mit den zu großen Einkaufswagen hereinzufallen. Mit weiteren Tipps zum klugen Einkaufen könnt ihr selbst ein Plakat gestalten. Wählt als Grundlage dazu eines der Beispiele aus, das ihr auf den zurückliegenden Seiten kennengelernt habt, und versucht, ein Plakat zu gestalten, das sofort die Aufmerksamkeit der Betrachter gewinnt.

Wie macht man das?

- Überlegt, welche Textaussage euer Plakat enthalten soll. Sie sollte kurz und einprägsam sein. Wählt dazu ein passendes Bildmotiv aus. Das kann eine von euch selbst angefertigte Zeichnung sein.
- Kombiniert euren Text und euer Bild so, dass ein optisch ansprechender Gesamteindruck entsteht. Skizziert mehrere Entwürfe. Übertragt dann den besten Entwurf auf ein großes Blatt Papier.

Worauf man noch achten sollte

- Eure Schrift muss auch noch aus einigen Metern Entfernung gut lesbar sein.
- Man kann ein Plakat auch am Computer entwerfen.

3 Wie werden Preise gemacht?

Wir finden in einem Spiel heraus, warum sich Preise ändern

A Wie kommt der Preis für Waren zustande – das Beispiel Sportschuhe

„Wow, ist der Schuh teuer! Wieso verlangen die Geschäfte so viel Geld dafür?", staunt Jana, als sie ein Paar Sportschuhe im Schaufenster eines Sportgeschäfts betrachtet. Wie kommen die Händler auf genau diesen Preis? Diese Frage könnt ihr mithilfe des folgenden Textes und des Schaubilds beantworten.

Die Kosten der Hersteller

Sportschuhe werden meist in Asien hergestellt, weil dort die Löhne sehr viel niedriger sind als in Deutschland. Oft können die Beschäftigten dort kaum von ihrem Lohn leben. Das kritisieren viele Menschen in Deutschland.
Bei der Herstellung von Schuhen fallen für die Besitzer der Fabriken viele Kosten an: Sie müssen das Rohmaterial für die Schuhe kaufen, die Löhne für die Beschäftigten bezahlen, Maschinen bereitstellen und instand halten, die Räume kaufen oder mieten, für Strom, Wasser und Heizung aufkommen. All diese Kosten nennt man Selbstkosten. Wenn ein Hersteller seine Schuhe verkauft, schlägt er auf die Selbstkosten nochmals eine Summe auf, die ihm als Gewinn bleibt. Die fertigen Schuhe werden dann in riesigen Schiffen nach Europa transportiert. Auch die Transportunternehmen bekommen für ihre Arbeit Geld.

Sportfirmen entwickeln die Modelle und werben dafür

Die Markenfirmen kaufen die Schuhe bei den Herstellern in Asien ein. Die Preise sind sehr niedrig, weil die Arbeiter in den Fabriken sehr wenig verdienen. Auch sie haben Selbstkosten: zum Beispiel für die Verpackung, für Werbung und für die Entwicklung von neuen modischen Schuhmodellen. Natürlich müssen auch sie ihr Personal bezahlen. Auf ihre Selbstkosten schlagen sie ebenfalls einen Gewinn auf und verkaufen die Schuhe weiter.

Die Händler verkaufen die Ware an den Kunden

Die Händler kaufen die Schuhe zum Einkaufspreis von den Markenfirmen. Auf diesen Preis schlagen sie ihre Selbstkosten auf: die Ladenmiete, die Kosten für die Einrichtung, Personalkosten, Kosten für Energie, Steuern usw. Hinzu kommt ihr Gewinn und die Mehrwertsteuer, die sie an den Staat bezahlen müssen. Alles zusammengerechnet ergibt das den Verkaufspreis, den die Kunden im Laden bezahlen.

1 Beschreibe anhand des Textes und des Schaubilds, wie der Preis für ein Paar Sportschuhe zustande kommt.

2 Warum können Hersteller, Markenfirmen und Einzelhändler die Schuhe nicht zum Selbstkostenpreis verkaufen? Sucht nach Gründen.

B Das Marktspiel: Warum ändern sich Preise?

Vielleicht gehen eure Eltern auch manchmal auf dem Wochenmarkt einkaufen. Das ist ein Ort, auf dem Bauern und Händler aus der Umgebung ihre Produkte anbieten. Stellt euch vor, in eurer Gemeinde findet jeden Freitag ein solcher Markt statt. Ihr seid Bäuerinnen und Bauern, die dort selbst angebaute Erdbeeren verkaufen. Ihr wollt möglichst viele Waren verkaufen und dabei auch noch gut verdienen. Bildet in der Klasse mehrere Gruppen. Jede Gruppe hat nun die Aufgabe, die Preise für ihre Waren zu berechnen.

Spielablauf

1. Schritt: Lest euch zunächst die Informationen zu den Selbstkosten auf der nächsten Seite durch und errechnet eure eigenen Kosten.

2. Schritt: Überlegt nun, zu welchem Preis ihr eure Erdbeeren anbieten wollt. Schreibt den Preis auf ein großes Blatt Papier, stellt diesen in der Klasse vor und erklärt, wie er zustande gekommen ist.

3. Schritt: Vergleicht eure Preise. Welche Gruppe wird wohl als erste ihre Erdbeeren verkauft haben?

4. Schritt: Die Situation verändert sich. Nun kommen die Ereigniskarten ins Spiel. Lest euch zunächst die erste Ereigniskarte durch. Jede Gruppe bekommt nun einige Minuten Zeit, um ein neues Preisschild anzufertigen. Präsentiert anschließend eure neuen Preise. Was stellt ihr fest? Verfahrt mit der zweiten Ereigniskarte ebenso.

5. Schritt: Wertet nun eure Ergebnisse in der Klasse aus. Könnt ihr einen Zusammenhang zwischen der Menge der angebotenen Erdbeeren, der Zahl der Käufer und den Preisen entdecken?

Wie hoch sind eure Selbstkosten, um ein Kilo Erdbeeren zu produzieren?

Um ein Kilo Erdbeeren zu erzeugen, braucht ihr zunächst Setzlinge. Diese kosten 20 Cent. Für die Miete (Pacht) des Erdbeerfeldes, für Dünger und für Bewässerung müsst ihr pro Kilo Erdbeeren mit etwa 30 Cent rechnen. Um das Feld zu bewirtschaften, braucht ihr einen Traktor und Geräte, um die Kisten zum Marktstand zu transportieren, einen Kleintransporter. Dafür könnt ihr ca. 30 Cent pro Kilo veranschlagen. Da die Ernte innerhalb weniger Wochen reif wird, braucht ihr zusätzlich Erntehelfer, denen ihr Lohn zahlen müsst. Das kostet euch etwa 70 Cent. Als Miete für den Marktstand berechnet euch die Stadt 30 Cent. Manchmal verderben Erdbeeren auf dem Transport oder sie können am Markttag nicht verkauft werden, weil es zum Beispiel den ganzen Tag regnet. Dafür müsst ihr ca. 20 Cent einkalkulieren.
Das sind die Kosten, die bei der Produktion eines Kilos Erdbeeren entstehen. Damit habt ihr aber noch nichts verdient. Euer Verdienst wird der Gewinn sein. An den Kosten lässt sich nur schwer etwas ändern. Anders ist es bei der Gewinnerwartung. Hier könnt ihr selbst festlegen, ob es zum Beispiel euer Ziel ist, 20 Cent an einem Kilo Erdbeeren zu erwirtschaften oder sogar einen Euro oder mehr.

Wie verändern sich die Preise auf dem Markt?

Ereigniskarte 1

Heute Nacht hat es ein heftiges Gewitter gegeben. Der Hagel und der Sturm haben die Ernte beschädigt, sodass nur noch halb so viele Erdbeeren geerntet werden konnten. Den anderen Bauern in der Umgebung ging es ganz ähnlich. Auch sie können sehr viel weniger Erdbeeren auf dem Markt anbieten. Doch die Kunden stehen Schlange, denn die Erdbeeren auf dem Markt schmecken ihnen viel besser als die aus dem Supermarkt.

Zu welchem Preis bietet ihr die Erdbeeren an?

Ereigniskarte 2

Es ist eine halbe Stunde vor Marktschluss und ihr habt noch viele Körbchen Erdbeeren übrig. Wenn ihr sie heute nicht verkauft, verderben sie und ihr verdient gar nichts an ihnen. Auf dem Markt tummeln sich nur noch wenige Kunden.

Zu welchem Preis bietet ihr die Erdbeeren an?

C Preisbildung

1 Was versteht man unter einem Markt? Erkläre den Begriff anhand von Beispielen.

2 Wie verändern sich Preise? Vervollständige dazu folgende Sätze:
a) Wenn das Angebot größer wird, …
b) Wenn das Angebot geringer wird, …
c) Wenn die Nachfrage größer wird, …
d) Wenn die Nachfrage geringer wird, …

Der Markt – Treffpunkt von Verkäufern und Käufern

In vielen Gemeinden findet an einem bestimmten Tag in der Woche ein Wochenmarkt statt. Dort treffen Händler, die ihr Obst oder Gemüse verkaufen wollen, auf Menschen, die etwas kaufen möchten. Einen solchen Treffpunkt von Verkäufern und Käufern bezeichnet man als Markt. Auf dem Wochenmarkt, auf dem Flohmarkt oder im Kaufhaus stehen sie sich persönlich gegenüber. Man spricht jedoch auch von Märkten, wenn es keinen tatsächlich existierenden Treffpunkt gibt, zum Beispiel beim Automarkt. Dort stehen sich Käufer und Verkäufer von Autos gegenüber. Sie können dabei an ganz unterschiedlichen Orten zusammenfinden: zum Beispiel im Autohaus, im Internet oder über eine Verkaufsanzeige in der Tageszeitung.

Angebot + Nachfrage = Preis

Auf jedem Markt gibt es viele Händler, die ihre Produkte zum Verkauf anbieten. Alle Waren, die dort verkauft werden sollen, bezeichnet man zusammenfassend als Angebot. Alle Kunden eines Marktes, die Waren kaufen wollen, bilden die Nachfrage. Angebot und Nachfrage wirken sich auf die Höhe der Preise von Waren aus.

Wenn ihr zum Beispiel im Supermarkt einkauft, könnt ihr feststellen, dass Obst und Gemüse nicht immer dasselbe kosten. Im September sind zum Beispiel Trauben ganz billig, während sie im Februar sehr viel kosten. Das liegt daran, dass im Herbst die Ernte auf Hochtouren läuft, also das Angebot an Trauben sehr groß ist. Die Händler müssen große Mengen von Trauben verkaufen. Sie versuchen dies, indem sie den Preis senken, um damit mehr Käufer anzulocken. Im Februar dagegen ist das Angebot sehr gering, weil die Trauben aus dem Ausland eingeflogen werden müssen. Das bedeutet, dass die Händler auch höhere Einkaufspreise für Trauben bezahlen müssen. Das geringe Angebot und die höheren Selbstkosten lassen die Preise der Trauben steigen.

Ähnlich wirken sich Veränderungen in der Nachfrage auf die Preise aus. Wenn zum Beispiel eine bestimmte Kleidermarke bei Jugendlichen gerade in Mode kommt, möchten viele die begehrte Marke kaufen. Die Nachfrage ist also sehr groß. Für die Händler ist dies eine sehr günstige Situation, denn sie können hohe Preise verlangen und die Käufer sind trotzdem bereit, diese zu bezahlen. Kommt dieselbe Marke außer Mode, werden weniger Jugendliche solche Kleidungsstücke kaufen wollen. Die Nachfrage sinkt also. Wenn die Händler jetzt noch dieselben Preise verlangen, werden sie immer weniger verkaufen. Sie senken also die Preise und versuchen, mit Sonderangeboten doch noch Käufer zu finden.
Allerdings dürfen sie die Preise nicht so weit reduzieren, dass sie unter ihrem Einkaufspreis liegen.

D Wir kalkulieren für ein Kaufhaus Preise

Einmal angenommen, ihr arbeitet in der Geschäftsleitung eines großen Kaufhauses. Heute findet eure wöchentliche Besprechung statt, auf der Preise in den einzelnen Ausstellungen neu kalkuliert werden sollen. Die Geschäftsleitung ist dafür verantwortlich, dass möglichst viele Waren verkauft werden und das Kaufhaus gute Gewinne erzielt.

Euer Auftrag:

1. Auf dieser Seite findet ihr vier Situationen. Entscheidet jeweils, ob die Preise angehoben oder gesenkt werden sollen und begründet eure Empfehlung.
2. Stellt eure Ergebnisse in der Klasse vor.

Tipp: Partnerarbeit.

Süßwarenabteilung

Auf der ganzen Welt wird Schokolade immer beliebter, die Kakaobauern können kaum mehr genug für den Rohstoff von Schokolade liefern, die Preise dafür haben sich im letzten Jahr verdoppelt. Euer Lieferant kündigt an, dass die Ware in den nächsten Monaten knapp werden könnte. Sollen die Preise gleich bleiben, angehoben oder gesenkt werden?

Sportabteilung

Der letzte milde Winter hatte zur Folge, dass sich die Käufer nicht für neue Skiausrüstungen interessierten. Ski und Skistiefel liegen wie Blei in den Regalen. Andererseits wird in den nächsten Wochen schon die neue Bade- und Joggingmode geliefert. Dafür wird dringend Platz benötigt. Sollen die Preise gleich bleiben, angehoben oder gesenkt werden?

Kleiderabteilung

Besonders angesagt bei Jugendlichen sind zurzeit Jeans der Marke Mister Zero. Bisher war das Kaufhaus der einzige Anbieter vor Ort, an dem die Jugendlichen solche Jeans kaufen konnten. Nun bieten einige Internet-Shops die Jeans zum Teil erheblich billiger an. Sollen die Preise gleich bleiben, angehoben oder gesenkt werden?

Rucksäcke und Taschen

Gestern wurde die neue Kollektion der Trendmarke Southpack geliefert. Nachdem das Lederfachgeschäft pleitegegangen ist, ist das Kaufhaus der einzige Anbieter in der Stadt, der die Taschen und Rucksäcke dieses Herstellers verkauft. Sollen die Preise gleich bleiben, angehoben oder gesenkt werden?

E Was hat unsere Vorliebe für Hähnchenfilets mit den Preisen in Afrika zu tun?

Stellt euch vor, ihr sitzt vor einem reichlich gefüllten Teller mit leckerem Hähnchenfilet, das ihr im Supermarkt zum Sonderangebot gekauft habt. Und was passiert mit dem Rest des Hähnchens? Das erfahrt ihr aus dem folgenden Text.

Markt in Kamerun

Der Hühnerzüchter Francis Mvomba aus einem Dorf rund fünfzig Kilometer von Douala entfernt, ist verzweifelt. Er steht seit Stunden auf dem Markt der größten Stadt Kameruns mit seinen Helfern inmitten der rund um ihn aufgebauten Käfige mit seinem gackernden, kreischenden Federvieh. Er wird sein Geflügel einfach nicht los. Dabei ist er seit Tagen Stück für Stück mit dem Preis bereits nach unten gegangen und macht jetzt schweren Verlust. […]

„Wir müssen aufgeben!“, klagt Mvomba resigniert und fängt an, seine Käfige auf den klapprigen Lieferwagen zu laden. Wieder hat er an diesem Tag nichts verdient. Wie soll er seine Familie ernähren, die Kredite zurückzahlen?

„Die machen uns kaputt!“, klagt Mvomba und mit ihm viele Hühnerzüchter aus Kamerun. Mit „die“ meint er europäische Unternehmen, die Hähnchenteile und Hühnerschenkel nach Afrika ausführen. Auf Kameruns Märkten tauchen sie seit einiger Zeit auf für weniger als einen Euro das Kilo. Diese Firmen führen billige Hühnerteile in arme Länder aus, das „wertvolle“ weiße Fleisch, vor allem Filets vom Huhn, wandern in die Kühlregale der Supermärkte in den reichen Industrieländern. Hühnerköpfe, Schenkel und Innereien und anderes, bei den reicheren Konsumenten nicht gewünschtes „Restfleisch“ geht tiefgefroren nach Afrika.

Für die traditionellen kleineren Betriebe in Kamerun eine Katastrophe.

(Nach: Gerd Schneider, Globalisierung, Arena Verlag Würzburg 2008, S. 79 ff.)

Ich finde es nicht in Ordnung, dass Hähnchenteile, die wir nicht mögen, nach Afrika ausgeführt und dort sehr billig verkauft werden. Dort machen sie die Preise für die einheimischen Bauern kaputt und diese können ihre Familien nicht mehr ernähren.

Die Menschen in Afrika können doch froh sein, dass sie so billig Hähnchenteile bekommen. Sonst könnten sie sich vielleicht gar kein Fleisch leisten. Die Bauern in Kamerun müssen dann eben andere Lebensmittel produzieren, die sie gut verkaufen können.

1 Wie wirken sich die eingeführten Hähnchenteile aus Europa auf die Preise in Kamerun aus? Beschreibe die Zusammenhänge.

2 Betrachte den Text in den Sprechblasen. Welcher Ansicht stimmst du eher zu? Redet darüber in der Klasse.

Kinder und Jugendliche als Verbraucher

Station 1 Darf ich einkaufen, was ich will?

S M U H

Die elfjährige Nelly ist großer Fußball-Fan. Nach einem Fußballspiel, bei dem ihre Lieblingsmannschaft gewonnen hat, kauft sie sich ganz spontan von ihrem Taschengeld und ihren Ersparnissen für 24,90 Euro einen Fan-Schal. Ihre Eltern sind mit dem Kauf überhaupt nicht einverstanden. Sie finden Fanartikel nutzlos und völlig überteuert. Zunächst versuchen sie, Nelly davon zu überzeugen, den Schal gegen einen Gutschein auf Eintrittskarten zu tauschen. Als sie jedoch uneinsichtig ist, verlangen sie von Nelly, den Schal sofort zurückzubringen und sich das Geld wieder auszahlen zu lassen.

- Muss Nelly den Schal zurückgeben? Begründe deine Entscheidung.

Station 2 Lassen wir uns zu sehr von der Werbung verführen?

S M U H

1. Die beiden Zeichnungen stellen zwei Verkaufstricks von Supermärkten dar. Beschreibe die beiden Tricks und formuliere jeweils mindestens einen Einkaufstipp, wie man diese Fallen umgehen kann.
2. Tim sieht im Drogeriemarkt ein Plakat, auf dem ein Fußballstar für ein neues Deo wirbt. Er kauft es sofort, weil er denkt, dass es besonders gut ist. Hat er klug gehandelt? Begründe dein Urteil.

Station 3 Wie werden Preise gemacht?

S M U H

Wenn das Angebot	die Preise.	steigen	steigen
steigt,	steigt,	Wenn die Nachfrage	Wenn das Angebot
die Preise.	Wenn die Nachfrage	sinkt,	die Preise.
sinken	die Preise.	sinken	sinkt,

Wortpuzzle: Bilde aus den einzelnen Bausteinen vier sinnvolle Sätze. Jedes Puzzle-Stück muss verwendet werden.

Umgang mit Medien

10

Wir nutzen sie klug

1. Allein nachdenken

Welche wichtigen Ereignisse fallen dir ein, über die du in den vergangenen Wochen durch das Fernsehen, das Radio, das Internet oder die Zeitung erfahren hast?

2. Zu zweit beraten

Welche der notierten Ereignisse haltet ihr für besonders wichtig?

3. In der Klasse sammeln

Wozu brauchen wir die Medien in der modernen Welt? (Beachtet für eure Antworten auch das Foto).

Im Verlauf dieses Kapitels könnt ihr …

- Regeln für die kluge Nutzung unterschiedlicher Medien erarbeiten,
- gezielt nach Informationen im Netz suchen,
- Chancen und Gefahren im Umgang mit dem Internet einander gegenüberstellen,
- darüber diskutieren, ob das Internet Kindern beim Lernen hilft oder nicht,
- die Bedeutung der Medien für das Zusammenleben in der Gesellschaft erklären,
- eine Zeitungsseite selbst gestalten.

Eigene Schwerpunkte könnt ihr setzen, indem ihr …

- Tipps für das sichere Surfen im Netz zusammenstellt,
- euch über die Gestaltung von Schülerzeitungen informiert,
- eine eigene Präsentation mithilfe des PCs gestaltet.

Detektivaufgabe für das ganze Kapitel:
Wer besucht die Shogakko?

1 Beherrschen die Medien uns oder wir die Medien?

Wir erarbeiten Vorschläge für die kluge Nutzung des Internets

Eine Einstiegsübung für alle:

- Angenommen, man bietet dir eine große Summe Geld an, sagen wir 5 000 Euro. Die Bedingung: Du darfst von nun an drei Monate lang keinen Computer mit Internet benutzen, kein Handy, Smartphone, Tablet und auch keine Spielkonsole. Medien, die du in dieser Zeit nutzen darfst, sind: Fernsehen, Radio, Zeitschriften und Bücher. Nimmst du das Angebot an?

A Medienalltag in Familie Schmidt

Mit dem folgenden Beispiel beginnt ein Artikel in einer Fachzeitschrift zum Thema Medienalltag in der Familie. Die Autorin stellt dazu die Frage, ob das noch ein richtiges Familienleben ist.

Es ist Abend. Die Eltern sind von der Arbeit heimgekommen, die Kinder vom Sportplatz oder von der Theater-AG. Der Vater sitzt am PC und fertigt seine Steuererklärung an. Die Mutter telefoniert vom Handy aus mit einer Kollegin und räumt dabei den Abendbrottisch ab. Der Sohn, 13, sitzt vor seinem Computer und erzählt über Facebook, wie das Wochenende so war. Die Tochter, 10, erledigt rasch noch die liegen gebliebenen Hausaufgaben, hört dabei aber Musik über den MP3-Player. Ist das noch eine Familie? […] Eins ist klar: Die Vielfalt und ständige Verfügbarkeit der neuen Medien revolutionieren den Alltag bis in die „Keimzelle der Gesellschaft", die Familie. Die ständige Zunahme der Geräte als auch der inhaltlichen Angebote macht es, sagt man, immer schwieriger, am Abendbrottisch ein gemeinsames Thema zu finden und zu vertiefen: Lebt nicht jedes Familienmitglied in seiner eigenen medial vermittelten Welt?

(Aus: Barbara Sichtermann: Revolution in der Keimzelle der Gesellschaft (sprachlich bearbeitet), in: Medien – Concret, Heft 1, Kinder und Medien, JFC Medienzentrum Köln, 2013)

1 Ist das noch ein richtiges Familienleben in Familie Schmidt oder nicht? Entscheide spontan.

2 Beschreibe die Szene, die der Karikaturist darstellt, und erkläre, worüber er sich lustig macht.

3 Wie groß ist deiner Ansicht nach der Einfluss moderner Medien auf den Alltag in einer Familie: sehr groß oder eher gering? Nimm Stellung dazu.

Meinungen zum Fall

Wenn jeder in der Familie nur noch allein mit seinen eigenen Medien beschäftigt ist, dann ist das kein richtiges Familienleben mehr.

Klar ist das noch ein richtiges Familienleben. Das ist doch gut, dass alle Familienmitglieder die Medien benutzen, so wie sie es gerade für richtig halten.

Aktiv lernen

S M U H

B Mediennutzung in der Familie: Welche Regeln soll es geben?

Der Umgang mit modernen Medien kann in einer Familie oft zum Streitfall werden. Eltern haben manchmal andere Vorstellungen von einem vernünftigen Umgang damit wie die Kinder. Sogar Expertinnen und Experten, die sich beruflich mit diesem Thema auseinandersetzen, vertreten unterschiedliche Ansichten.

Welche Regeln gibt es, auf die sich Kinder und Eltern gemeinsam verständigen können? Über diese Frage könnt ihr hier nachdenken und Entscheidungen treffen.

Euer Auftrag:

- Gehe zunächst die Liste alleine durch und entscheide dich bei jedem Beispiel für A oder B. (Notiere die Zahlen untereinander und füge jeweils A oder B hinzu.)
- Setzt euch dann in kleinen Gruppen zusammen. Einigt euch gemeinsam darauf, welche Regeln vernünftig sind und welche nicht.
- Entwickelt gemeinsam eure Vorschläge für vernünftige Regeln im Umgang mit Medien in der Familie und stellt sie in der Klasse vor.

10 Regeln	**A Ja, das ist eine gute Regel.**	**B Nein, das ist nicht gut.**
1. Kleine Kinder in der Familie haben ihren eigenen MP3-Player am Bettchen, der ihnen zum Einschlafen eine Geschichte vorspielt. Das beruhigt sie und führt zu einem guten Schlaf.		
2. In der Familie wird ein Zeitplan für die Internetnutzung vereinbart. Kein Familienmitglied darf länger als zwei Stunden am Stück surfen.	?	
3. Eltern nehmen sich mehrmals in der Woche eine halbe Stunde Zeit, um mit ihren 10- bis 13-jährigen Kindern gemeinsam zu surfen.		
4. Für Kinder im Vorschulalter, die noch nicht lesen und schreiben können, gilt komplettes Internetverbot.		?
5. Eltern und Kinder schauen sich mindestens einmal in der Woche gemeinsam eine Sendung im Fernsehen an. Danach wird das Gerät ausgeschaltet.		
6. Wer als Kind oder Jugendlicher ein Spiel downloaden oder etwas im Internet bestellen will, muss erst die Eltern informieren und um Erlaubnis fragen.	?	
7. Kinderzimmer müssen ein privates Rückzugsgebiet sein. Eltern haben sich nicht dafür zu interessieren, wie ihre Kinder in ihren Zimmern mit Medien umgehen.		
8. Kinder versprechen ihren Eltern, dass sie diese regelmäßig darüber informieren, welche Internetseiten sie in letzter Zeit besucht haben.		?
9. Wenn die Familie sich zum gemeinsamen Essen trifft, werden alle Handys ausgeschaltet oder bleiben vor der Tür.		
10. Um informiert zu sein, verpflichten sich Kinder ab zehn Jahren, einmal am Tag eine Nachrichtensendung im Fernsehen anzuschauen oder in der örtlichen Zeitung zu lesen.		

C Das Internet: Wie nutzt man die Chancen und vermeidet Gefahren?

Diese Doppelseite sollten alle in der Klasse zunächst alleine und in Ruhe durchlesen. Danach könnt ihr euch zu zweit oder zu dritt zusammensetzen und die Arbeitsaufträge gemeinsam bearbeiten.

Internet: Was ist das eigentlich?

Das Internet* muss man sich wie ein riesiges Netz vorstellen. In diesem Netz sind die Computer die Knoten. Alle diese Knoten sind mit unzähligen anderen Computerknoten durch elektronische Leitungen verbunden. Jeder, der einen Computer mit Internetanschluss besitzt, ist einer dieser Knoten und damit Teil des weltumspannenden Netzes. Weltraumsatelliten sorgen dafür, dass der Informationsfluss zwischen den Computern ohne irgendwelche Hindernisse durch die Atmosphäre versendet wird. So können unvorstellbar große Mengen an Informationen hin und her sausen. Das Netz umspannt die ganze Welt und wird täglich dichter und dichter.

* Zu den Begriffen Internet und Globalisierung findest du weitere Informationen im Glossar.

Die Chancen

Eine Schatztruhe für Informationen

Du sollst ein Referat über das Leben der Buckelwale halten? Kein Problem: Du gehst ins Internet, gibst den Begriff Buckelwale in eine Suchmaschine ein, und schon findest du zahlreiche Internetseiten mit Informationen über deine gesuchte Tierart. Das Internet ist eine wahre Schatztruhe an Informationen über alle möglichen Themen. Und diese Schatztruhe wird jeden Tag größer. Nie zuvor stand den Menschen eine so leicht zugängliche Menge an Informationen zur Verfügung.

Freizeitgestaltung und Lernen

Das Internet ist für die meisten von euch zu einem selbstverständlichen Teil der Freizeitgestaltung geworden. Durch die Verbreitung von Smartphones, Tablet-PCs und immer kleiner werdenden Computern nimmt die Internetnutzung kräftig zu. Mit anderen kommunizieren, Spiele spielen, Musik hören und Videos anschauen nimmt dabei einen breiten Raum ein. Auch für das Lernen und die Schule werden die Internetangebote genutzt. Acht von zehn der Zehn- bis Elfjährigen geben an, das Internet zur Erledigung von Hausaufgaben zu benutzen, und ebenso viele sagen, dass sie Suchmaschinen wie Google regelmäßig zur Informationssuche für die Schule benötigen. Kinder- und Jugendseiten wie blinde-kuh, hanisauland und helles-koepfchen erfreuen sich großer Beliebtheit.

Weltweite Kommunikation

Experten sagen, dass mit dem Internet die Welt zum globalen Dorf geworden ist. Menschen aus allen Ländern der Welt können einander kennenlernen, Informationen austauschen, Freunde werden. Jeder vierte Mensch auf der Welt hat mittlerweile Zugang zum globalen Netz. Erwachsene nutzen das Internet, um kaufen und verkaufen zu können. Firmen können sich den Handel mit Waren ohne Internet gar nicht mehr vorstellen. Das weltweite Netz kennt keine Grenzen und keine unüberbrückbaren Entfernungen. Die Welt wird vernetzt und wächst immer weiter zusammen. Diesen Prozess bezeichnet man als Globalisierung*. Die Globalisierung wurde durch das Internet ermöglicht und hat die Welt völlig verändert.

Die Gefahren

Fehlinformationen

Kehren wir noch einmal zum Referat über Buckelwale zurück. Cirka 190 000 Internetadressen erhältst du bei der Suchmaschine Google, wenn du den Begriff eingibst. Wer aber sagt dir, welche davon gut oder schlecht, richtig oder falsch sind? Antwort: niemand. Es gibt keine Kontrolle im Netz und weil das so ist, kann jeder Informationen darin verbreiten, auch wenn sie falsch sind. Manche machen sich sogar einen Spaß daraus, unsinnige Fehlinformationen im Netz zu verbreiten. Deshalb gilt: Niemals alles unkritisch für die Wahrheit halten, was man im Internet findet. Informationen sollten stets auf ihren Wahrheitsgehalt überprüft werden. Das ist schwierig, aber man kann es schaffen, indem man Informationen vergleicht oder Erwachsene fragt, die Spezialisten für Fachgebiete sind.

Computersucht

Gefährlich ist es, wenn Kinder und Jugendliche einen zu großen Teil ihrer Freizeit vor dem Computer verbringen und wenn dadurch Freunde, Sport und das Lernen für die Schule zu kurz kommen. Surfen, Chatten und Spielen können süchtig machen. Deshalb gilt: Niemals darf der Computer wichtiger als die Familie, die Freunde und die Schule werden.

Datenmissbrauch

Beim Chatten und in den sozialen Netzwerken trifft man sich und tauscht Informationen aus. Dabei ist Vorsicht geboten. Im Internet sind auch Verrückte und gefährliche Menschen unterwegs. Manche Erwachsene geben sich im Chatroom als Kinder oder Jugendliche aus. Sie wollen sich das Vertrauen von Kindern erschleichen und verfolgen in Wahrheit kriminelle Absichten. Dabei ist der Missbrauch von Daten eines der größten Probleme. Das geschieht, wenn man Name, Adresse und Telefonnummern ins Netz einstellt. Kriminelle können sich diese Daten zunutze machen, um Wohnorte auszuspionieren und sich das Vertrauen von Kindern zu erschleichen. Weil Kinder diesen Gefahren im Netz schutzlos ausgeliefert sind, gibt es zu ihrem Schutz eine Altersbeschränkung für die Teilnahme an den sozialen Netzwerken.

(alle Angaben im Text aus mpfs/JIM-Studie 2013)

Angenommen, dass ...

Ihr habt den Auftrag bekommen, die Eltern auf einer Elternversammlung über die Chancen und die Gefahren des Internets zu informieren.

1 Erstellt eine Übersicht, in der ihr diese mit wenigen Stichworten darstellt.

2 Übt euch darin, die Chancen und Gefahren mündlich anschaulich zu erklären.

3 Übt eure Präsentationen für die Eltern in der Klasse ein.

Die Eltern wollen auch wissen, ob die Schülerinnen und Schüler in eurer Klasse sich der Gefahren bewusst oder ob sie ihnen schutzlos ausgeliefert sind. Sprecht miteinander darüber und stellt den Eltern eure Antworten vor.

Was auch noch interessant sein kann:

- Tipps für das sichere Surfen im Netz zusammenstellen: Öffnet dazu die Internetseite www.klicksafe.de, hier findet ihr alle Informationen, die ihr dazu benötigt.

D Informationen suchen im Netz: Muss es immer Google sein?

Google ist eine amerikanische Firma, welche die größte Suchmaschine der Welt betreibt. Wer heutzutage nach Informationen sucht, sagt oft: „Ich muss das mal googeln." Nach Ansicht der Autorin des folgenden Artikels sollte man sich aber nicht nur auf Google verlassen.

Die meisten Menschen vertrauen Google, sie halten die Firma für so etwas wie einen Schiedsrichter im Netz: Was bei Google-Ergebnissen weit vorne steht, ist wichtig und richtig. Was weiter hinten steht, braucht man nicht zu beachten. Denken die Leute. Stimmt aber nicht. [...]
Wonach sucht zum Beispiel jemand, der „Bart" eintippt? Nach Schnauzbärten oder nach Bart Simpson?
Um zu erraten, was der Bart-Sucher finden will, schaut Google in den Speicher: Wer vorher schon mal nach „Simpsons" gesucht hat, kriegt wahrscheinlich Infos über die Comic-Figur. Wer vorher nach Rasierapparaten gesucht hat, sieht eher Fotos von Männern mit verrückten Bärten.
Was in den Rechnern von Google abläuft, ist geheim. Eine Formel von mehr als 200 Elementen bestimmt, welches Suchergebnis vorn landet und welches hinten. Google hütet diese Formel genauso streng wie Coca-Cola sein Cola-Rezept. [...]
Außerdem guckt Google, wo derjenige sitzt, der gerade etwas sucht. Wer zum Beispiel in München Hunger hat und nach Pizza sucht, findet als Erstes eine Pizzeria in München und keine in Düsseldorf.
Wenn man genau wüsste, weshalb Google eine Seite gut findet, dann wäre diese Information viel Geld wert. Eine Firma, die DVDs verkauft, möchte natürlich ganz oben auftauchen, wenn jemand nach „Filmen" sucht. Das ist prima Werbung, denn viele Leute klicken darauf und kaufen vielleicht sogar etwas.
Aber um ganz vorn zu landen, müssen Firmen oft tricksen. Ein DVD-Verkäufer will zum Beispiel, dass seine Seite weit oben bei den Treffern steht, wenn jemand „Filme" googelt. Deswegen engagiert er Suchmaschinen-Optimierer. Deren Beruf ist es, die Internetseite genau so zu bauen, dass sie zu Google passt und weit vorn landet. Die Suchmaschinen-Profis kennen viele Kniffe, um das hinzukriegen.

(Aus: Antonia Bauer: Googles geheime Gleichung, in: Dein Spiegel. Das große Buch, Carlsen Verlag Hamburg 2014, S. 148f.)

1 Was macht ein „Suchmaschinen-Optimierer"? Erkläre es.

2 Manche Google-Nutzer finden es in Ordnung, dass Google viel über sie weiß, andere stört das. Welche Gründe können die einen und die anderen dafür haben? Finde sie heraus. (Das geht auch zu zweit.)

3 Erkläre einem Mitschüler, warum es sinnvoll sein kann, auch noch andere Informationsquellen außer Google zu benutzen.

Hilfreiche Adressen im Netz
Eine Auswahl

www.blinde-kuh.de

Zu wichtigen und interessanten Themen findest du hier kurz gefasste Informationen. Die Seite wurde mit dem Kinderkulturpreis ausgezeichnet und wird vom Bundesministerium für Familie, Senioren, Frauen und Jugend gefördert.

www.helles-koepfchen.de

Die von der Firma Cosmos Media in Berlin herausgegebene Seite hat sich zu einer der am häufigsten angeklickten Kinder- und Jugendsuchmaschinen entwickelt. Zu mehreren tausend Themen bietet sie sachlich geprüfte und gut verständliche Informationen an.

www.planet-wissen.de/
www.planet-schule.de

Wenn du das Portal planet-wissen öffnest, gelangst du mit einem Link auch auf planet-schule. Die Adresse wird von mehreren Fernsehanstalten betrieben und richtet sich an Schüler und Lehrer. Sie ist sehr zu empfehlen bei der Vorbereitung von Referaten.

www.kuppelgucker.de/
www.mitmischen.de

Die beiden vom Deutschen Bundestag herausgegebenen Portale kannst du nutzen, wenn du Informationen aus den Bereichen Politik und Wirtschaft suchst. Die eine richtet sich eher an Kinder, die andere an Jugendliche.

E Bedeutung der Medien

1 Medien, Massenmedien, Neue Medien: Beschreibe die Merkmale.

2 Warum kann es ohne freie Medien keine Demokratie geben? Erläutere die Zusammenhänge.

3 Was verstehst du unter *Informationskompetenz* und wie schätzt du deren Bedeutung für dich und für das Zusammenleben in der Gesellschaft ein? Schreibe dazu einen Text. (Sieh dir auch an, welche Aussage die Karikatur zu diesem Thema macht.)

„Eh Mann, wo hat das Ding denn seinen Kopfhöreranschluss?"

Merkmale

Medien dienen der Vermittlung von Inhalten. Unsere Sprache ist zum Beispiel das Medium, mit dem wir uns untereinander verständigen. Das Gleiche gilt für Texte, die wir schreiben, oder auch für ein Bild, das wir für eine andere Person malen. Medien stellen Verbindung her. Sie dienen der Kommunikation und der Information.
Als Massenmedien bezeichnen wir solche, die sich an ein breites Publikum wenden. Sie verbreiten Informationen mithilfe von Technik. Bücher, Zeitungen, Zeitschriften, Radio und Fernsehen sind die klassischen Massenmedien.
Immer bedeutsamer werden die sogenannten „Neuen Medien". Das sind alle diejenigen, die durch Computertechnologie mit dem Internet verbunden sind. Handys, Smartphones, Tablet-PCs gehören dazu.

Aufgaben

Im privaten Leben dienen Medien der Unterhaltung, dem Spiel und der Pflege von Kontakten mit anderen. Medien haben aber auch öffentliche Aufgaben. Dazu gehört, dass sie darüber informieren, was in der Welt geschieht. Nahezu alles, was wir zum Beispiel über politische Ereignisse wissen, erfahren wir durch die Berichterstattung in den Medien.
Eine zweite öffentliche Aufgabe besteht darin, die Regierung zu kontrollieren und dafür zu sorgen, dass Probleme nicht unter den Teppich gekehrt werden.
Ohne die Medien kann die Demokratie nicht funktionieren, weil die Menschen ohne sie uninformiert wären und keine Möglichkeit hätten, sich ihr eigenes Urteil zu bilden. Die Medien müssen über alles, was von öffentlichem Interesse ist, frei und uneingeschränkt berichten können. Staaten, in denen die Medien nur die Meinung der Regierung verkünden dürfen, können keine Demokratien sein.
Die Freiheit der Medien kann auch zu Problemen führen, besonders dann, wenn diese in das Privatleben von Menschen eindringen und Dinge berichten, die nicht für die Öffentlichkeit bestimmt sind.

Bedeutung der Information

Politikerinnen und Politiker nutzen die Medien, um über ihre Absichten zu informieren und um die Menschen von ihren eigenen Ansichten zu überzeugen. Viele Bürgerinnen und Bürger benutzen die Medien, um in der Politik mitzumachen. Sie nehmen Kontakte zu Politikern auf, kommentieren deren Entscheidungen, verabreden sich zu gemeinsamen Aktionen und beschaffen sich Informationen. Sich informieren kann allerdings nur, wer in der Lage ist, Medienbotschaften zu verstehen. Egal, ob man sich über das Internet oder über die Tageszeitung informiert, man muss verstehen, was einem an Texten angeboten wird.
Informationskompetenz bedeutet, dass man Informationen erarbeiten, bewerten und anderen Personen vermitteln kann. Man lernt das nicht von heute auf morgen. Wer am Ball bleibt, wird von Tag zu Tag erfolgreicher werden.

2 Wer klug sein will, muss sich informieren können

Wir analysieren Nachrichten aus Politik und Wirtschaft

Wie kann man sich auf dem Laufenden halten über wichtige Dinge, die in der Welt passieren? Eine Grundvoraussetzung dazu ist die Fähigkeit, Texte zu verstehen, die uns über die Medien übermittelt werden. Hier könnt ihr diese Befähigung anhand von Nachrichten aus Tageszeitungen trainieren. Ihr könnt auch selbst Nachrichten produzieren und herausfinden, welche wichtigen Aufgaben die Medien in der Demokratie zu erfüllen haben. Wer die Zeitung versteht, kann auch das Internet nutzen.

Eine Einstiegsübung für alle:
In dem Kasten findest du eine Auswahl an Überschriften, die im Abstand von wenigen Wochen in Zeitungen zu lesen waren.
- Bei welchen der Überschriften 1 bis 4 kannst du dir denken, worum es in der Zeitungsnachricht geht?

A Lesen macht Kinder klüger

Eine Studie aus dem Pisa-Siegerland beweist: Finnische Kinder, die Zeitung lesen, sind klüger. Finnische Schüler, die mehrmals die Woche die Tageszeitung studieren, weisen nicht nur höhere Lesekompetenz auf, sondern schneiden auch in Mathematik und naturwissenschaftlichen Fächern am besten ab. […]
Gründe, warum Kinder Zeitung lesen sollten: Mit Zeitungen macht das Lernen Spaß. Zeitungen regen Schüler zum Lesen an. Zeitungen verschaffen Schülern einen Wissensvorsprung. Zeitungen vermitteln Kindern eine greifbare Welt. Zeitunglesen verbindet – wer liest, kann mitreden.

(Aus: Kluge Kinder lesen Zeitung, Sonderbeilage der Saarbrücker Zeitung, 2013, verf. von Carola Becker)

Schlagzeilen aus Tageszeitungen

1. Als erster Bundesstaat der USA verbietet Kalifornien Plastiktüten
2. Europäische Union verlangt Ende des Vogelfangs mit Netzen
3. Bürger in Dortmund wollen Flüchtlingen helfen
4. Bundesrepublik beschließt Sonderrechte für Elektroautos

1 Welche Gründe für das Zeitunglesen werden genannt?

2 Zwei Meinungen von Erwachsenen, über die ihr euch euer eigenes Urteil bilden solltet:

„Nachrichten sind oft ernst und manchmal auch traurig. Man sollte die Kinder davon fernhalten."

„Kinder wollen wissen, was in der Welt passiert, auch wenn es sich um ernste Angelegenheiten handelt."

Tipp: Zu den Überschriften findet ihr auf der folgenden Doppelseite auch die dazugehörigen Nachrichtentexte. Damit ihr diese richtig gut versteht, solltet ihr zunächst die Methodenkarte rechts lesen.

Methodenkarte 12

S M U H

Nachrichten analysieren

Thema:
Aktuelle Tageszeitungen lesen

Was ist ein Nachrichtentext?

Ein Nachrichtentext ist ein informierender Text, der Neuigkeiten enthält, die für viele Menschen interessant sind. Häufige Themen in Nachrichtentexten sind außergewöhnliche Ereignisse und Geschehnisse, die von bekannten Personen handeln, zum Beispiel von Politikern und von Künstlern. Nachrichtentexte kann man ganz leicht erkennen: Sie sind kurz. In der Zeitung sind sie oft nur zehn bis 20 Zeilen lang. Sie enthalten ausschließlich Informationen. Auf keinen Fall darf jemand, der Nachrichten verfasst, seine persönliche Meinung zu einem Ereignis hineinschreiben.

Was heißt analysieren?

Analysieren bedeutet, dass man etwas unter bestimmten Fragestellungen sehr genau untersucht. Man geht dabei nach Plan Schritt für Schritt vor. Bei der Analyse einer Nachricht musst du sie ein zweites Mal lesen. Beim zweiten Lesen gliederst du die Informationen darin auf. Dazu stellst du Fragen an den Text. Auf mindestens fünf der folgenden sechs W-Fragen unten rechts findest du in gut verfassten Nachrichten eine Antwort.

Schritte zur Vorgehensweise:

Erster Schritt:

Du liest den Nachrichtentext einmal vollständig durch.

Zweiter Schritt:

Du benutzt jetzt ein Protokollblatt, auf dem die sechs Fragen notiert sind. Du liest die Nachricht ein zweites Mal und füllst das Protokollblatt nach und nach aus.

Dritter Schritt:

Du fasst die Nachricht mit deinen eigenen Worten schriftlich zusammen. Am Ende solltest du in der Lage sein, den Inhalt der Nachricht mündlich vorzutragen.

Wie sind Nachrichtentexte aufgebaut?

In einer Zeitungsnachricht steht die wichtigste Information immer im ersten Satz, zum Beispiel: „Vor der englischen Küste ist am Freitag ein Tanker gesunken.“ Es folgt dann der zweitwichtigste Satz bzw. die zweitwichtigste Information. Der Grund dafür ist, dass Nachrichtentexte in Zeitungsredaktionen aus Platzgründen oft gekürzt werden müssen. Damit das schnell geht, soll das, was notfalls gekürzt werden muss, immer im Schlussteil stehen.

B Wir stellen uns gegenseitig Nachrichtentexte vor

Euer Auftrag:
Die vier Nachrichtentexte auf dieser Doppelseite solltet ihr zur Bearbeitung aufteilen. Jeder von euch liest eine der Nachrichten und bearbeitet den Text mit der „W-Fragen-Methode". Verwendet dazu ein vorbereitetes Protokollblatt. Danach könnt ihr euch in Vierergruppen zusammensetzen und euch die Ereignisse reihum vorstellen, von denen ihr durch das Lesen erfahren habt. Ihr solltet die Nachricht nicht vorlesen, sondern mit eigenen Worten berichten, was passiert ist.
Sprecht im Anschluss an die Vorstellungen miteinander über die Fragen, die unter den Texten stehen. Stellt eure Gesprächsergebnisse in der Klasse vor.

Mein Auswertungsblatt für Nachrichten

Nachrichtentitel:

Datum:

1. *Was geschah?*
2. *Wann geschah es?*
3. *Wo geschah es?*
4. *Wie geschah es?*
5. *Wer war daran beteiligt?*
6. *Warum geschah es?*

Experte 1
Kalifornien verbietet Plastiktüten

Als erster amerikanischer Bundesstaat hat Kalifornien kostenlose Einweg-Plastiktüten verboten. Gouverneur Jerry Brown unterzeichnete am Dienstag ein entsprechendes Gesetz und lobte die Regelung als „Schritt in die richtige Richtung". Das Gesetz „verringert die Flut an Plastik, die unsere Strände, Parks und sogar den großen Ozean verschmutzt", erklärte Brown. Von Juli kommenden Jahres an dürfen Supermärkte und Drogeriemärkte keine kostenlosen Einweg-Plastiktüten mehr verteilen, ab Juli 2016 gilt das Verbot auch für kleinere Lebensmittelgeschäfte und Getränkehändler. Für wiederverwertbare Plastiktaschen sowie Papiertüten müssen Kunden in Kalifornien eine Gebühr von zehn amerikanischen Cent bezahlen.

(Nachricht der Agentur AFP vom 30.09.2014)

Experte 2
EU verlangt Ende des Vogelfangs mit Netzen

Brüssel – Die EU-Kommission hat von Italien die Beendigung des Vogelfangs mit Netzen verlangt und mit einer Klage vor dem Europäischen Gerichtshof gedroht. In mehreren Regionen des Landes würden seit Jahren Lerchen, Drosseln, Amseln und weitere Vögel mit Netzen eingefangen, obwohl das europäische Recht diese Methode verbiete, teilte die Kommission am Mittwoch mit. Die Tiere werden als lebende Köder eingesetzt, um Raubvögel anzulocken. Verbreitet ist die Praxis laut EU etwa in der Toskana und der Lombardei. Die dortigen Behörden haben trotz einer früheren Aufforderung aus Brüssel die Genehmigungen für die Jagd mit Netzen noch nicht widerrufen. Italien hat jetzt zwei Monate Zeit für eine Reaktion.

(AFP-Meldung vom 26.11.2014, in Spiegel-Online)

1 Kalifornien ist einer von 50 Bundesstaaten der USA. Ist es sinnvoll, dass auch alle anderen Staaten Plastiktüten verbieten? Tragt zusammen, was ihr über die Bedeutung von Plastikmüll für die Umwelt wisst.

2 Die Verteidiger des Einfangens von Zugvögeln mit Netzen sagen, dass es sich dabei um eine ganz normale Art der Jagd handele. Findest du das europaweite Verbot trotzdem richtig? Nimm Stellung dazu.

Experte 3
Bürger wollen Flüchtlingen helfen

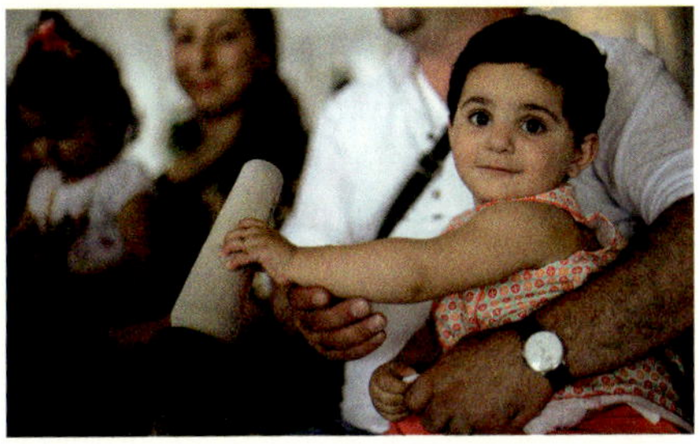

Dortmund: In die ehemalige Andreasschule an der Adlerstraße ziehen ab nächster Woche 150 Flüchtlinge. Eine Flüchtlingsunterkunft mitten im Wohngebiet – das sorgt häufig für Angst und Proteste. Nicht so im Unionviertel: Beim Bürgerdialog am Donnerstagabend wollten die Anwohner vor allem wissen, wie sie helfen können. Ein Klima der Fürsorge und Hilfsbereitschaft bestimmte den Bürgerdialog, zu dem die Bezirksvertretung Innenstadt-West am Donnerstagabend (6. November) in den Gemeindesaal der katholischen Suitbertus-Gemeinde eingeladen hatte. Im Unionviertel sind die 150 Flüchtlinge willkommen …

(Heike Thelen, Nachrichtenredaktion der Ruhrnachrichten Dortmund, 7. November 2014)

Experte 4
Kostenlose Parkplätze für Elektroautos

Berlin: Die Bundesregierung hat eine weitere Anschubhilfe für Elektroautos beschlossen. Das Kabinett billigte am Mittwoch in Berlin das sogenannte Elektromobilitätsgesetz, mit dem Elektroautos im Straßenverkehr bevorzugt und aus ihrem bisherigen Nischendasein herausgeholt werden sollen.

So soll den Kommunen unter anderem das Recht eingeräumt werden, kostenlose Parkplätze für Elektroautos zu reservieren und die Nutzung von Busspuren zu erlauben. Kaufprämien lehnt die Bundesregierung ab. […] Die Bundesregierung will mehr umweltfreundliche Elektroautos auf die Straßen bringen. Ihr Ziel ist es, dass es im Jahr 2020 eine Million Elektroautos in Deutschland gibt.

(dpa-Meldung vom 24. September 2014)

Woher bekommen die Zeitungen die Nachrichten?

Eine Zeitung kann nicht überall in die Welt Reporter entsenden. Das wäre viel zu kostspielig. Diese Aufgabe übernehmen die Nachrichtenagenturen. Das sind Unternehmen, welche die Zeitungsredaktionen rund um die Uhr mit Nachrichten aus aller Welt versorgen. Insgesamt gibt es weltweit etwa 180 solcher Nachrichtenagenturen. Die größte deutsche ist die Deutsche Presse-Agentur (dpa). Sie beschäftigt Reporter, die aus der ganzen Welt in Texten, Fotos, Grafiken und gesprochenen Worten berichten. Alle 90 Sekunden versendet dpa eine neue Meldung, alle vier Minuten ein Bild. Für das Abonnement einer Nachrichtenagentur müssen die Zeitungsredaktionen bezahlen.

Alle 90 Sekunden eine neue Nachricht … Blick in das Büro der Deutschen Presse-Agentur

3 Was ist so bemerkenswert an der beschriebenen Bürgerversammlung in Dortmund, dass die Zeitung eine Nachricht dazu veröffentlichte? Ermittelt mögliche Gründe.

4 Was können die Gründe dafür sein, dass in Deutschland ein Elektromobilitätsgesetz in Kraft treten soll? Erläutert den Inhalt und die Ziele.

5 Formuliere eine Antwort auf die Frage über dem Text im gelb unterlegten Kasten.

6 Das Büro, das du auf dem Foto siehst, befindet sich in Berlin. Versuche zu erklären, was dort geschieht.

C Wir gestalten eine Zeitungsseite mit eigenen Nachrichten

Eine Zeitungsseite mit eigenen Nachrichten könnt ihr selbst gestalten. Sucht Themen aus, über die ihr schreiben wollt und verteilt die Schreibaufträge untereinander.
Wenn mehrere Artikel fertig sind, könnt ihr daraus eine Seite gestalten. Dazu müsst ihr beachten, dass eine Zeitungsseite mehr als eine Sammlung von Nachrichtentexten ist. Sie muss über ein ansprechendes *Layout* verfügen. Unter dem Layout einer Zeitung versteht man die Form der Seitengestaltung. Überlegt euch einen Zeitungstitel und fügt ein oder zwei passende Fotos hinzu (auch Zeichnungen sind möglich).

Tipp: Benutzt große Papierbögen, um eure Texte aufzukleben, oder gestaltet das Seitenlayout mit dem PC.

Schülerzeitungsmacher lernen viel

Viele Journalisten haben ihre ersten Schritte auf dem Weg zum professionellen Schreiben bei einer Schülerzeitung gemacht. Schülerzeitungen sind eine wunderbare Möglichkeit, den Beruf des Journalisten auszuprobieren. Schülerzeitungsredakteure müssen wichtige von unwichtigen Themen unterscheiden, sie müssen recherchieren und an brisanten Themen dranbleiben. Sie bekommen die Möglichkeit, sich einzumischen und sich für die Belange ihrer Mitschüler einzusetzen. [...] Kurz gesagt: Sie lernen viel fürs Leben und für den Beruf.

(Aus: Julia Jäckel, Vorstandsvorsitzende des Verlagshauses Gruner und Jahr, in: Kein Blatt vorm Mund, Festschrift zur Prämierung der besten Schülerzeitungen, Verlag Jugendpresse Deutschland e.V.)

1 Was versteht man unter dem Layout einer Zeitung? Erkläre es.

2 Warum kann es sinnvoll sein, dass Schüler eigene Zeitungen machen? Fasse zusammen, was Julia Jäckel dazu sagt.

Was auch noch interessant sein kann:

- sich informieren über die Schülerzeitung an der eigenen Schule, eigene Mitarbeit anbieten, eine gute Vorbereitung dazu gibt es im Internet unter www.schuelerzeitung.de

D Wir wählen interessante Themen für Nachrichten aus

Ereignis	Ja, das taugt zur Nachricht.	Nein, das taugt nicht.
1. Klasse 6a startet Aktion zur Verschönerung ihres Klassenraumes		
2. Lehrerehepaar Müller gewinnt Stadtmeisterschaft im Tanzwettbewerb		
3. Schuldirektorin lädt die Schülersprecher zu einer Gesprächsrunde ein		
4. Klasse 7d legt auf einem Ausflug 100 Kilometer mit dem Bus zurück		
5. Fünftklässler verbringen eine spannende Lesenacht in der Schule		
6. Hausmeister Schmidt schimpft lauthals über den Dreck in den Schulfluren		
7. Schülervertretung startet Hilfsaktion für Not leidende Kinder		
8. Lehrer Meyer gibt in der 6c Klassenarbeit zurück		
9. Schülerinnen und Schüler der 6d stellen Plakate zum Umweltschutz im Schulgebäude aus		
10. Lehrerin Schrader berichtet über ihre Studienreise nach Indien		
11. Schwertfische im Klassenaquarium sorgen für Nachwuchs		
12. Klasse 6b organisiert Hausaufgabendienst für kranke Klassenkameraden		

Euer Auftrag:
Hier könnt ihr beraten, welche Ereignisse aus dem Schulleben zur Nachricht taugen. Das geht am besten in Gruppenarbeit.

Besprecht dazu die folgenden Fragen:

1 Welche der Ereignisse aus der Liste eignen sich zum Schreiben einer interessanten Nachricht? Welche nicht? Entscheidet gemeinsam.

2 Welche weiteren Themen aus eurer Klasse oder eurer Schule sind so interessant, dass sich eine Nachricht darüber lohnt? Überlegt, beratet und entwickelt möglichst mehrere Themenvorschläge.

Zur Nachricht taugen nur Ereignisse, die für viele Leserinnen und Leser interessant sind. Sie müssen von etwas Besonderem berichten, von Ereignissen, die ungewöhnlich sind, zum Beispiel: *Der Oberbürgermeister unserer Stadt besucht unsere Schule.*
Das Ereignis, von dem berichtet wird, sollte wichtig sein, sodass die Leser etwas daraus lernen können, zum Beispiel: *Schülerinnen und Schüler unterstützen mit einer Hilfsaktion eine Schule in Indien.*
Nachrichten können von ernsten, aber auch von vergnüglichen Ereignissen berichten, zum Beispiel: *Lehrer Hinz verschießt zwei Elfmeter im Fußballspiel Lehrer gegen Schüler.*

Folgende Regeln gelten für das Schreiben einer Nachricht:
- Sie bezieht sich auf ein aktuelles Ereignis.
- Der Text muss auf folgende W-Fragen Antwort geben: Wer? Wann? Wo? Was? Wie?
- Er muss gut verständlich geschrieben sein.
- Er darf nur Informationen enthalten, keine persönlichen Meinungen.
- Die wichtigste Information muss bereits im ersten Satz stehen. Es folgt die zweitwichtigste usw.

3 Weltweit Kontakte knüpfen mit Medien

Wir planen eine Präsentation mithilfe des PCs

A An einem Freitag in der 6c

Die Klassenlehrerin Frau Starkmut wirft Laptop und Beamer an und zeigt den Schülerinnen und Schülern ihrer Klasse eine E-Mail, die sie von einer Schulklasse in Japan erhalten hat, und dazu eine angehängte Internetpräsentation. Nachdem die Mail von allen gelesen wurde, schaut man sich sehr interessiert die angefügte Präsentation an, welche die japanischen Kinder in Form von Folien gestaltet haben.
Danach überlegen die Klasse und Frau Starkmut gemeinsam, wie man auf den Brief und die Präsentation reagieren sollte.

- Wie hättet ihr am liebsten reagiert?

Liebe Schülerinnen und Schüler,

wir sind die Klasse 6 der Shogakko-Primary-Scool in Kioto, Japan. Wir möchten sehr gerne mehr darüber erfahren, wie gleichaltrige Schülerinnen und Schüler in Deutschland leben. Aus diesem Grund haben wir folgende herzliche Bitte an euch. Könnt ihr uns Informationen übermitteln?

Wir sind sehr interessiert an Informationen über eure Schule und über das Schulsystem in Deutschland. Wir möchten auch gerne mehr darüber erfahren, wie Kinder und Jugendliche in Deutschland leben. Könnt ihr uns berichten, wie es in eurer Stadt und in eurem Land aussieht?

Wir haben für euch eine Präsentation über uns und unser Land zusammengestellt und als Datei an diese E-Mail angehängt. Wir werden sehr glücklich sein, wenn ihr uns auch eine kleine Zeitung zusenden könntet.

Wir bedanken uns sehr herzlich im Voraus bei euch und wünschen euch immer Glück und ein langes Leben.

B Die Präsentation einer Schulklasse aus einem anderen Land

Nach und nach schauen sich die Schülerinnen und Schüler der Klasse 6c die folgende Computerpräsentation an:

1 Unsere Präsentation für unsere Freunde in Deutschland

2 Schulsystem

- Kindergarten und Kinderkrippen für fast alle Kinder
- von 6–12 Besuch der sechsjährigen Grundschule; sie heißt *Shogakko*
- Von 13–15 drei Jahre *Chuakko* = Mittelschule

Prüfung

- Von 16–18 drei Jahre Oberschule = *Kotogakko*

3 Die japanische Flagge

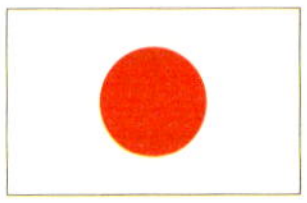

- Roter Punkt auf weißem Grund = Symbol einer Sonnenscheibe
- Japan ist das Land der aufgehenden Sonne.

4 Freizeit

- Schule dauert immer bis zum späten Nachmittag,
- viele haben Nachhilfeunterricht bis abends,
- es gibt kaum Freizeit in der Woche,
- Sport und Musik sind sehr beliebt.

5 Infos über unser Land

- Japan besteht aus vielen Inseln.
- Einwohner: etwa 127 Millionen
- Fläche: 378 000 km^2
- Hauptstadt = Tokio, etwa 28 Millionen Einwohner
- Staatsoberhaupt ist der Tenno. Das ist der Kaiser.
- Unser Land ist demokratisch mit einem gewählten Parlament.

Sehenswürdigkeiten

6

Die größte Natursehenswürdigkeit ist der Berg Fuji. Er ist ein Vulkan und 3776 Meter hoch.

1 Hat Japan mehr oder weniger Einwohner als Deutschland und mehr oder weniger Fläche? Finde es so schnell wie möglich heraus.

2 Welche Informationen aus dieser Präsentation sind für dich neu und interessant?

3 Welche Gliederungspunkte würdet ihr für eine Computerpräsentation für eine Schulklasse in einem anderen Land wählen? Entwickelt Vorschläge. (Das geht auch zu zweit.)

S M U H

Eine Internetpräsentation gestalten

Thema: Unsere Klasse, unser Land

Worum geht es?

Stellt euch vor, ihr möchtet eine Präsentation erstellen, in der ihr eure Klasse und euer Land anderen Kindern in einer anderen Schule irgendwo auf der Welt vorstellt. Das Internet bietet euch die Möglichkeit dazu.

Wie macht man das?

1. Wählt die Empfänger aus.

Ihr könnt überlegen, ob der Empfänger eurer Präsentation eine Partnerschule oder eine andere Schulklasse sein soll. Auch Eltern, Freunde und Bekannte kommen als Empfänger infrage. Sicherlich werden viele an eurer Präsentation interessiert sein.

2. Verständigt euch über die Themen eurer Präsentation.

Was soll in eurer Präsentation drinstehen? Ihr könnt zum Beispiel eure Klasse vorstellen, eure Schule, Hobbys, Freizeit, besondere Feste, Sehenswürdigkeiten in eurer Umgebung, Informationen über euer Bundesland, über Deutschland und anderes mehr. Verständigt euch über die Themen.

3. Einigt euch auf die Form.

Die japanischen Schüler haben die Form einer PowerPoint-Präsentation gewählt, um sich über das Internet zu präsentieren. Mit diesem Programm kann man Folien gestalten. Für eure Präsentation könnt ihr das gleiche oder ein ähnliches Programm verwenden.

Dabei solltet ihr darauf achten, dass alle Folien eine einheitliche Form haben. Die Form der Präsentationsgestaltung nennt man auch Layout.

4. Teilt die Arbeit auf.

Dazu könnt ihr Partnerschaften bilden. Die einen nehmen sich das Thema Schule vor, die anderen das Thema Hobbys, wieder andere stellen Informationen über die eigene Stadt, das Bundesland oder über Deutschland zusammen. Die Lernpartner können gemeinsam am Computer arbeiten und für die Präsentation jeweils eine oder zwei Folien gestalten.

5. Fügt die Einzelergebnisse zusammen.

Wenn alle Folien fertig sind, müssen sie zu einer Gesamtpräsentation zusammengestellt werden.

Das können einige wenige Schüler oder auch der Lehrer übernehmen.

6. Betrachtet und überarbeitet eure Gesamtpräsentation.

Schaut euch gemeinsam eure Präsentation an. Überlegt dabei, wie sie auf andere Kinder wirken wird. Habt ihr euch positiv dargestellt? Habt ihr Fehler vermieden? Überarbeitet die Folien noch einmal, bevor ihr sie versendet.

Worauf ihr noch achten solltet:

Denkt daran, dass Menschen eure Internetpräsentation anschauen werden, die ihr gar nicht persönlich kennt. Stellt daher nur Informationen zur Verfügung, die jeder wissen darf und die nicht zu privat sind.

Kompetenzstationen

Umgang mit Medien

Station 1 Beherrschen die Medien uns oder wir die Medien?

Mindestens zwei der folgenden drei Aufgaben solltest du bearbeiten.

1. Worin siehst du die Vorzüge, die das Internet dem Nutzer bietet? Formuliere möglichst mehrere.

2. Welchen Gefahren, kann man deiner Ansicht nach ausgesetzt sein? Formuliere zwei.

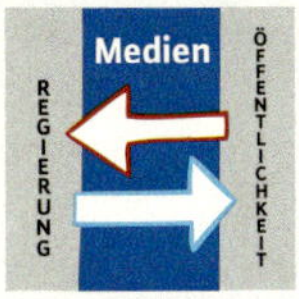

3. Worin siehst du die wichtigen Aufgaben der Medien? Finde zwei.

Station 2 Wer klug sein will, muss sich informieren können

Hier müssen jeweils zwei Satzteile so zusammengefügt werden, dass sich daraus wichtige Merksätze ergeben.

1. Ein Nachrichtentext ist …
2. Einen Nachrichtentext zu analysieren bedeutet, dass …
3. In Zeitungsnachrichten …
4. Unter dem Layout versteht man …
5. Nachrichtenagenturen versorgen …

A … Zeitungsredaktionen rund um die Uhr mit Nachrichten aus aller Welt.
B … ein informierender Text, der Informationen enthält, die für viele Menschen interessant sind.
C … man die unterschiedlichen Informationen darin mithilfe von W-Fragen ermittelt.
D … die formale Seitengestaltung einer Zeitung.
E … steht die wichtigste Information immer am Anfang.

Station 3 Weltweit Kontakte knüpfen mit Medien

Wenn man in der Klasse eine Internetpräsentation für eine andere Schulklasse irgendwo auf der Welt vorbereitet, sollte man Schritt für Schritt vorgehen. Schreibe die Schritte so untereinander, dass sich eine sinnvolle Reihenfolge ergibt.

Themen auswählen **Nr. ?**

sich über die Form der Präsentation verständigen **Nr. ?**

Einzelergebnisse zusammenfügen **Nr. ?**

Empfänger auswählen **Nr. ?**

die Präsentation versenden **Nr. ?**

die Arbeit auf Teams verteilen **Nr. ?**

die fertige Präsentation überarbeiten **Nr. ?**

Umweltschutz als Zukunftsaufgabe

11

Wir üben umweltfreundliches Verhalten

1. Allein nachdenken

Welche Gedanken zum Thema Umweltschutz löst das Foto auf dieser Doppelseite in dir aus?

2. Zu zweit beraten

Wir müssen die Umwelt schützen, weil …
Denkt euch mehrere Fortsetzungen für diesen Satz aus.

3. In der Klasse sammeln

Was kann jeder Einzelne zum Umweltschutz beitragen?

Im Verlauf dieses Kapitels könnt ihr …

- an Beispielen herausfinden, wie Schülerinnen und Schüler beim Umweltschutz mitmachen können,
- erläutern, was man unter einem vorsorgenden und nachhaltigen Umweltschutz versteht,
- herausfinden, warum der Schutz des Klimas wichtig ist und was wir alle dazu beitragen können,
- darüber diskutieren, welche Maßnahmen zur Verringerung des Mülls auf der Erde am wirkungvollsten sind.

Eigene Schwerpunkte könnt ihr setzen, indem ihr …

- eine Umfrage zum Thema Umweltschutz durchführt,
- ein Klima-Quiz löst,
- euch über die Müllentsorgung in eurer Heimatgemeinde informiert,
- Geschichten über den Umgang mit der Umwelt erfindet.

Detektivaufgabe für das ganze Kapitel:
Wo lebt Kora?

1 Wie gehen wir mit der Umwelt um?

Wir befragen uns und andere

A Der Fall: Auf dem Weg zur Umwelt-AG

Joy und Tarik warten auf den Beginn der Umwelt-AG, als Rahel zu ihnen stößt … Lest den Dialog mit verteilten Rollen.

1

2

3

1 Warum möchte Joy der Umwelt-AG beitreten? Nenne die Gründe.

2 Joy, Rahel und Tarik berichten von negativen und von positiven Erfahrungen. Welche sind das? Stellt sie dar und berichtet, ob ihr ähnliche Erfahrungen gemacht habt oder nicht.

3 Vielleicht gibt es in deiner Schule ja auch eine Umwelt-AG. Falls nicht: Hältst du eine Arbeitsgemeinschaft, die sich mit Umweltschutz beschäftigt, für sinnvoll? Mit welchen Themen könnte sie sich beschäftigen? Nimm Stellung dazu.

B Wie engagieren sich Schülerinnen und Schüler beim Umweltschutz?

Beispiel 1: Spielgeräte, Klettergerüste, Ruhezonen. In der Ernst Barlach-Schule in Herford haben Schülerinnen und Schüler mit Unterstützung des Lehrerkollegiums und der Eltern ihre Vorstellungen von einem grünen Schulhof verwirklicht. Vorausgegangen waren eine Umfrage unter Schülern und eine Ideenwerkstatt, in der Schüler, Eltern und Lehrer ihre Ideen und Vorstellungen von einem Schulhof als Lebensraum und vom Umweltschutz in der eigenen Schule einbringen konnten. Viele Schüler seien mit Begeisterung bei dem Projekt dabei, betonten die projektbegleitenden Lehrerinnen gegenüber der örtlichen Tageszeitung. Zahlreiche Spender schossen Geld und Material hinzu oder stellten für die Umgestaltungsmaßnahmen schweres Gerät zur Verfügung.

Schülerinnen und Schüler in Herford bei der Umgestaltung ihres Schulhofes

Beispiel 2: Das Carolus-Magnus-Gymnasium in Übach-Palenberg gilt seit vielen Jahren als Vorreiter für den Umweltschutz an der eigenen Schule. Unter anderem wird hier jährlich ein Wettbewerb veranstaltet, bei dem die am schönsten gestaltete und sauberste Klasse gewählt wird. Auch Schülerinnen und Schüler der Klasse 5 gingen schon als Sieger aus diesem Wettbewerb hervor.

Beispiel 3: Im städtischen Gymnasium in Rostock führten Schülerinnen und Schüler im Rahmen der SV ein auf die eigene Schule passendes Konzept zur Mülltrennung ein. Nachdem sie sich selbst über die Problematik der Müllentsorgung informiert hatten, führten sie eine Umfrage an der Schule durch. Darin wollten sie zum Beispiel erfahren, wie groß die Bereitschaft der Schüler ist, an der Müllvermeidung und Mülltrennung mitzuarbeiten. Sie stellten fest, dass es am besten ist, wenn – neben den großen Tonnen zur Mülltrennung – an mehreren Stellen im Gebäude auch kleine Sammelbehälter aufgestellt werden. In einem Flyer informierten sie ihre Mitschülerinnen und Mitschüler über die Bedeutung des Umweltschutzes.

Die Projektideen wurden der Homepage www.das-macht-schule.net entnommen.

1 Welche Ideen zum Thema Umweltschutz kann man dieser Seite entnehmen? Nenne sie.

2 Welche davon sind deiner Ansicht nach leicht zu verwirklichen und welche nur mit Schwierigkeiten oder großem Aufwand? Unterscheide.

3 Welche Maßnahmen zum Umweltschutz an der eigenen Schule sind euch bekannt? Sprecht darüber in der Klasse.

Was auch noch interessant sein kann:

- sich über weitere Projekte informieren: Beispiele findest du dazu auf der Homepage www.das-macht-schule.net.
- Klima-Quiz lösen: Auf der gleichen Homepage findest du ein Quiz, mit dem du dein Wissen zum Thema Umwelt testen kannst. Du kannst es alleine oder auch als Wissensduell mit anderen machen.

S M U H

C Umfrage: Umweltschutz an unserer Schule

Den Fragebogen auf dieser Seite solltet ihr zunächst einmal für euch selbst beantworten. Im Anschluss daran könnt ihr euch gemeinsam über die Ergebnisse austauschen. Ihr könnt auch Schülerinnen und Schüler aus anderen Klassen befragen. Eine Umfrage unter möglichst vielen Schülerinnen und Schülern an eurer Schule führt natürlich zu noch aufschlussreicheren Ergebnissen. Wie man eine solche Umfrage organisiert und auswertet, erfahrt ihr in der Methodenkarte auf der Seite 168. Zur Bearbeitung sollte der Text kopiert werden.

Junge ☐ Mädchen ☐ Alter: __________

1. Stört dich der Müll an deiner Schule?

☐ ja
☐ gelegentlich
☐ nie

2. Ich trinke in der Pause aus ...

☐ Dose
☐ Trinkpäckchen
☐ Einwegflasche
☐ Mehrwegflasche
☐ ____________________

3. Was machst du mit dem Abfall vom Pausenfrühstück?

☐ kommt in die gelbe Tonne
☐ nehme ich mit nach Hause
☐ landet im Restmüll
☐ lass ich einfach fallen

4. Würdest du Dosen und Einwegflaschen nicht mehr benutzen, wenn es deine Getränke in Pfandflaschen gäbe?

☐ ja
☐ nur, wenn sie nicht zu teuer sind
☐ nein, ist mir zu umständlich

5. Achtest du bei deiner Pausenversorgung darauf, auf bestimmte Verpackungen zu verzichten?

☐ nein
☐ ja, ich verzichte auf ____________________

6. Wie findest du es, eure Schule müllfrei zu machen?

☐ gut
☐ macht zu viel Arbeit
☐ hat keinen Zweck

7. Würdest du in einer Umwelt-AG mitarbeiten?

☐ ja
☐ nein
☐ vielleicht

8. Mit welchen Themen sollte sich eine Umwelt-AG beschäftigen?

☐ Umweltschutz an der Schule
☐ Schulgarten
☐ Tierschutz
☐ Klimaschutz
☐ Waldsterben
☐ ____________________

2 Warum ist Umweltschutz überlebenswichtig?

Stellung zum Thema nehmen – Sachtexte verstehen und bewerten

A Eine interessante Geschichte: Kora und die Korallen

Kora ist ein Polyp. Kora und ihre vielen Geschwister bilden gemeinsam eine Koralle. Die Koralle ist sozusagen ihr Haus, in dem sie wohnen. Mehrere dieser Korallenfamilien bilden dann ein Korallenriff. Kora lebt im Meer direkt vor der Küste von Samoa.

Kora hat viele Freunde, mit denen sie den Tag verbringt. Dazu gehören Krebse, Schnecken, Würmer und natürlich Fische. Koras bester Freund heißt Bodo. Bodo ist ein Büschelbarsch.

Büschelbarsche werden auch oft Korallenwächter genannt, weil sie sich so gerne in der Nähe von Korallen aufhalten.

In letzter Zeit beschäftigt Kora etwas Besonderes und sie nimmt sich vor, Bodo heute danach zu fragen, wenn er bei ihr vorbeischaut. Ihr ist nämlich aufgefallen, dass es um sie herum immer mehr graue farblose Korallen gibt. Das beunruhigt Kora sehr, denn sie liebt alles, was bunt ist, und ist sehr stolz auf die leuchtenden Farben ihrer Koralle. Sie zerbricht sich den Kopf darüber, woran es bloß liegen könnte, dass die Korallen grau werden. Wahrscheinlich sind die grauen Korallen schon uralt und haben deshalb ihre Farbe verloren, überlegt sie. Endlich taucht Bodo auf und Kora teilt ihm sogleich ihre Vermutung mit und fragt besorgt, ob ihre Koralle wohl auch bald ihre Farbe verlieren wird. Doch Bodo schüttelt traurig den Kopf.

Und Kora erfährt, dass die farblosen Korallen krank geworden und gestorben sind und deshalb alle ihre leuchtenden Farben verloren haben. „Doch was hat sie denn bloß krank gemacht?", fragt Kora traurig. Und Bodo berichtet davon, wie empfindlich Korallen sind. „Sie vertragen nur wenig von der UV-Strahlung der Sonne. Das ist die Strahlung, von der Menschen einen Sonnenbrand bekommen. Und viel Wärme vertragen sie auch nicht. Doch das Wasser in den Meeren wird immer wärmer. Das liegt an der globalen Erwärmung."

Von dieser globalen Erwärmung hat Kora noch nie gehört, also erklärt Bodo es ihr: „Die Menschen verbrauchen sehr viel Energie z. B. durch den Strom, den sie für das Licht oder zum Kochen benutzen.

Durch den Energieverbrauch der Menschen wird das Gas CO_2 produziert. Das CO_2 sorgt dafür, dass ein Teil der Sonnenstrahlung, die die Erde erwärmt, nicht wieder zurück in den Weltraum geht. Das hat dazu geführt, dass es auf der Erde immer wärmer wird."

(Aus Nadja Tietjen: Kora und die Korallen, in: Acht Grad Ost, Klimahaus Bremerhaven Nr. 1 2010, S. 22f.)

So ein Korallenriff ist ein kompliziertes Gebilde. Es besteht aus vielen tausend Korallentieren, die zu den Polypen gehören (= Vielfüßler). Sie scheiden Kalk aus, woraus nach und nach die Korallenriffe entstehen. Korallenriffe liegen meist in Küstennähe und bilden dort eine Art Schutzwall vor Stürmen. Schmutziges und zu warmes Wasser zerstört sie.

1 Welche Ursachen für das Absterben der Korallen werden in dieser erfundenen Geschichte genannt? Nenne sie.

2 Im Text taucht der Begriff „globale Erwärmung" auf. Sammelt in der Klasse, was ihr bereits darüber wisst.

Was auch noch interessant sein kann:

- mehr über Korallenriffe und deren Gefährdungen erfahren: vielfältige Informationen dazu findet ihr im Internet unter www.planet-wissen.de.

B Ungelöste Probleme

Der hohe Lebensstandard macht unser Leben angenehm. Wir haben sauberes Trinkwasser, Strom aus der Steckdose, Heizung im Winter und eine Müllabfuhr, die unsere Abfälle entsorgt. Moderne Verkehrsmittel wie Autos, Busse, Bahnen und Flugzeuge bringen uns schnell von Ort zu Ort. Mit Handys, I-Phones und I-Pads können wir weltweit kommunizieren. Ist das alles nur toll?
Nein, der zunehmende Wohlstand hat auch seinen Preis: Ein hoher Energieverbrauch führt dazu, dass die Luft erwärmt wird und das Klima sich verändert. Die Ausbeutung von Rohstoffen geht mit der Zerstörung natürlicher Landschaften einher. In der Vergangenheit haben die Menschen der Zerstörung der Umwelt zu wenig Aufmerksamkeit geschenkt. Mittlerweile gilt Umweltschutz als eine der wichtigsten Zukunftsaufgaben. Manches wurde schon auf den Weg gebracht, aber viele Probleme sind noch ungelöst.
Umweltgefahren zu verstehen ist nicht immer einfach. Man sollte dazu zum Beispiel erklären können, warum die Krankheit eines Korallenriffs mit der Zunahme des Autoverkehrs zusammenhängt.
Zum Verstehen ist es wichtig, dass man sich aus Texten informieren kann – auch wenn diese auf den ersten Blick als eher schwierig erscheinen. Auf den folgenden Seiten könnt ihr diese Fähigkeit trainieren.

Die Mongolei war immer ein Grasland. Die Menschen dort lebten von der Viehzucht. Das geht nun immer weniger, denn in vielen Teilen der Welt bedrohen Dürreperioden die Lebensgrundlagen der Menschen. Dagegen protestieren Politiker in der Mongolei. Ursache: Auch hier kommen viele Wissenschaftler zu der Überzeugung, dass die globale Erwärmung schuld ist und in manchen Teilen der Erde zum Rückgang der Niederschläge und zu Dürren führen wird.

Während in einigen Gebieten der Erde extreme Trockenheit herrscht, nehmen in anderen Teilen Stürme und Regenfälle mit großer Häufigkeit zu. Jakarta, die Hauptstadt Indonesiens, litt bereits im Jahr 2012 unter einem extremen Hochwasser. Im Sommer 2014 wiederholte sich die Katastrophe. Tausende Menschen verloren ihre Unterkünfte und mussten in Notquartieren Schutz suchen.

3 Auf welche Probleme machen die Fotos aufmerksam? Benenne sie.

4 Was hat das Sterben eines Korallenriffs möglicherweise mit der Zunahme des weltweiten Autoverkehrs zu tun? Finde den Zusammenhang heraus.

C Umweltschutz

1 Was versteht man unter Umweltschutz? Nenne Inhalt, Ziel und die größte aktuelle Herausforderung.

2 Welche Prinzipien gelten für den Umweltschutz? Nenne sie und erkläre sie am konkreten Beispiel.

3 Warum ist der Schutz der Umwelt eine überlebenswichtige Aufgabe? Formuliere dazu eine Stellungnahme, in der du auch die Probleme nennst, die zu lösen sind.

Luft, Wasser, Boden – alles hängt voneinander ab.

Lebensgrundlagen

Reine Luft, sauberes Wasser, fruchtbare Böden: Das sind die natürlichen Lebensgrundlagen, die Menschen, Tiere und Pflanzen brauchen, um gesund leben zu können. Um diesen Zustand zu erreichen, brauchen wir den Umweltschutz*. Man versteht darunter die Gesamtheit aller Handlungen, die dem Ziel dienen, die natürlichen Lebensgrundlagen zu erhalten oder wiederherzustellen.
Umwelt: Das ist die Welt, die dich umgibt. Du wirst dein ganzes Leben darin verbringen und deshalb wird es dir wahrscheinlich nicht egal sein, ob diese Umwelt krank ist oder gesund. Es geht beim Umweltschutz um jeden Einzelnen, um uns alle.

Probleme

Der Schutz des Klimas gilt aktuell als größte Herausforderung für den Umweltschutz. Andere Probleme – wie das Abholzen des tropischen Regenwaldes, die Zunahme der Stürme und der Trockenheit, das Ansteigen des Meeresspiegels und das Aussterben vieler Tierarten stehen in einem direkten Zusammenhang mit diesem übergeordneten Superproblem. Wenn das Klima wärmer wird, schmelzen die Polkappen, steigt der Meeresspiegel an, nehmen die Überschwemmungen zu, trocknen anderswo Böden aus und so weiter. Klimaerwärmung führt zu einer Kettenreaktion ständig neu auftretender Folgeprobleme.

Nachhaltigkeit

Ohne Eingriffe in die Natur kann der Mensch nicht leben. Um Möbelstücke zu bauen, müssen Bäume gefällt werden. Die Frage dabei ist: Wie viele Bäume darf man fällen? Bei der Beantwortung gilt das Prinzip der Nachhaltigkeit. Es bedeutet, dass nicht mehr Bäume gefällt werden dürfen, als nachwachsen können. Das Prinzip der Nachhaltigkeit* gilt mittlerweile für alle Bereiche des Umweltschutzes. Keine Maßnahme darf die Umwelt langfristig schädigen. Alle Handlungen sind so durchzuführen, dass auch das Leben zukünftiger Generationen geschützt ist.

Weitere Prinzipien

Drei weitere Leitlinien für jede Art von Umweltschutz sind das Vorsorgeprinzip, das Verursacherprinzip und das Kooperationsprinzip. Sie gelten sowohl für das Verhalten in einer Schulklasse als auch für die große Politik. Als Einzelner handelst du vorsorglich, wenn du die Entstehung eines Umweltproblems durch überlegtes Handeln vermeidest. Also entsorgst du deinen Abfall in der dafür vorgesehenen Tonne und wirfst ihn nicht auf den Schulhof. So vermeidest du, dass eine Umweltbelastung überhaupt entsteht.
Nach dem Verursacherprinzip stehen diejenigen in der Verantwortung, die eine Umweltschädigung herbeigeführt haben. Passiert dir ein Missgeschick, bei dem zum Beispiel eine volle Flasche zerbrichst, übernimmst du selbst Verantwortung dafür, den Schaden zu bereinigen.
Und das Kooperationsprinzip bedeutet, dass wir zusammenarbeiten und uns alle miteinander anstrengen müssen, um die Umwelt zu schützen. Alle Mitglieder in der Klasse und möglichst alle Nationen überall auf der Welt.

* Zu den Begriffen Umweltschutz und Nachhaltigkeit findest du weitere Informationen im Glossar.

Methodenkarte 14

S M U H

Detektivmethode: Schwierige Texte lesen

Thema: Umweltproblem Klimawandel

Worum geht es?

Beim Thema Umweltschutz und bei vielen anderen Themen im Fach Politik und Wirtschaft werdet ihr es des Öfteren mit Sachtexten zu tun haben, die auf den ersten Blick eher schwierig zu verstehen sind. Das Lesen und Verstehen solcher Texte kann zu einer spannenden Angelegenheit werden, vorausgesetzt, man geht Schritt für Schritt nach einem System vor.
Dabei hilft dir die Detektivmethode. Du übernimmst die Rolle des Detektivs. Der Text ist der Fall, der gelöst werden muss.

Wie macht man das?

In dieser Einheit könnt ihr die Detektivmethode auf drei Sachtexte anwenden, in denen es um das Thema Kilmawandel geht. Ihr geht dazu in fünf Schritten vor:

1. Du findest heraus, worum es in dem von dir gewählten Text geht

Der Detektiv verschafft sich einen ersten Eindruck.
Dazu schaust du dir den Text in Ruhe an und wanderst mit den Augen über die Zeilen. Achte dabei auf Zwischenüberschriften und Begriffe, die dir ins Auge springen. Schreibe dann in einem oder zwei Sätzen auf, worum es in diesem Text geht.

2. Du überlegst, was du über das Thema wissen willst

Der Detektiv macht sich nun ein Bild von dem, wonach er suchen muss und was ihn an diesem Thema besonders interessiert.
Überlege, was du schon über das Thema weißt. Notiere dir eine oder zwei Fragen, auf die du von dem Text eine Antwort erhalten möchtest.

3. Du teilst den Text in Abschnitte ein

Ein Detektiv muss Ordnung schaffen, sonst kann ihm der Durchblick nicht gelingen.
Die meisten Texte lassen sich in Abschnitte untergliedern. Was in einem Abschnitt steht, gehört zusammen. Zähle die Abschnitte. Fasse ihren Inhalt zusammen. Gib jedem Abschnitt eine Überschrift.

4. Du findest die Besonderheiten des Textes heraus

Ein guter Detektiv kann seinen Fall aber nur dann erfolgreich lösen, wenn er den Dingen auf den Grund geht. Er nimmt seine Lupe heraus und schaut ganz genau hin.
Die Lupe ist in dem Fall ein Stift, mit dem du wichtige Begriffe und Textaussagen markierst. Schlüsselbegriffe sind meist Hauptwörter, die für das Verständnis des Textes von besonderer Bedeutung sind. Nach diesem Schritt kannst du den Text abschnittsweise zusammenfassen.
Beachte: Zum Markieren müssen Texte aus Schulbüchern kopiert werden. Unterstreiche sparsam.

5. Du klärst auf, was dir noch rätselhaft geblieben ist

Sollte sich jetzt herausstellen, dass du wichtige Begriffe noch nicht verstanden hast, dann musst du recherchieren. Das tust du, indem du im Lexikon die Bedeutung unbekannter Wörter nachschlägst. Du kannst aber auch jemanden um Rat fragen. Wenn du die unbekannten Begriffe auch noch geklärt hast, ist der Fall so gut wie gelöst.
Jetzt kannst du mit eigenen Worten zusammenfassen, was du mithilfe dieses Textes herausgefunden hast.

D Umweltproblem Klimaerwärmung: Was muss man wissen, was tun?

Auf den folgenden Seiten findet ihr drei Sachtexte, die sich mit Ursachen und Folgen des weltweiten Klimawandels beschäftigen. Zur Bearbeitung könnt ihr einen, zwei oder alle drei auswählen. Ihr könnt auch in Dreiergruppen arbeiten und entweder alle den gleichen Text lesen oder sie arbeitsteilig auf die Gruppenmitglieder aufteilen.
Um die Texte zu verstehen und ihre Bedeutung bewerten zu können, solltet ihr die Detektivmethode anwenden.

So bearbeitest du deinen Text Schritt für Schritt mithilfe der Detektivmethode:

- „Davon handelt mein Text: …" Notiere es in einem oder in zwei Sätzen.
- „Mich interessiert besonders an diesem Thema: …" Formuliere eine Frage.
- „Der Text besteht aus folgenden Abschnitten mit folgenden Inhalten: …" Gliedere und fasse zusammen.
- „Wichtige Schlüsselbegriffe und Formulierungen sind: …" Schreibe sie auf. (Markiere sie, wenn du mit einer Kopie arbeitest.)
- „Folgende Fremdwörter müssen geklärt werden, um den Text richtig zu verstehen: …" Erfrage sie oder suche selbst nach Erklärungen.

Text I: Treibhauseffekt und Klimawandel

Viele Planeten, darunter die Erde, besitzen eine gasförmige Hülle: die Atmosphäre. Sie besteht aus Wasserdampf und verschiedenen Gasen, die von der Erdanziehungskraft gehalten werden. Auf der Erde ermöglicht die Atmosphäre mit ihrem Gehalt an Sauerstoff das Leben auf dem Planeten. Einige Gase sowie der Wasserdampf tragen außerdem zur Erderwärmung bei. Dadurch ist die Temperatur auf der Erde höher, als sie ohne die Atmosphäre wäre. Durch Sonnenstrahlung allein und ohne Treibhauseffekt* läge die Oberflächentemperatur der Erde mit –18 °C weit unter dem Gefrierpunkt, doch stattdessen liegt sie bei durchschnittlich 15 Grad Celsius. Damit wäre ohne den Treibhauseffekt auf dem Planeten Erde kein Leben, wie wir es kennen, möglich. […]
Nicht alle Gase der Luft tragen zur Temperaturerhöhung bei. Nur strahlungsaktive Stoffe, die auch als Treibhausgase bekannt sind, können Wärme, die von der Erdoberfläche aufsteigt, aufnehmen und später wieder abstrahlen. Ohne Treibhausgase würde die Wärme dagegen einfach in den Weltraum entweichen. Kohlendioxid, Wasserdampf, Ozon und Methan sind heute die wichtigsten Treibhausgase in der Erd-Atmosphäre. Wärmequelle und damit Motor für Erderwärmung und Treibhauseffekt ist die Sonne. Zudem speichert die Erde Wärme in erheblichem Maß. Die Atmosphäre mit ihren Treibhausgasen lässt die Einstrahlung der Sonne fast ungehindert passieren, da sie die Solarenergie nicht aufnehmen kann. […] So erreicht ein großer Anteil der Sonnenstrahlung ungehindert die Erdoberfläche. Die Erde wird erwärmt und strahlt Energie in Form von Wärme wieder ab. Diese veränderte Energie kann nun von den Treibhausgasen absorbiert und später abgestrahlt werden. Nutzt man den Treibhauseffekt in Gewächshäusern, übernimmt das Glas die Rolle der Treibhausgase, während warme Luft innen isoliert wird, und man spricht auch vom

Den Treibhauseffekt kann man sich wie eine große Wolke vorstellen. Sie besteht aus Treibhausgasen und wirkt wie die Scheiben eines Glashauses.

* Zum Begriff Treibhauseffekt findest du weitere Informationen im Glossar.

Glashauseffekt. Der atmosphärische Treibhauseffekt ist ein natürlicher Vorgang. […]
Doch inzwischen hat der Mensch einen nicht unbedeutenden Anteil am Treibhauseffekt, der auch als anthropogener Treibhauseffekt bezeichnet wird. Vor allem seit der Industrialisierung hat die Lebensweise des Menschen für eine schnelle Zunahme der Treibhausgase Methan und Kohlendioxid in der Atmosphäre gesorgt. Rinderzucht, Abfallwirtschaft, die Verbrennung fossiler Treibstoffe, Abholzung von Regenwäldern oder andere Aktivitäten wie Zementherstellung oder Reisanbau tragen erheblich zur Entstehung klimaschädlicher Gase bei, die wiederum die Erderwärmung antreiben.
In den letzten fünfzig Jahren stieg der Anteil an Kohlenmonoxid in der Atmosphäre immer weiter an. Daher prognostizieren die meisten Wissenschaftler für die kommenden Jahrzehnte einen durch die Erderwärmung ausgelösten Klimawandel, der unter anderem Wetterextreme und höhere Meeresspiegel nach sich zieht. Damit könnte der lebensnotwendige Treibhauseffekt bedrohliche Ausmaße annehmen.

(Aus: Manuel Fuchs: Treibhauseffekt einfach erklärt, in: www.globalisierung-fakten.de; Zugriff 10.10.2014)

Text II: Klimawandel und Tierschutz

Der Klimawandel, der mit der Verbrennung fossiler Energieträger einhergeht, wirkt sich bereits auf viele Tiere und Pflanzen in vielfältiger Weise aus. Ohne den dringend notwendigen Übergang unserer Wirtschaft und Lebensweise zu einer kohlenstoffarmen, grünen Wirtschaft könnte dies den Rückgang und sogar das Aussterben einiger Arten bedeuten. Am 3. März 2014 gab es den ersten Welt-Wildtier-Tag der Vereinten Nationen. Den Eisbären in der Arktis indessen macht bereits seit mehreren Jahren die tauende, schmelzende und dünnere Eisdecke zu schaffen, was ihnen die Jagd und Futtersuche zunehmend erschwert.
Große Bartenwale wie der Blauwal, das größte Lebewesen der Erde, müssen längere Strecken zwischen ihren Futterplätzen in wärmeren Gewässern und ihren Brutplätzen in kühleren Teilen des Meeres bewältigen. Krill, die Hauptnahrungsquelle von Walen, ist infolge der Erwärmung und Versauerung der Ozeane durch den Klimawandel und die Zunahme von Kohlendioxid in der Meeresumwelt rückläufig.
Viele Zugvögel, die bei ihren Marathonreisen auf Feuchtgebiete und Seen für Nahrung und Rast angewiesen sind, müssen mit immer knapperen Süßwasserressourcen auskommen. Schuld daran sind die Trockenlegung von Feuchtgebieten zu landwirtschaftlichen Zwecken, die Ansprüche einer wachsenden Bevölkerung sowie anhaltende und extreme Wetterereignisse infolge des Klimawandels.
Und es trifft nicht nur die Vögel: Die größte Wanderung der Welt – so genannt, weil sie die einzige ist, die vom Weltraum aus sichtbar ist – mit Tausenden von Gnus und anderen Tieren auf Wanderschaft über die afrikanischen Serengeti-Ebenen könnte bald der Vergangenheit angehören. Unsere Generation könnte die letzte sein, die dies erlebt, da der Klimawandel zunehmend schwere Dürren über dem Horn von Afrika verursacht. […]
Die Menschheit hat wenig Zeit, um dies zu korrigieren. […] Die Treibhausgasemissionen in der Atmosphäre, die sich auf dem höchsten Stand seit 800 000 Jahren befinden, müssen so weit verringert werden, dass wir um die Mitte dieses Jahrhunderts alle in einer kohlenstoffneutralen Welt leben. Nur so kann das Ziel der Nationen, nämlich eine globale Erwärmung in diesem Jahrhundert auf unter zwei Grad Celsius zu begrenzen, erreicht werden.

(Aus: Christiana Figueres und Bradnee Chambers: Artenschutz im Klimawandel, Frankfurter Allgemeine Zeitung vom 3.3.2014)

Eisbären leiden unter dem Abschmelzen des Polareises.

Text III: Klimawandel und Politik*

Experten sind sich einig: Die schlimmsten Folgen des Klimawandels lassen sich noch vermeiden. Aber nur, wenn die Durchschnittstemperatur auf der Erde um nicht mehr als maximal 2 Grad Celsius steigt. Und zwar im Vergleich zur vorindustriellen Zeit. Das ist die Zeit, bevor Dampfmaschinen erfunden und Fabriken gebaut wurden. Also die Zeit etwa vor dem Jahr 1750. Klingt eigentlich nach einem Ziel, das leicht zu erreichen ist, oder? Ist es aber nicht. Denn um unter der Zwei-Grad-Grenze zu bleiben, müssen die Treibhausgasemissionen bis 2050 weltweit sinken: im Vergleich zu 1990 um mindestens die Hälfte. Da sind vor allem die Industriestaaten gefragt. Warum gerade die? Weil sie die Hauptverursacher von Treibhausgasen sind. Und wer am meisten Treibhausgase verursacht, sollte auch dafür sorgen, dass sie weniger werden. Das ist eine Frage der Gerechtigkeit.
Was aber können wir tun, wenn Auswirkungen des Klimawandels schon spürbar sind und weitere Auswirkungen drohen? Richtig! Wir müssen uns an den Klimawandel anpassen. Das heißt nicht einfach, sich mit mehr T-Shirts als dicken Pullovern einzudecken. Wir müssen zum Beispiel die Deiche erhöhen. Oder Gemüse- und Getreidesorten anbauen, die Trockenheit gut aushalten. Diese Anpassungsstrategie ist neben der Verringerung von Treibhausgasemissionen die zweite wichtige Säule der Klimapolitik.
Wären alle Industrieländer Schüler einer Klasse, wäre Deutschland Musterschüler im Fach Klimaschutz. Deutschland hat es bereits geschafft, eine Menge Treibhausgasemissionen einzusparen. Deutlich mehr als alle anderen. [...]
Es gibt unzählige Möglichkeiten, das Klima zu schützen. Zum Beispiel, indem man Strom spart. In deiner Stadt, deiner Schule, deinem Zuhause. [...] Aber kein Staat dieser Welt kann es alleine schaffen, den Klimawandel zu stoppen. Da müssen schon möglichst alle Staaten mitmachen, erst einmal etwas tun, was dir selbstverständlich erscheinen mag: Sie müssen miteinander über Klimaschutz reden. Und zwar immer wieder.

(Aus: Michael Schroeren: Weißt du, warum der Klimawandel gefährlich ist? hg. vom Bundesministerium für Umwelt- und Naturschutz, im Internet unter www.bmu-kids.de; Zugriff 15.10.2014)

* Zum Begriff Politik findest du weitere Informationen im Glossar.

Renaturierte Flusslandschaft – aus einem Abwasserkanal wurde ein natürlich verlaufender Bach.

1 Finde Erklärungen für die Schlüsselbegriffe aus deinem Text: **Text I:** Treibhauseffekt, Treibhausgase; **Text II:** fossiler Energieträger, Treibhausgasemissionen; **Text III:** Anpassungsstrategie, Klimaschutz.

2 Stelle den von dir bearbeiteten Text vor. Orientiere dich dabei an der Gliederung im Kasten rechts.

3 Bewertet die vorgestellten Texte anhand der folgenden Kriterien: Was hat er uns an neuem Wissen gebracht? Wie wichtig ist er für unsere Bildung? Können wir ihn anderen zum Lesen empfehlen: Ja, weil ... Nein, weil ...

Gliederung
- Das Thema im Überblick
- Inhalt der einzelnen Abschnitte
- Wichtigste Textaussagen
- Fremdwörter

Was auch noch interessant sein kann:
- Arbeitsaufträge formulieren: Den Texten I, II und III fehlen die Arbeitsaufträge, die ihr üblicherweise unter den Materialien findet. In der Gruppe könnt ihr je einen leichten und einen etwas kniffligeren Arbeitsauftrag zu jedem der Texte formulieren.

E Unser Beitrag zum Klimaschutz

Gegen den Klimawandel kann man etwas tun. Man muss zum Beispiel im Alltag achtsamer sein. Wenn möglichst viele mitmachen, klappt es auch besser mit dem Klimaschutz.

Euer Auftrag:

- Geht die folgende Liste zunächst alleine durch. Übertragt die Zahlen in euer Heft und vermerkt dahinter, ob euch das (A) leichtfallen wird oder (B) schwer.
- Bildet Gruppen, in denen ihr euch der Reihe nach eure Einschätzungen vorstellt.
- Einigt euch in der Gruppe auf 3–5 besonders nachahmenswerte Vorschläge und stellt sie in der Klasse vor.

Unsere Tipps zum Klimaschutz	A Das lässt sich gut machen.	B Das würde mir schwerfallen.
1. Ich wasche mir die Hände mit kaltem statt mit warmem Wasser.		
2. Wenn ich den Computer und den Drucker längere Zeit nicht benutze, ziehe ich den Stecker aus der Steckdose. Selbst im Stand-by-Betrieb verbrauchen elektrische Geräte eine Menge Strom.		
3. Ich lasse das Licht in einem Raum nicht unnötig brennen. Sobald ich ihn verlasse und niemand mehr da ist, schalte ich aus.		
4. Wenn ich mir eine Pizza im Backofen warm mache, schalte ich ihn sofort danach wieder aus, denn er ist ein richtiger Stromfresser.		
5. Ich packe mein Pausenfrühstück in Zukunft in eine wiederverwendbare Box und verzichte auf Wegwerfverpackungen.		
6. Wir vereinbaren in der Familie, möglichst wenig mit dem Auto zu fahren. Kurze Strecken legen wir mit dem Fahrrad oder zu Fuß zurück.		
7. Ich dusche lieber, statt lange zu baden. Das spart Wasser und Energie.		
8. Wenn wir in der Familie Wasser zum Kochen benötigen, benutzen wir nur so viel Wasser, wie wir wirklich brauchen, und sparen so Energie.		
9. Wenn es mal kühl wird, ziehe ich lieber einen warmen Pullover an, statt darauf zu bestehen, dass zu Hause die Heizung angeschaltet wird.		
10. Wir lassen die Fenster nicht gekippt, wenn im Raum die Heizung an ist. Wir lüften kurz mit offenem Fenster, damit nicht zu viel Wärme entweicht.		
11. Wenn ich Obst oder Gemüse kaufe, achte ich darauf, dass die Ware nicht aufwendig verpackt ist, weil ich weiß, dass zur Herstellung und Entsorgung der Verpackungen eine Menge Energie benötigt wird.		
12. Ich vermeide unnötiges Ausdrucken von Papier, wenn ich am Computer arbeite.		

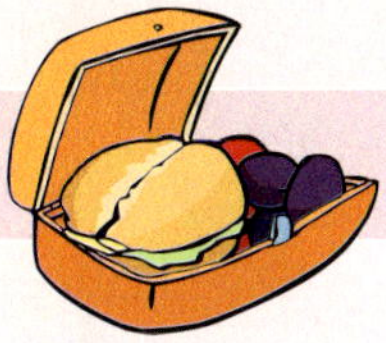

3 Umweltproblem Müll: Was kann man dagegen tun?

Weg des Mülls erläutern – Mülltrennung üben

Eine Einstiegsübung für alle:
Auf dieser Seite stehen sieben unterschiedliche Möglichkeiten zum Umgang mit Müll.
Entscheide:

- Welche von den Möglichkeiten sind dumm, weil sie schlecht für die Umwelt und die Menschheit sind ☹?
  Welche davon klug und zukunftsweisend ☺?

A Wohin damit?

Ein Kilogramm entspricht 1 000 Gramm und ist ziemlich schwer.
450 Kilogramm Müll produziert jeder Mensch in Deutschland pro Jahr im Durchschnitt.
Wenn dieser Mensch 50 Kilogramm wiegt, ist sein Jahresmüll neunmal so schwer wie er selbst.
Insgesamt werden in Deutschland jährlich 400 Millionen Tonnen Müll produziert.
Damit kann man 40 Millionen Mülllastwagen von jeweils 10 Meter Länge füllen.
Aneinandergereiht würden diese eine Schlange bilden, die weiter als bis zum Mond reicht.
Sie wären so schwer wie 66 Millionen Elefanten.
Manche Leute denken: „Na und? Er wird doch alle zwei Wochen abgeholt!“
Aber die Frage ist: Wo soll er denn hin?

Müll		
1. Man kann ihn vergraben.	☹	☺
2. Man kann ihn verbrennen.	☹	☺
3. Man kann einen großen Berg damit aufschütten.	☹	☺
4. Man kann ihn auch woanders hin auf der Welt exportieren und zum Beispiel irgendwo in Afrika abladen.	☹	☺
5. Man kann ihn sortieren und in seine einzelnen Bestandteile zerlegen.	☹	☺
6. Man kann ihn recyceln* und wertvolle Rohstoffe daraus entwickeln.	☹	☺
7. Man kann ihn in Zukunft vermeiden, in dem man weniger Müll produziert.	☹	☺

* Zum Begriff Recycling findest du weitere Informationen im Glossar.

B Warum ist Müll ein Problem für die Umwelt?

Vögel bauen Nester aus angeschwemmtem Müll – wie hier dieses Blesshuhn.

Der Müll in unseren Ozeanen besteht aus Plastiktüten, PET-Flaschen, Feuerzeugen, Zahnbürsten, Einmalrasierern und Ähnlichem mehr. Leider werden die bunten Plastikteile viel zu oft mit Nahrung verwechselt. So findet man immer häufiger Kadaver von Seevögeln mit Kunststoffteilen im Magen. Die Tiere ersticken, erleiden tödliche Verstopfungen oder verhungern bei vollem Bauch. Der Mageninhalt von toten Eissturmvögeln ist inzwischen ein anerkannter Nachweis für die Verschmutzung unserer Meere. Denn Eissturmvögel sind Hochseevögel – was sie fressen, stammt aus dem Meer. Bei einer Untersuchung fanden Wissenschaftler bei 93 von 100 toten Eissturmvögeln Plastikteile im Magen. Im Durchschnitt waren es 27 Partikel pro Vogel.

Doch nicht nur Seevögel sind betroffen, sondern auch Meeressäuger und Fische. Die Lederschildkröte beispielsweise frisst hauptsächlich Quallen. Immer öfter verwechselt sie jedoch im Wasser treibende Plastiktüten mit ihrer Lieblingsmahlzeit. Und in Schottland hat man vor einigen Jahren einen verendeten Zwergwal am Strand gefunden mit 800 Kilogramm Plastik im Bauch. [...]

Müll auf unbewohnter Insel

Auch deutsche Inseln leiden unter dem Müllproblem. Auf Mellum nahe Wilhelmshaven findet sich jede Menge angeschwemmter Abfall am Strand. Die Nordseeinsel ist nicht bewohnt und es gibt hier keine Touristen. Auf Mellum wird weder Müll verursacht noch entsorgt. [...]

Das Treibgut am Mellumer Strand besteht zu etwa 80 Prozent aus Plastik und anderen Kunststoffen. Hier finden sich Dosen, Plastikbecher, Styropor und beispielsweise Luftballonschnüre, die immer wieder Seevögel strangulieren. Auf der Insel brüten auch regelmäßig Löffler. Ihre Nester bestehen nicht aus natürlichen Materialien, sondern aus Plastiktüten. So klein die Insel Mellum ist, sie zeigt das Ausmaß des Müllproblems in unseren Meeren. [...]

Der Müll in den Meeren ist ein globales Problem und wir müssen jetzt handeln, um es zu lösen. Das kann man selbst tun: Vermeiden Sie Plastikverpackungen, Plastiktüten und Wegwerfartikel. Tun Sie den Müll dorthin, wo er hingehört.

(Aus: Stephanie Probst: Das kann kein Meer schlucken, Artikel veröffentlicht vom world wide fund (wwf), im Internet unter www.wwf.de; Zugriff 09.09.2014)

Ein Strand wird vom Müll befreit.

1 Wie leiden der Eissturmvogel, die Lederschildkröte, der Zwergwal und das Blesshuhn unter dem Müll? Beschreibe es.

2 „Der Müll in den Meeren ist ein globales Problem." So steht es im Text. Erkläre, warum das so ist.

3 Sind wir machtlos gegenüber der Vermüllung der Meere oder können wir selbst etwas dagegen tun? Sprecht darüber in der Klasse.

C Was passiert eigentlich mit unserem Müll?

Die meisten Menschen wissen, dass unser Müll regelmäßig in großen Lkws abtransportiert wird. Viele wissen aber nicht, was dann damit passiert. Am Beispiel des Umgangs mit Altpapier und Altglas könnt ihr hier für Aufklärung sorgen. Ihr könnt dann auch erklären, warum Fachleute das Wort Müll nicht verwenden und lieber von „wertvollen Rohstoffen" sprechen.

Tipp: Teilt die Bearbeitung der beiden Beispiele auf. Bildet dazu entweder Paare oder Gruppen zu viert. Zunächst lesen alle die Texte in Einzelarbeit. Die Beschreibung der Schaubilder lässt sich gut zu zweit einüben. Als Partner oder Gruppe bereitet ihr dann gemeinsam einen Ergebnisvortrag vor.

Beispiel 1: Altpapier

In allen Städten werden den Bürgern entweder Mülltonnen für die Sammlung von Altpapier (Pappe, Papier, Karton) zur Verfügung gestellt oder es sind Container im Stadtgebiet, in die man das Altpapier bringen kann. Wichtig für die weitere Verwendung des Altpapiers ist, dass es nicht verschmutzt oder verunreinigt ist, denn dann ist es nur wertloser Abfall. Die Altpapiertonnen und Container werden von den Mitarbeitern der Müllabfuhr regelmäßig ausgeleert. Vom Sammelcontainer werden die bunt gemischten Altpapiere in die Papiersortieranlage gebracht. Ein Luftstrom trennt leichtere Papiere von schweren Sorten und löst papierfremde Teile und Stoffe aus. Die Papierballen werden in eine Papierfabrik transportiert.
Hier kommt das Papier in die Pulper. Das sind riesengroße Mixer, in denen das eingeweichte Papier verrührt und zerfasert wird. Gleichzeitig wird dieser Faserbrei auch erhitzt und gereinigt. Damit das Papier später besonders rein ist, wird auch die Druckfarbe entfernt. Zuletzt entstehen in der Papiermaschine aus diesem Faserbrei neue Produkte. Moderne Papiermaschinen stehen in riesigen Hallen. Sie können bis zu zehn Meter breit und 120 Meter lang sein. Pro Minute stellen sie vollkommen automatisch 1 400 Meter Papier her. […] Altpapier ist inzwischen […] der am häufigsten eingesetzte Rohstoff in der deutschen Papierherstellung. So werden Kartons, Schulhefte, Zeitungen und Eierkartons aus Recyclingpapier hergestellt.
Er findet unter anderem bei der Herstellung von Küchenrollen, Briefpapier, Briefumschlägen oder Tüten Verwendung. Zeitungspapier lässt sich vollständig aus Recyclingmaterial herstellen, aber auch Druckpapiere für Kataloge, Zeitschriften oder Bücher können heute mit einem immer höheren Altpapieranteil hergestellt werden.

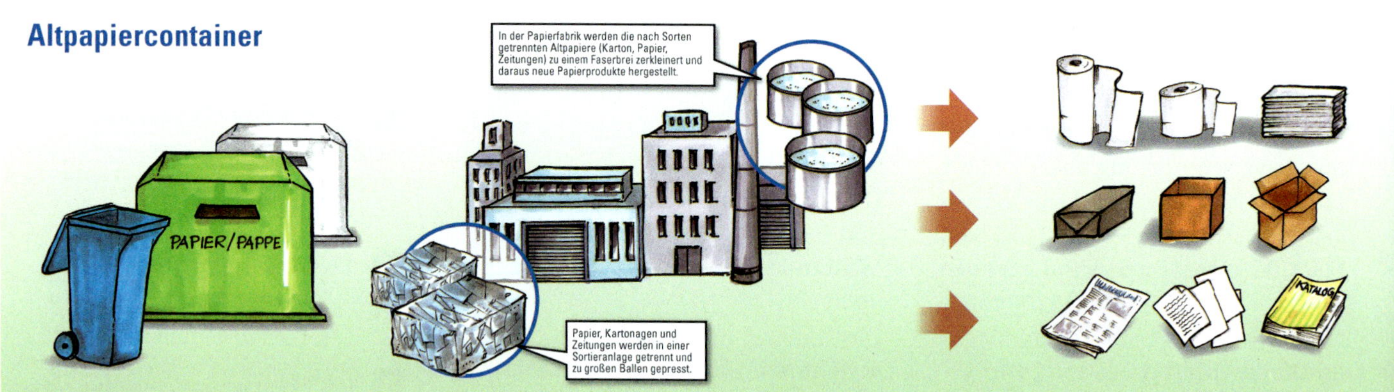

Beispiel 2: Altglas

Die meisten Getränke werden in den Geschäften inzwischen in Pfandflaschen verkauft. Diese Flaschen können bis zu 40-mal wiederverwendet werden. Das ist natürlich die beste Lösung für die Umwelt und spart Energie. Viele Lebensmittel und Produkte, die wir einkaufen, sind aber auch in Glasverpackungen, die nicht im Geschäft gegen ein Pfand zurückgegeben werden können (Essig, Gurken, Marmelade, Honig, Öl ...).
Dieses im Haushalt anfallende Altglas ist ein wertvoller Rohstoff, der nicht in die Restmülltonne gehört, da man Glas beliebig oft wiederverwenden kann.
In den Städten sind daher an vielen Stellen Glascontainer aufgestellt, in denen das Altglas gesammelt wird. Hier erfolgt eine Trennung nach drei Farben: Weißglas, Grünglas und Braunglas. Blau gefärbte Gläser können in den Grüncontainer geworfen werden. Diese Trennung nach den verschiedenen Farben ist sehr wichtig für die spätere Wiederverwertung.
Die Glascontainer werden regelmäßig von großen Lastwagen ausgeleert. Die einzelnen Container werden angehoben, und das Altglas wird je nach Farbe in eine Kammer des Laderaums geschüttet. Anschließend transportiert der Lastwagen das Altglas zu einer Aufbereitungsanlage.
Hier wird es zunächst gereinigt. Die Etiketten und andere Fremdstoffe werden entfernt. Die Glasscherben werden nach Farben gesiebt und zu Glasgranulat (granulieren bedeutet: zu kleinen Körnern zermahlen) weiterverarbeitet. Das Glasgranulat wird zu Glashütten transportiert. Hier wird es in einer Glasschmelze glühend heiß eingeschmolzen und dann zur Herstellung von neuen Glasgefäßen verwendet.

(Beide Texte: Andrea Steglich/www.naturdetektive.de)

Altglascontainer

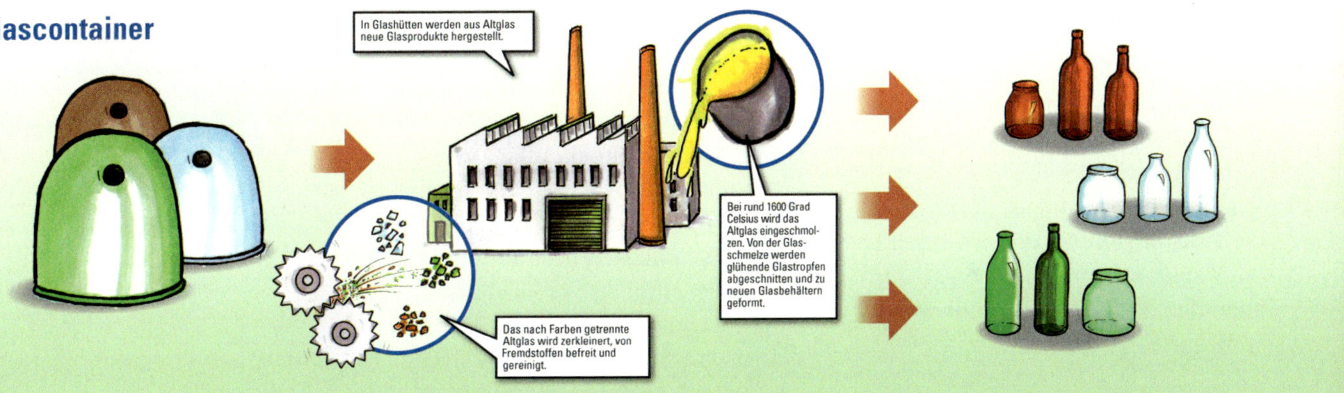

1 Fasse den Text über Altpapier oder Altglas gegenüber einer Partnerin/einem Partner anhand folgender Fragen zusammen: Was passiert damit? Welche Produkte werden daraus hergestellt? Worauf muss man beim Entsorgen achten?

2 Erläutert das zum gelesenen Text gehörende Schaubild. Geht dabei von links nach rechts vor. Berichtet in einzelnen Schritten, was mit dem Müll geschieht. Benennt die daraus entstehenden Produkte.

3 Bereitet gemeinsam einen Ergebnisvortrag vor. Stellt darin die beiden Beispiele vor und begründet anschließend, warum es wichtig ist, Papier und Glas ordnungsgemäß zu entsorgen.

4 Wie gut funktioniert die Abfallentsorgung in deiner Stadt oder in deinem Dorf? Unter dem Suchbegriff „Abfallentsorgung" findet ihr dazu Informationen in der Homepage eurer Heimatgemeinde. Beschreibt, was dort steht, und beurteilt, wie gut die Müll- und Altglasentsorung vor Ort funktioniert.

D Was können wir tun?

Abfall entsorgen

Deine Tafel Schokolade ist aufgegessen und die Chipstüte ist leer. Geht es dich etwas an, was mit dem Abfall geschieht? Na klar – du kannst damit die Umwelt vermüllen, indem du die leere Tüte, die Metallfolie und das mit Plastik beschichtete Papier der Schokoladenverpackung einfach auf die Straße wirfst. Wer das tut, begeht eine Ordnungswidrigkeit und riskiert eine Strafe, falls man ihn erwischt. Noch schlimmer wäre aber der Schaden für die Umwelt. Nicht ordnungsgemäß entsorgte Abfälle können nicht recycelt werden. Möglicherweise gelangt die weggeworfene Chipstüte vom Fluss ins Meer und ist dann die Ursache für den Tod einer Meeresschildkröte, weil sie von dieser mit Nahrung verwechselt wird. Verantwortlich handelst du, wenn du die Tüte, Metallfolie und das beschichtete Papier ordentlich entsorgst – also ab in den gelben Sack oder die Wertstofftonne.

Abfall vermeiden

Noch besser: Du verzichtest in Zukunft möglichst ganz auf Plastiktüten. Müll zu vermeiden, ist der beste Weg zur Problemlösung. Darüber besteht Einigkeit unter den Experten. Weniger Schokolade und Chips zu essen, kann auch nicht schaden. Für die Entsorgung bist du aber nicht alleine verantwortlich. Die Hersteller haben auch etwas damit zu tun. Sie haben die Produktverantwortung. Was bedeutet das? Jede Firma, die Verpackungen benötigt, ist dazu verpflichtet, möglichst wenig Abfall entstehen zu lassen und dafür zu sorgen, dass dieser umweltgerecht entsorgt werden kann. So schreibt es eine Abfallrichtlinie vor, die von der Europäischen Union verabschiedet wurde.

Abfall trennen

Auch wenn wir uns erfolgreich darum bemühen, weniger Müll entstehen zu lassen: Abfälle wird es immer geben. Dabei kommt es auf die richtige Mülltrennung an. In einem Trennhelfer informiert zum Beispiel die Stadt Köln, was dabei wichtig ist:
Jeder tut es. Jeder kann es. Deutschland ist darin sogar Weltmeister: im Abfalltrennen. Dennoch landet an der einen oder anderen Stelle auch mal der falsche Müll im Eimer. Abfall- und Wertstofftrennung ist eigentlich ganz einfach, wenn die richtigen Entsorgungsmöglichkeiten bekannt und vorhanden sind. Bis vor wenigen Jahren war die Restmüll-Tonne in den Kölner Haushalten das einzige Gefäß, um sämtliche Arten von Müll zu sammeln. Seitdem es die Bio-Tonne, die Gelbe Tonne und die Blaue Tonne gibt, ist dies anders. In die Restmüll-Tonne sollten heute keine Abfälle mehr geworfen werden, die sich wiederverwerten lassen. Kölner, die sich daran halten, leisten einen wertvollen Beitrag zu Umwelt- und Ressourcenschutz. Werden auch Sie aktiv! Trennen Sie mit!

(Aus: Wertstoffsammlung für Köln – Kleiner Trennhelfer, im Internet unter www.awkoeln,de; Zugriff 10.09.2014)

1 Was hat eine Meeresschildkröte möglicherweise mit einer weggeworfenen Chipstüte zu tun? Erkläre den Zusammenhang.

2 Verantwortlich handeln. Was bedeutet das für dich und für eine Firma, die Waren herstellt?

3 Sucht nach weiteren Ideen, wie sich Müll vermeiden lässt.

Was auch noch interessant sein kann:
- eine Geschichte erfinden: Denke dir eine Geschichte aus, die von Plastikmüll und der Rettung einer Meeresschildkröte in letzter Minute handelt.

Aktiv lernen

E Wir sortieren Müll richtig

Auf dieser Seite könnt ihr am Beispiel des Umgangs mit verschiedenen Arten von Müll üben, wie das richtige Trennen von Müll funktionieren kann.

Euer Auftrag:
- Übertrage die Bezeichnungen für die Müllarten auf ein Blatt oder in dein Heft.
- Sortiere den gesamten Müll richtig ein. Das geht sehr gut zu zweit.
- Stellt eure Ergebnisse vor und vergleicht sie mit denen anderer.

Was auch noch interessant sein kann:
Die Übung mit Freunden, Bekannten und Verwandten wiederholen.

Was darf wo hinein?

Alle pflanzlichen und tierischen Überreste, Reste von Obst und Gemüse, Essensreste, zum Beispiel auch Gekochtes, alte Lebensmittel (ohne Verpackung), Brotreste, Eierschalen, Gartenabfälle, Laub und Reisig, Blumen

Alle Überreste, die nur aus Papier oder Pappe bestehen, Kartons möglichst verkleinert; keine Tetra-Pack-Verpackungen oder Plastikumschläge, kein verschmutztes Papier

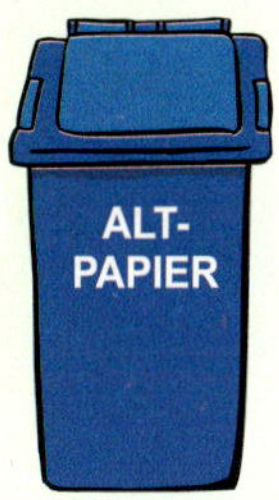

Alles aus Plastik (zum Beispiel leere Kunststoffflaschen, Plastikspielzeug, Joghurtbecher), Milch- und Saftkartons, Styropor, Verschlüsse von Flaschen und Gläsern, Konserven- und Getränkedosen; auch kleine Metallgegenstände; **neu:** auch kleine Elektrogeräte

Müll, der sich nicht eindeutig zuordnen lässt, weil er aus verschiedenen Stoffen besteht oder verschmutzt ist, zum Beispiel Schuhe, Weihnachtsschmuck, volle Staubsaugerbeutel, kalte Asche, gebrauchter Katzenstreu

Müll, der gefährliche Stoffe enthält, die keinesfalls in die Umwelt gelangen dürfen wie Öl, Fett, Lack, Batterien, Leuchtstoffröhren; muss gesammelt und zu Problemstoffsammelstellen gebracht werden

Was kommt wohin?

(1) alte Hefte – (2) Obst- und Gemüsereste – (3) Wandanstrichfarbe – (4) Autobatterie – (5) Bananenschalen – (6) Motoröl – (7) beschriebene Blätter – (8) Butterbrotreste – (9) Eierschalen – (10) Plastikverpackungen – (11) Giftstoffe zur Schädlingsbekämpfung – (12) halb gefüllte Dose mit Holzlack – (13) Katzenstreu und Vogelsand (gebraucht) – (14) Rucksack mit defektem Reißverschluss – (15) elektrische Zahnbürste – (16) schmutzige Papiertaschentücher – (17) Pampers (gebrauchte Windel) – (18) Pappschachtel – (19) schmutziges Butterbrotpapier – (20) Spielzeug aus Plastik und Metall – (21) kleines Radio – (22) Schraubverschlüsse von Marmeladengläsern – (23) verdorbene Nahrungsmittel – (24) Werbeprospekte – (25) Zeitungen

Tipp: Wenn ihr den Müll richtig zugeordnet habt, befinden sich in den fünf Entsorgungsstationen jeweils fünf Müllprodukte (siehe dazu auch Seite 237).

S M U H

F Wir diskutieren: Welcher Weg zur Verminderung der Plastiktüten ist der beste?

Milliarden von Plastiktüten treiben in Flüssen und Meeren und gefährden dort das Leben der Fische, Vögel und Säugetiere. Um die Verwendung von Plastiktüten einzuschränken oder möglichst ganz zu verhindern, hat das Europäische Parlament die Mitgliedstaaten der Europäischen Union im Jahr 2014 dazu aufgefordert, Maßnahmen zur Reduzierung der Plastiktüten zu ergreifen. Die Parlamente der einzelnen Länder sollen dazu bis spätestens 2020 geeignete Gesetze verabschieden. Hier kannst du selbst über ein Gesetz entscheiden. Stell dir vor, drei Gesetzesvorschläge stünden zur Wahl.

- Welchem Gesetzesvorschlag stimmst du zu?

1 Lies die drei Gesetzesvorschläge und entscheide spontan: Welcher ist der beste, weil er der wirkungsvollste ist?

2 Lies dann die Begründungen und entscheide: Welche davon passen zu welchem Vorschlag? Ändert sich dadurch dein Urteil oder bleibt es bestehen? Tausche dich mit einem Partner darüber aus.

3 Triff nun deine abschließende Entscheidung. Suche dafür nach weiteren Begründungen.

Stellt eure Urteile vor und diskutiert miteinander.

Tipp: Am Ende könnt ihr über die drei Vorschläge abstimmen.

Gesetzesvorschlag 1 ✔

Die Bürgerinnen und Bürger verzichten freiwillig auf die Verwendung von Plastiktüten. Die Schulen sind gesetzlich verpflichtet, Kinder ab dem Grundschulalter über die Umweltgefahren aufzuklären, die von Plastiktüten verursacht werden.

Gesetzesvorschlag 2 ✔

Auf Plastiktüten wird eine Sondersteuer erhoben. Sie beträgt für kleine Tüten 20 Cent pro Tüte und für die größeren 50 Cent.

Gesetzesvorschlag 3 ✔

Mit dem Inkrafttreten dieses Gesetzes tritt ein weitgehendes Verbot von Plastiktüten in Kraft. Dieses Verbot gilt sowohl für die Herstellung als auch für den Gebrauch.

a) Verbote wirken sofort und sind daher der schnellste und erfolgreichste Weg zur Lösung des Problems. Kaum jemand wird etwas dagegen haben, dass der Staat Plastiktüten verbietet.

b) Wer für eine Plastiktüte einen ziemlich hohen Preis bezahlen muss, wird sich dreimal überlegen, seine täglichen Einkäufe dadurch zu verteuern. Also wird der Gebrauch der Tüten sinken.

c) Wenn die Menschen über die Gefahren aufgeklärt werden, die durch weggeworfenen Plastikmüll entstehen, werden sie freiwillig darauf verzichten, Plastiktüten zu benutzen.

d) Hersteller, die vor dem Verbot Plastiktüten produziert haben, können neue Produkte anbieten – zum Beispiel Stofftaschen. Schon jetzt muss man oft für Plastiktüten bezahlen und es bringt trotzdem nichts, genauso wenig wie Freiwilligkeit.

e) Eine Sondersteuer hätte auch den Vorteil, dass die Käufer selbst entscheiden können. Verbote verärgern eher die Leute. Das Geld aus der Sondersteuer könnte der Staat für den Umweltschutz verwenden.

f) Aufklärung ist wichtig. Freiwilligkeit ist besser als Verbote und besser als höhere Kosten.

Umweltschutz als Zukunftsaufgabe

Station 1 Wie gehen wir mit der Umwelt um?

S M U H

Mit deinen Erfahrungen solltest du die folgende Schüleräußerung widerlegen können.

1. „Doch! Ich kann dir von einem Projekt berichten, in dem Schülerinnen und Schüler aktiv mitgemacht haben: …“
2. „Ich nenne dir mindestens zwei Ideen, was Schüler tun können: …“

Station 2 Warum ist Umweltschutz überlebenswichtig?

S M U H

Um die Bedeutung des Umweltschutzes zu verstehen, sollte man Zusammenhänge erklären können.
Worin besteht der Zusammenhang zwischen den folgenden Wortpaaren?
Suche dir ein, zwei oder drei Wortpaar(e) aus und erkläre, was sie miteinander zu tun haben.

1. Kranke Koralle – Klimaerwärmung
2. Vorsorgeprinzip – Umweltschaden vermeiden
3. Verursacherprinzip – Verantwortung übernehmen
4. Kooperationsprinzip – gemeinsam handeln

Station 3 Umweltproblem Müll

S M U H

Was können wir tun, damit nicht noch mehr Seehundbabys, Meeresschildkröten, Fische und Seevögel unter Plastikmüll leiden müssen?

Erzähle eine von zwei Geschichten:
Geschichte 1: Wie Teile einer scharfkantigen Plastikkiste ins Meer gelangten und wie ein Seehundbaby darunter litt
Geschichte 2: Wie die Menschen es gemeinsam schafften, dass der Plastikmüll aus den Meeren verschwand und die Tiere wieder glücklich wurden

Lösung für S. 235: Bio: 2, 5, 8, 9, 23; Papier: 1, 7, 18, 24, 25; Wertstoff: 10, 15, 20, 21, 22; Restmüll: 13, 14, 16, 17, 19; Problemmüll: 3, 4, 6, 11, 12

Glossar

Was ist ein Glossar?

Ein Glossar soll dabei helfen, wichtige Schlüsselbegriffe zu klären. In dem Wort steckt das lateinische Wort Glossarium und das wiederum bedeutet Wortsammlung.
Ein Glossar ist eine Liste von Fachbegriffen mitsamt Erklärungen, die man zum Verständnis eines Buches oder anderer Texte braucht.
Das Glossar in diesem Buch solltest du immer dann aufschlagen, wenn dir auf einer Seite von TEAM ein Begriff begegnet, den du genauer geklärt haben möchtest.

Begriff	Erklärung	Diesen Begriff findest du in deinem Buch zum Beispiel auf den folgenden Seiten:
Bürgermeister	Eine Bürgermeisterin oder ein Bürgermeister ist Leiterin bzw. Leiter einer Gemeinde, ob haupt- oder ehrenamtlich hängt von der Größe der Gemeinde ab. Er oder sie vertritt die Gemeinde bei allen offiziellen Anlässen. In kreisfreien Städten heißt der Bürgermeister Oberbürgermeister. Bürgermeister führen den Vorsitz in den Gemeinde- und Stadträten. Ihre Rechte und Pflichten sind in den Gemeindeordnungen festgeschrieben, die von Bundesland zu Bundesland unterschiedlich sind. In den meisten Bundesländern werden die Bürgermeister von der wahlberechtigten Bevölkerung gewählt.	**121, 130**
Demokratie	Wörtlich übersetzt heißt das aus der griechischen Sprache stammende Wort „Herrschaft des Volkes". Für unsere moderne Zeit bedeutet Demokratie, dass alle Herrschaft im Staat vom Volk ausgeht. Das Volk wählt seine Vertreter in die Gemeinderäte, die Landtage und in den Bundestag. Weil diese Vertreterinnen und Vertreter das Volk repräsentieren, nennt man unsere Demokratie auch repräsentative Demokratie. Der wichtigste Wert in einer Demokratie ist, dass die Menschen frei sind und gleiche Rechte haben.	**39, 53, 138**
Diktatur	Sie ist das Gegenteil einer Demokratie. Hier sind die Menschen nicht frei. An der Spitze einer Diktatur steht ein Alleinherrscher oder eine Gruppe von Herrschenden, die alle Macht in Händen hält. Die Bevölkerung hat den Befehlen der Mächtigen zu gehorchen. Politisch Andersdenkende werden häufig verfolgt.	**53**
Disziplin	Disziplin ist die Voraussetzung dafür, dass man in einer Schulklasse oder in einer anderen Gruppe gut zusammenarbeiten und lernen kann. Schülerinnen und Schüler zeigen ein diszipliniertes Verhalten, wenn sie fähig und bereit sind, vereinbarte Regeln einzuhalten und wenn sie über die Einsicht verfügen, dass Regeln und Selbstbeherrschung nützlich für alle sind. Das Wort stammt aus der lateinischen Sprache.	**22**

Entwicklungsländer	So werden oft die Länder auf der Welt bezeichnet, in denen besonders große Armut herrscht. Fast acht von zehn Menschen auf der Erde leben in einem solchen Land. Einige Merkmale der Armut sind: Unterernährung, fehlende medizinische Versorgung, wenig Bildung für die Kinder, krasse Gegensätze zwischen Arm und Reich.	**83, 86**
Familie	Die Familie ist die erste und die wichtigste Gruppe, in die ein Mensch hineingeboren wird. Niemand kann sie sich aussuchen. Ihre Form kann sehr unterschiedlich sein. Als Familien gelten alle Gemeinschaften, bei denen mindestens ein Elternteil mit einem oder mehreren Kindern in einem gemeinsamen Haushalt zusammenleben. Politik und Staat sind per Gesetz dazu verpflichtet, Familien zu schützen und zu unterstützen.	**58, 60, 61, 68**
Gemeinde	In der Politik verwendet man die Bezeichnung Gemeinde als Sammelbegriff, der vom Dorf bis zur Großstadt reichen kann. Eine Gemeinde hat das Recht, sich selbst zu verwalten und ihre Angelegenheiten selbst zu regeln. Gemeinden sind sogenannte Gebietskörperschaften. Das heißt, sie sind für ihr Gebiet mit bestimmten Aufgaben, Rechten, Pflichten und Einrichtungen ausgestattet. Für Gemeinden verwendet man auch den Begriff Kommunen.	**121**
Gesetze	Gesetze sind die aufgeschriebenen und vom Parlament verabschiedeten Regeln, an die alle Menschen in einem Staat sich halten müssen. Damit die Gesetze eingehalten werden, gibt es Strafen für die Nichtbeachtung. Auch der Staat und die Politikerinnen und die Politiker sind an die Einhaltung der Gesetze gebunden. Im Streitfall entscheiden die Gerichte frei und unabhängig im Rahmen der Gesetze.	**20**
Globalisierung	Darin steckt das Wort global und das bedeutet weltumspannend. Gemeint ist, dass die Welt immer weiter zusammenwächst. Die Menschen treiben weltweiten Handel. Durch das Internet stehen immer mehr Menschen weltweit in Kontakt miteinander. Auch begreifen die Menschen zunehmend, dass die großen Probleme, wie zum Beispiel der Umweltschutz oder die Bekämpfung der Armut auf der Welt, in internationaler Zusammenarbeit gelöst werden müssen.	**202**
Internet	Auf Deutsch kann man Internet mit Verbundnetz übersetzen. Das Internet ist ein weltweiter elektronischer Verbund von vielen Millionen Computern. Vergleicht man es mit einem Netz, so ist jeder einzelne PC ein Knoten in diesem Netz. Das Verbundsystem ermöglicht es, Daten weltweit zu versenden und auszutauschen.	**202**
Kinderrechte	Man versteht darunter die Rechte, die den Kindern unabhängig von ihrer Herkunft, ihrem Geschlecht oder ihrem Glauben weltweit zustehen müssen. Im Jahr 1989 wurden diese Rechte in einer Erklärung der Vereinten Nationen in New York in 54 Artikeln aufgeschrieben und verkündet.	**90, 91**

Kommunalpolitik	Das ist die Politik, die in den Gemeinden gemacht wird, also in den Stadt- und Landgemeinden. Kommunal heißt, „die Gemeinde betreffend". Alle wahlberechtigten Bürgerinnen und Bürger können mitbestimmen, was politisch in ihrer Gemeinde geschehen soll, zum Beispiel, indem sie an den Wahlen zur Gemeindevertretung teilnehmen oder sich als Kandidat aufstellen lassen. Kinder und Jugendliche haben auch Mitwirkungsmöglichkeiten – zum Beispiel durch Kinder- und Jugendparlamente.	**125**
Kompromiss	Das lateinische Wort bedeutet „Übereinkunft" bzw. „Ausgleich". Der Kompromiss ist eine Art der Entscheidung zwischen Personen oder Gruppen, die unterschiedliche Interessen vertreten und unterschiedlicher Meinung sind, die sich aber irgendwie einigen müssen. In der Demokratie spielen Kompromisse eine große Rolle, weil es fast immer darum geht, verschiedene Interessen so unter einen Hut zu bringen, dass alle Beteiligten eine Entscheidung akzeptieren können. Kompromissfähigkeit gilt als eine Kompetenz, über die jeder demokratische Mensch verfügen sollte.	**110**
Konflikt	Das Wort bedeutet „Zusammenstoß". Es bezeichnet eine Auseinandersetzung, die entsteht, wenn Menschen oder Gruppen aufeinandertreffen, die unterschiedliche Interessen vertreten. Die streitenden Parteien versuchen dann mit Argumenten und mit Macht den Streit siegreich zu beenden. Oft gelten Konflikte als unvermeidlich, zum Beispiel wenn alljährlich die Vertreter der Arbeitgeber und Arbeitnehmer über die Höhe der Löhne streiten. In der Demokratie gilt der Konflikt nicht als etwas Schlechtes. Wichtig ist, dass die Konflikte mit friedlichen und fairen Mitteln zu einem vernünftigen Ausgleich gebracht werden.	**48, 64**
Mobbing	Mobbing ist eine schlimme Form von Gewalt, die leider auch häufig in der Schule vorkommt. Die Gewalt zeigt sich in andauernden feindseligen Handlungen, denen die Opfer oft schuldlos ausgeliefert sind. Mobbing kann bei den Opfern körperliche und seelische Krankheiten auslösen und in schlimmen Fällen sogar zur Selbstmordgefährdung führen. Die häufigste Form von Mobbing ist mitterlweile das Cyber-Mobbing, bei dem die Opfer über soziale Netzwerke fertig gemacht werden. Die Täter handeln oft aus Gedankenlosigkeit, Mitläufertum und weil sie selbst nicht zu Opfern werden wollen.	**26**
Nachhaltigkeit	Der Begriff wurde aus der Forstwirtschaft übernommen und bedeutete ursprünglich, dass man nicht mehr Wald abholzen darf als nachwachsen kann. Heute wird der Begriff im Zusammenhang mit dem Schutz der Umwelt verwendet. Gemeint ist, dass die Menschen die Umwelt so zu schützen haben, dass auch die nachfolgenden Generationen noch in einer intakten Natur leben können.	**224**

Politik	Dieser Begriff leitet sich von dem griechischen Wort „Polis" ab, das man mit „Gemeinschaft" übersetzen kann. Heute verstehen wir darunter alle Aufgaben und Zukunftsprobleme, die gelöst werden müssen, damit die Menschen im Staat friedlich, frei und in Sicherheit miteinander leben können. Politik wird von einzelnen Personen, vor allem aber auch von Parteien, Bürgerinitiativen und Interessenverbänden gemacht. Zum Wesen demokratischer Politik gehört, dass die Vorstellungen über die Lösung der Zukunftsaufgaben sehr unterschiedlich sein können.	**8, 124, 228**
Recycling	Recycling bedeutet die Wiederverwendung von Abfällen, entweder indem man Dinge mehrfach benutzt, wie zum Beispiel Pfandflaschen, oder indem man die im Müll enthaltenen wertvollen Stoffe herauslöst und zur Herstellung neuer Produkte verwendet.	**230**
Schülervertretung (SV)	Durch die SV wirken die Schülerinnen und Schüler an der Gestaltung des Schullebens mit. Sie hat die Aufgabe, die Interessen der Schüler zu vertreten. Sie besteht aus den gewählten Sprecherinnen und Sprechern der Klassen- und Jahrgangsstufen und der Schülersprecherin/dem Schülersprecher (plus Stellvertreter). Eine wichtige Einrichtung zur Vertretung der Schülerinnen und Schüler ist der Schülerrat.	**46, 48**
Staat	Der Staat ist die Gesamtheit aller Bürgerinnen und Bürger, die zu einem Volk gehören. Wörtlich übersetzen kann man das Wort aus dem frühen Mittelalter mit „Lebensweise". Man versteht darunter auch die Organisation, die die Menschen in der Gesellschaft sich gegeben haben, damit sie geregelt und friedlich miteinander leben können. Der Staat fordert von den Menschen, dass sie einen nicht unerheblichen Teil ihres Einkommens in Form von Steuern und Abgaben an ihn entrichten. Er verteilt dieses Geld dann wieder, zum Beispiel an Familien in Form von Kindergeld und zum Bau von Straßen, Schienen, Flugplätzen, Krankenhäusern, Schulen, für die Bundeswehr und für vieles andere mehr.	**53, 68**
Steuern	Darunter versteht man die Abgaben, die die Bürger an den Staat zahlen müssen. Es besteht Steuerpflicht. Wer sie nicht bezahlt, macht sich strafbar. Mit den Steuern bestreitet der Staat seine Aufgaben. Diese Abgaben werden fällig, wenn man Lohn erhält, wenn man eine Erbschaft macht, wenn man Benzin tankt, wenn man etwas einkauft, wenn man in einem Restaurant isst und bei noch vielen weiteren Gelegenheiten. Viele schimpfen über die Steuern, aber alle wissen auch, dass der Staat ohne sie nicht funktionieren kann.	**53, 153**
Treibhauseffekt	Unter diesem Effekt versteht man, dass sich die Lufthülle, welche die Erde umgibt, allmählich aufwärmt und so zu einem Klimawandel auf der Erde führt. Verantwortlich dafür ist vor allem das in der Atmosphäre vorhandene Kohlendioxid (CO_2). Es wird durch Autoabgase, Industrieanlagen und Kraftwerke erzeugt. Die befürchteten Folgen des Klimawandels sind das Abschmelzen der Polkappen und die Ausbreitung der Wüsten. Die Menschen müssen den Ausstoß von CO_2 einschränken, damit es nicht zu den befürchteten negativen Folgen kommt.	**226**

Umweltschutz	Damit sind alle Maßnahmen gemeint, die dem Schutz des Bodens, des Wassers und der Luft dienen. Der Staat arbeitet an dieser Aufgabe, indem er schützende Gesetze beschließt. Fabriken müssen darauf achten, dass kein Dreck, keine Abgase und keine verschmutzten Abwässer in die Umwelt gelangen. Familien und einzelne Personen können ebenfalls ihren Beitrag dazu leisten, dass dieses wichtige Ziel erreicht wird.	**153, 220, 224**
Wirtschaft	Unter Wirtschaft versteht man die Gesamtheit aller menschlichen Tätigkeiten, die sich auf die Herstellung, den Transport und den Verbrauch von Waren und Dienstleistungen beziehen. Die Wirtschaft versorgt uns mit diesen Waren (z. B. Lebensmittel, Kleidung, Autos, Computer) und Dienstleistungen (z. B. ärztliche Versorgung, Haarpflege, Krankenpflege, öffentliche Verwaltungen). Geld spielt bei allen wirtschaftlichen Tätigkeiten eine große Rolle. Menschen müssen lernen zu wirtschaften, weil sie einen großen Teil ihres Lebens mit wirtschaftlichen Tätigkeiten verbringen müssen.	**8, 144, 153**

Register

Angebot 194
Ausgrenzung verhindern 24
Ausländer 100ff.

Bedürfnisse 148ff.
Befragung 168f.
Behinderung 24f., 106ff., 117
Beschränkte Geschäftsfähigkeit 180, 182, 197
Brutto-Gehalt 170f.
Bürgermeister/in 130

Computerpräsentation 212f.

Demokratie 38f., 52f., 138f.
Detektivmethode 225
Diskussion 156

Einkommen 172
Einzelarbeit 14f.
Erkundung 133

Familie 58ff.
Familienhilfe 72f.
Familienpolitik 68ff., 73
Familienstreit 67
Flüchtlinge 100f.

Geld 160ff.
Gemeinde 120, 138
Gemeindepolitik 120ff.
Gemeindeverwaltung 132
Grundstück 134ff.
Gruppenarbeit 41

Haushaltsplanung 170ff.

Informationssuche 204, 206ff.
Inklusion 25, 108ff.
Inländer 100ff.
Internetnutzung 200ff.
Internetpräsentation 214

Kinder in aller Welt 78ff.
Kinder in der Familie 60
Kinder- und Jugendparlament 126f.
Kinderarbeit 84ff., 96
Kinderarmut 88f., 97
Kindergeld 71
Kinderhilfe 92f.
Kinderrechte 90f., 97
Kindertagesstätte 71
Klassengemeinschaft 18, 22f., 33
Klassenregeln 18, 21
Klassensprecher/in 36ff., 48
Klassensprecherwahl 38
Klimawandel 224ff.
Knappheit 146f., 157
Kompetenzen 11

Lebenssituationen 78ff.
Lernen 10, 12f.

Marken 184f.
Mediennutzung 200ff.
Mehr-Generationen-Haus 112ff.
Menschen, alt 112f.
Menschen, jung 112ff.
Mobbing 26f.
Müll 230ff.

Nachfrage 194
Nachrichten 206ff.
Netto-Gehalt 170f.

Papierscheine 160
Partnerinterview 19
Pflichten 40, 42ff.
Plakat 190
Planspiel 134ff.
Preis 191ff.
Preisbildung 194ff.

Rathaus 128ff.
Rechte 40, 44, 45, 182
Regeln 20
Rollenspiel 66
Rollenverteilung, familiäre 64ff., 75

Schreibgespräch 105
Schülersprecher/in 48, 51
Schülervertretung (SV) 46ff.
Schulgemeinschaft 54f.
Schulgesetz 44
Schulkleidung 42
Schulkonferenz 48
Schulleben 46
Sparen 164ff., 177
Stadtrat 128f., 131
Streit 28f.
Streitschlichtung 28ff.
Streitschlichtungsgespräch 30ff.
Streitursache 28f.
Suchmaschinen 204
Supermarktfallen 184, 188f.

Taschengeld 165
Team 18

Umwelt 218ff.
Umweltprobleme 223ff.
Umweltschutz 220ff.

Verbraucherrecht 180ff.

Wahlen 38f., 51, 138
Werbung 184ff., 197
Wirtschaft 144, 146f., 152ff.
Wirtschaften 142ff., 157
Wirtschaftsgesetz 152
Wirtschaftsgüter 150f.
Wirtschaftspolitik 153ff., 157

Zeitung 205ff.
Zukunftswerkstatt 94

Bildquellenverzeichnis

© A1PIX/SAY: 213 o. – © Amaryllis eG, Foto: Charlotte Schaeder: 4 u., 98, 115 (alle) – AP Photo/Richard Vogel: 86 – © Auguste Viktoria Schule Itzehoe: 92 o. l. – © Foto Begsteier KEG/fotobegst: 59 (G) – © A_Bruno-Fotolia.com: 155 – © Ralf Butschkow: 177 – Caro/Jandke: 152 u. – ddp images/dapd/Timur Emek: 120 u. r. – Deutsches Kinderhilfswerk e. V.: 124 u. – © die bildstelle/REX FEATURES LTD.: 227 – © Jeanette Dietl-Fotolia.com: 202 – © doble.d-Fotolia.com: 59 (D) – © doble.d/Getty Images: 166 – © Dorling Kindersley Verlag: 85 u. – © dubova-Fotolia.com: 60 u.l. – © edrzambrano-Fotolia.com: 180 – aus: Entsorgungsverband Saar (EVS): Alles aus Müll oder was?: 232, 233 – © EpicStockMedia - Fotolia.com: 59 (E) – F.A.Z.-Foto/Alard von Kittlitz: 161 – © Christine Fenzl: 24, 106 – © Wolfgang Filser: 162 u. – © Fotex/Rex Interstock: 170 – © Ralf Gerard/JOKER: 59 (F) – © grafikplusfoto-Fotolia.com: 165 – © Marcin Gwizdon: 231 r. – Walter Hanel: 139 – Foto: Dagmar Hojtzyk (Medienhaus Bauer): 127 – © Joachim Horstkotte: 237 – Stefan Husch/TERZ: 43 – © jarrycz-Fotolia.com: 143 – Johner/F1online Bildagentur RM: 6.m., 198 – © Keystone/DiAgentur: 59 (B) – KidsVA 2014, Egmont Ehapa Media: 185 – Foto: Kiel-Steinkamp (Neue Westfälische): 220 – Foto: KiJuPa Recklinghausen: 126 o. – © klickerminth-Fotolia.com: 146 u. – © Robert Kneschke-Fotolia.com: 103 o.l. – © Martin Leissl/VISUM: 5 o., 118 – © mariesacha-Fotolia.com: 5 u., 158 – © Til Mette: 200 – © Monkey Business-Fotolia.com: 59 (H) – © Moodboard/F1online Bildagentur: 58 – Foto: Karsten Müller: 42 – © Ulrich Niehoff/imageBROKER/OKAPIA: 234 – Foto: Jens Noll: 109 – Nummer gegen Kummer e. V.: 73 – © Barbara Pheby-Fotolia.com: 186 – © picture-alliance/AP Images: 84 (beide), 208 r. – © picture alliance/Bildagentur-online/Begsteiger: 60 o. r., 206 – © picture-alliance/Bildagentur-online/DP: 112 – © picture-alliance/Bildagentur-online/Theissen: 230 o. – © picture-alliance/blickwinkel: 231 l. – © picture alliance/blickwinkel/M: 173 – © picture-alliance/chromorange: 29 u., 150 u. – © picture-alliance/Denkou Images: 60 u.r. – © picture-alliance/Design Pics: 164 – © picture-alliance/dpa: 3 u., 25, 34, 69, 90, 100, 101, 103 u.r., 111, 116, 120 m.l., 124 o., 130 u., 132, 146 m., 153, 174, 192, 193, 196, 209 l. + r., 213 u., 222, 223 u., 230 – © picture-alliance/dpa Grafik: 187 – © picture-alliance/dpa-infografik: 83, 113 – © picture-alliance/JOKER: 114 – © picture-alliance/Helga Lade GmbH, Germany: 29 o. – © picture-alliance/landov: 154, 223 o. – © picture-alliance/Frank May: 59 (I) – © picture-alliance/M.i.S.-Sportpressefoto: 103 u. l. – © picture-alliance/scanpix: 40 – © picture-alliance/schroewig: 210 – © picture alliance/Science Photo Library: 60 o. l. – © picture-alliance/Sven Simon: 8 o. – © picture-alliance/Süddeutsche Zeitung Photo: 117 – © picture-alliance/united-archives/mcphoto: 4 m., 76 – © picture-alliance/WILDLIFE: 4 o., 56 – © picture-alliance/ZB: 5 m., 8 u., 88, 120 o. l. + o. r. + u. l., 140 o. l. + o. r. + u. r., 188, 209 m. – © picture-alliance/ZUMA Press: 208 l. – © plainpicture/Fiets, B.: 59 (A) – © Pressebild.de/Bertold Fabricius: 107 l. – privat: 126 u. – Thieme, Matthias; von Bebenburg, Pitt: Deutschland ohne Ausländer. © 2012 Redline Verlag, ein Imprint der Münchner Verlagsgruppe GmbH, München. http://www.redline-verlag.de All rights reserved. Mit freundlicher Genehmigung des Verlages.: 103 o. r. – Foto: Petra Reinken: 122 – Aus: „Spielverderber-Das Geschäft mit dem Kinderspielzeug“, RETAP-Verlag, Bonn 2002: 96 – © RTimages-Fotolia.com: 203 – © Jörn Sackermann: 228 – Christian Schwier - Fotolia: 214 – © Gerhard Seybert-Fotolia.com: 110 – © .shock-Fotolia.com: 146 o. – Sport- und Bäderbetriebe Essen: 123 – © Stadt Bielefeld und Kidsville Redaktionsbüro: 118 l., 130 o., 131 – Foto: Ariela/Süddeutsche Zeitung Photo: 78 l. – Foto: Kiran/Süddeutsche Zeitung Photo: 78 o. r., 79 r. – Foto: Shem/Süddeutsche Zeitung Photo: 78 u. r. – Foto: Arne Perras/Süddeutsche Zeitung Photo: 79 l., 82 o. – Foto: Tobias Zick/Süddeutsche Zeitung Photo: 80, 82 m. – Foto: Peter Burghardt/Süddeutsche Zeitung Photo: 81, 82 u. – Foto: Sonja Marzoner/Süddeutsche Zeitung Photo: 107 r. – © Manuel Tennert-Fotolia.com: 59 (C) – © UNICEF: 85 o. – © UNICEF/Hyou Vielz: 92 o. r. + u. r. – © vario images: 6 u., 216 – © vario-press/Bernhard Classen: 162 m. – Verlagsarchiv Schöningh/Fotostudio Henke, Salzkotten: 20, 28, 30, 38, 48, 65, 71 (beide), 102, 120 m. r., 140 u. l., 152 o., 168 (beide), 175, 182, 221 – Verlagsarchiv Schöningh/Andreas Müller: 218/219 (alle) – Verlagsarchiv Schöningh/Michael Vogdt: 3 o., 16, 52, 68, 133, 176, 191 – © Vladimir Voronin-Fotolia.com: 224 – Götz Wiedenroth 2007, www.wiedenroth-karikatur.de: 205 – Wikipedia: 150 o. – © wildworx-Fotolia.com: 6 o., 178 – © Wrangler-Fotolia.com: 181 – weitere: Verlagsarchiv Schöningh

Sollte trotz aller Bemühungen um korrekte Urheberangaben ein Irrtum unterlaufen sein, bitten wir darum, sich mit dem Verlag in Verbindung zu setzen, damit wir eventuell notwendige Korrekturen vornehmen können.

Lösungen zu den Kompetenzstationen

1. Meine Klasse und ich

Station 1: Regeln zum Verhalten vor dem Unterrichtsbeginn können sein: ruhig auf den Platz setzen; Schulbuch und Arbeitsheft auf den Tisch legen; auf den Lehrer warten. Regeln für das Verhalten gegenüber Klassenkameraden: niemandem Gewalt zufügen; sich nicht über andere lustig machen; nichts kaputt machen, was anderen gehört. Regeln für die Gesprächsführung im Unterricht: sich melden, bevor man etwas sagt; zuhören, wenn andere reden; keine abfälligen Bemerkungen machen.

Station 2: 1. Hier sollt ihr versuchen, euch in die Situation eines Mobbingopfers hineinzuversetzen. Bedenke dabei, dass alle Mobbingopfer extrem leiden. Beschreibe deine Gefühle möglichst genau. 2. Beispiele: Regeln gegen Mobbing vereinbaren; sofort melden, wenn sich jemand gemobbt fühlt; bei keiner Mobbingaktion mitmachen; Mobber auffordern, sofort damit aufzuhören; Mobbingsituation in der Klassenversammlung besprechen.

Station 3: Eine Gewinner-Gewinner-Lösung liegt vor, wenn alle mit der Streitlösung zufrieden sind und mit einem guten Gefühl auseinandergehen. Eine Gewinner-Verlierer-Lösung liegt vor, wenn es Sieger und Besiegte gibt und einer den gesamten Schaden hat. Eine Verlierer-Verlierer-Lösung liegt vor, wenn eine Freundschaft zerbricht und alle Streitenden geschädigt werden.

2. Leben in der Schulgemeinschaft

Station 1: 1. Frage: Der Klassensprecher vertritt die Interessen der Klasse, informiert die Klasse über wichtige Angelegenheiten der SV, führt die Beschlüsse der Klasse aus, bereitet die SV-Stunde vor. 2. Frage: Das aktive Wahlrecht bedeutet, dass man das Recht hat, wählen zu gehen. Das passive Wahlrecht bedeutet, dass man das Recht hat, gewählt zu werden. 3. Frage: Klassensprecher- und Stellvertreterwahl, Wahl des Schülersprechers durch den Schülerrat oder durch die gesamte Schülerschaft. 4. Frage: In der Demokratie hat nur das Volk das Recht, zu entscheiden, wer für eine gewisse Zeitspanne regieren darf. Dies ist nur durch eine Wahl möglich.

Station 2: Folgende Satzteile passen zusammen: 1b, 2a, 3d, 4f, 5e, 6c

Station 3: (1) Wahl durch den Schülerrat (A) und durch die gesamte Schülerschaft (B). (2) A: Eine Wahl durch alle ist ein sehr demokratisches Verfahren. B: Der Schülerrat kann besser beurteilen, welche Kandidatinnen bzw. Kandidaten geeignet sind.

Station 4: Freie Wahlen: Sie sind das wichtigste Merkmal in einer Demokratie. Das Volk entscheidet, wer für eine begrenzte Zeit die politische Herrschaft übernimmt. Meinungsfreiheit: In der Demokratie dürfen alle Menschen ihre eigene Meinung frei vertreten. Mehrheitsprinzip: Gemacht wird, was eine Mehrheit für gut und richtig hält. (Minderheiten müssen geschützt werden.) Gleichberechtigung: Frauen und Männer haben gleiche Rechte.

3. Zusammenleben in der Familie

Station 1: 1. Die Kinder wurden ihren Eltern weggenommen, Pflegerinnen säuberten und ernährten die Kinder ohne mit ihnen zu sprechen. 2. Alle Kinder starben in den ersten Lebensjahren. 3. Ohne Zuwendung und Liebe und spürbaren Kontakt mit Familienmitgliedern kann ein Kind nicht überleben. 4. Familien sind sehr wichtig. Für Kinder ist die Familie die erste und wichtigste Bezugsgruppe überhaupt. Durch Erziehung in der Familie lernt ein Kind nach und nach sich in der Gesellschaft einzufinden. Dabei kann die Familie sehr viele unterschiedliche Formen haben. Wichtig ist, dass das Kind mindestens eine feste Bezugsperson hat.

Station 2:

Familie	Andere Lebensgemeinschaft
1, 2, 3, 4, 7, 8, 11, 12	5, 6, 9, 10

Station 3: 1. Kochen, Putzen, Wäsche waschen, Bügeln, Staubsaugen, Spülmaschine ein- und ausräumen, Müll entsorgen, Aufräumen

2.

Frau Schneider	Herr Schneider	Nico	Elena
Kochen Bügeln	Putzen Wäsche waschen	Müll entsorgen Spülmaschine ein- und ausräumen Aufräumen	Staubsaugen Aufräumen

Station 4: (A) Der Mutterschutz beginnt 6 Wochen vor der Geburt und endet 8 Wochen nach der Geburt. (B) Kindergeld bekommt man vom ersten Kind an. (C) Elterngeld bezahlt der Staat ein Jahr lang (ggf. länger), damit ein Elternteil nach der Geburt des Kindes zu Hause bleiben kann. (D) Eltern mit Kindern zahlen weniger Steuern als kinderlose Paare.

4. Kinder in aller Welt

Station 1: Vier Probleme: Eine Milliarde Kinder lebt in Armut, 500 Millionen müssen mit einem Euro am Tag auskommen, 100 Millionen Kinder besuchen keine Grundschule, viele Kinder haben keinen Zugang zu sauberem Trinkwasser. Vier Bedürfnisse: Friedlich mit der Familie zusammenleben, genug zu essen und zu trinken haben, Aufwachsen ohne Gefahr, Not und Krankheit, mit Freunden spielen können. Vier Erfolge: Die Kindersterblichkeit sinkt weltweit, es werden mehr Kinder als früher geimpft, Hilfsorganisationen führen Projekte durch, viele Menschen helfen durch Spenden.

Station 2: Schädlich ist Kinderarbeit, wenn die Kinder zur dauerhaften Arbeit gezwungen werden, nicht zur Schule gehen können, Kinder durch die Arbeit in ihrer Entwicklung behindert werden, die Arbeit gefährlich ist und zu lange dauert.

Station 3: Die Meinung des Mannes ist falsch. Es stimmt zwar, dass Deutschland ein reiches Land ist. Trotzdem gibt es Kinder, die in Armut leben müssen. Jedes siebte Kind in Deutschland gilt als arm.
Man kann dafür sorgen, dass sich Kinder aus armen Familien in der Klasse genauso wohlfühlen wie alle anderen auch. Wichtig ist es, (1) sich nicht lustig zu machen, (2) niemanden auszuschließen, (3) eine gute Klassengemeinschaft zu bilden, (4) sich gegenseitig zu helfen.

Station 4: 1. Mithilfe der richtigen Internetadressen kannst du dich sehr gut über die aktuelle Situation der Kinder auf der Welt informieren. Aktuelle Nachrichten findest du zum Beispiel unter www.younicef.de, www.tdh.de und www.kinderrechtsteams.de. 2. Du kannst Ideen für Projekte entwickeln und dich dabei an Projekten anderer Schulklassen orientieren. Du kannst Freizeit dafür einsetzen und mit anderen gut in Gruppen zusammenarbeiten. Du kannst deine Fantasie in eine Zukunftswerkstatt zum Thema Kinder der Welt einsetzen. 3. Jeder kleine Schritt kann zu einer besseren Welt führen. Du kannst zum Beispiel in deiner Klasse darauf achten, andere Kinder nicht auszuschließen, weil sie vielleicht nicht so gut gekleidet sind. Du kannst natürlich auch an einer Hilfsaktion teilnehmen wie zum Beispiel „Straßenkind für einen Tag".

5. Mit Unterschieden leben lernen

Station 1: Ich hatte einen Traum. Über Nacht waren alle Menschen mit einem ausländischen Pass aus Deutschland abgereist. Am nächsten Morgen gab es im ganzen Land keine Ausländer, nur noch Deutsche. Zuerst war ich nicht beunruhigt. Doch dann, als ich in der Schule und meiner Klasse ankam, o Schreck, fast die halbe Klasse war leer, auch meine besten Freunde Murat und Leila fehlten! Und als ich mit meinem Vater zu einem Fußball-Bundesliga-Spiel gehen wollte, o Schreck, musste das Spiel abgesagt werden, weil in beiden Mannschaften ganz viele Spieler nicht mehr da waren! Später wollten wir noch asiatische Bratnudeln essen gehen, aber, o Schreck, mein Lieblingsasiate hatte zu und auch der türkische Imbiss und die Pizzeria nebenan hatten geschlossen!

Station 2: a) Inklusion bedeutet, dass Menschen mit und ohne Behinderung gleichberechtigt zusammen leben, arbeiten und wohnen können. Das wird in der Zeichnung mithilfe der verschiedenfarbigen Puzzleteile, die für die unterschiedlichen Menschen stehen, verdeutlicht. Wenn alle Puzzleteile ein Ganzes ergeben, ist Inklusion erreicht. b) Melissa meint, dass Behinderte genauso behandelt werden wollen und müssen, wie alle anderen Menschen auch. c) Der Satz steht als Grundrecht im Grundgesetz der Bundesrepublik Deutschland. Die Politik hat die Aufgabe, darauf zu achten, dass dieses Grundrecht eingehalten wird und behinderte Menschen genauso behandelt werden wie nicht behinderte.

Station 3: 1. Wann gelten Menschen als alt? 2. Sind alle älteren Menschen gesund und können sorgenfrei leben? 3. Wer kümmert sich um ältere Menschen, die keine Angehörigen haben, die das übernehmen könnten? 4. Was ist ein Mehr-Generationen-Haus? 5. Was kann man tun, um das Miteinander von Alt und Jung zu fördern?

6. Demokratie in der Gemeinde

Station 1: Richtig sind die Lösungen 1, 4, 5 und 8.

Station 2: 1. Gegen das Mitmachen von Kindern kannst du zum Beispiel anführen: Entscheidungen in der Gemeinde sind für Kinder noch zu kompliziert und zu wenig durchschaubar. Erwachsene hören nicht auf die Ratschläge von Kindern. Kinder brauchen nach der Schule Freizeit zum Spielen. Ihnen fehlt die Zeit für das Mitmachen. 2. Für das Mitmachen kannst du anfügen: Kinder sind in der Lage, sich ein Urteil zu bilden, wenn es um Veränderungen in der Stadt geht. Kinder sind von den Entscheidungen in der Gemeinde oft stärker betroffen als Erwachsene, weil es um ihre Zukunft geht. Die Interessen von Kindern werden umso besser vertreten, je mehr Kinder mitreden und mitmachen.

Station 3: Die Karikatur weist auf die Geldprobleme in den Gemeinden hin. Oft stehen viele Vorhaben auf der Wunschliste einer Gemeinde. In den Haushaltsberatungen wird dann deutlich, dass die meisten dieser Wünsche nicht zu verwirklichen sind. Gemeinden müssen sparen, weil das zur Verfügung stehende Geld nicht ausreicht, alle Wünsche zu verwirklichen.

Station 4: Bürgerentscheid: Der Stadtrat kann beschließen, dass die Bürgerinnen und Bürger in einer Abstimmung über ein Vorhaben in der Stadt entscheiden. Bürgerinitiative: Das ist ein Zusammenschluss von Menschen, die sich gemeinsam für ein bestimmtes Ziel einsetzen. Ist das Ziel ganz oder teilweise erreicht, löst sich eine Bürgerinitiative in der Regel wieder auf. Einwohnerantrag: Jeder Bewohner einer Stadt kann sich damit schriftlich an den Gemeinderat wenden und verlangen, dass sich der Rat mit einem bestimmten Thema beschäftigt. Einen Einwohnerantrag kann man ab dem Alter von 14 Jahren stellen.

7. Grundlagen des Wirtschaftens

Station 1: Sehr viele Tätigkeiten im Alltag von Kindern haben mit Wirtschaft zu tun: zum Beispiel, wenn man Essen, Getränke, Kleidung kauft, ins Kino geht, auf ein Ziel spart, Geld spart und ein Sparbuch anlegt, ein Restaurant besucht usw.

Station 2: Robinson musste wirtschaften, um zu überleben. Er musste zunächst für Trinkwasser und Essen, dann weiter für Kleidung und ein Dach über dem Kopf als Schutz gegen Sonne, Regen und Kälte sorgen. Er konnte auf der Insel lediglich seine Grundbedürfnisse stillen. Nur sehr eingeschränkt konnte er seine Konsum- und Luxusbedürfnisse sowie seine kulturellen Bedürfnisse stillen. Nicht stillen konnte er seine sozialen Bedürfnisse.

Station 3: Pro-Argumente: Kinder und Jugendliche kaufen nicht mehr so viele ungesunde Lebensmittel; Einnahmen aus der Abgabe können für Gesundheitsbildung verwendet werden; wenn übergewichtige Menschen nicht mehr so viel Ungesundes essen, nehmen sie automatisch ab. Kontra-Argumente: Essen und Trinken sind Privatsache, Politik sollte sich nicht einmischen; Arbeitsplätze gehen verloren, Menschen, die nur gelegentlich Fastfood essen, werden „mitbestraft".

8. Vom richtigen Umgang mit Geld

Station 1: 1. Geld kann als Recheneinheit dienen, man kann leichter tauschen, es behält seinen Wert, es ist leicht transportierbar. 2. Der Schein steht nur als Zeichen für einen Wert, deshalb spielt der Materialwert keine Rolle. Damit er seinen Wert behält, muss Geld knapp sein.

Station 2: Beispiele: Sie kann sich zum Geburtstag oder zu Weihnachten Geld wünschen, sie kann Geld sparen oder leihen. Die letzte Möglichkeit ist allerdings weniger empfehlenswert, weil sie dann Schulden hat, die sie zurückzahlen muss.

Station 3: Rente: Einkommen im Alter. Man lebt von dem Geld, das man zuvor in die Rentenversicherung einbezahlt hat. Vermögen: Das können Mieteinnahmen von Wohnungen und Häusern sein oder Aktien und Sparguthaben. Pension: So bezeichnet man das Einkommen im Alter, das Beamte bekommen. Kindergeld: Alle Familien, die Kinder haben, bekommen vom Staat Kindergeld. Arbeit: Diese Art von Einkommen bezeichnet man als Erwerbsarbeit. Man kann angestellt oder selbstständig sein. Wohngeld: Es handelt sich um eine staatliche Leistung, die Menschen mit niedrigem Einkommen als Zuschuss zu ihrer Miete bekommen.

9. Kinder und Jugendliche als Verbraucher

Station 1: Nelly darf den Schal behalten, da sie mit 11 Jahren beschränkt geschäftsfähig ist und diesen mit ihrem Taschengeld und ihren Ersparnissen finanziert hat.

Station 2: 1. Zu großer Einkaufswagen: Einkaufszettel schreiben, nur kleinen Korb nehmen (steht meist im Eingangsbereich). Sogenannte Quengelware an der Kasse: Wenn man Süßigkeiten kaufen möchte, besser im Regal danach suchen, weil es meist billiger ist. 2. Tim ist auf einen Werbetrick hereingefallen. Firmen werben gerne mit Stars, weil sie für Kunden Vorbilder sind und Kunden ihnen mit dem Kauf eines Produkts nacheifern wollen. Es ist unwahrscheinlich, dass Stars die Produkte, für die sie werben, auch selbst benutzen. Sie wollen mit der Werbung vor allem Geld verdienen.

Station 3: Wenn das Angebot steigt, sinken die Preise. Wenn das Angebot sinkt, steigen die Preise. Wenn die Nachfrage steigt, steigen die Preise. Wenn die Nachfrage sinkt, sinken die Preise.

9. Umgang mit Medien

Station 1: 1. Chancen des Internets: Vielfältige Informationen stehen zur Verfügung, Hilfen beim Lernen und bei der Erledigung von Hausaufgaben, Möglichkeit weltweiter Kommunikation. 2. Gefahren: Man fällt auf falsche Informationen herein, Computersucht, Datenmissbrauch. 3. Wichtige öffentliche Aufgaben der Medien sind: Information der Bevölkerung, Kritik und Kontrolle der Regierung.

Station 2: Folgende Satzteile passen zusammen: 1B, 2C, 3E, 4D, 5A

Station 3: Eine sinnvolle Reihenfolge ist: 1 Empfänger auswählen, 2. Themen auswählen, 3. sich über die Form der Präsentation verständigen, 4. die Arbeit auf Teams verteilen, 5. Einzelergebnisse zusammenfügen, 6. die fertige Präsentation überarbeiten, 7. die Präsentation versenden.

10. Umweltschutz als Zukunftsaufgabe

Station 1: 1. Hier kannst du eines der Projekte von der Seite 220 vorstellen. Schülerinnen und Schüler gestalten ihren Schulhof umweltgerecht, veranstalten einen Wettbewerb zum Thema Umweltschutz, entwickeln Konzepte zur Müllvermeidung und Mülltrennung in der Schule. 2. Ideen: Sammelbehälter für Müll aufstellen, eine Umwelt-AG gründen, Wettbewerbe zum Umweltschutz veranstalten, den eigenen Klassenraum schön gestalten, Ordnungsdienste einrichten, andere Klassen über Umweltschutz informieren.

Station 2: 1. Korallentiere brauchen kaltes und sauberes Wasser. Die Klimaerwärmung führt dazu, dass auch die Meere wärmer werden. Wird das Meerwasser zu warm, werden die Korallentiere krank und sterben ab. 2. Das Vorsorgeprinzip bedeutet, dass man vorsorglich handelt und darauf achtet, dass Umweltschäden vermieden werden. Wer zum Beispiel Müll nicht einfach auf den Boden fallen lässt, vermeidet, dass eine Vermüllung der Landschaft überhaupt erst entsteht. 3. Nach dem Verursacherprinzip müssen diejenigen Verantwortung für Schäden in der Umwelt übernehmen, die schuld sind an ihrer Entstehung. 4. Das Kooperationsprinzip bedeutet, dass alle Menschen gemeinsam darauf achten müssen, die Umwelt nicht zu beschädigen und die Probleme zu lösen.

Station 3: Geschichte 1: Hier kannst du zum Beispiel von jemandem erzählen, der achtlos einen scharfkantigen Plastikgegenstand in einen Fluss wirft. Dieser gelangt dann vom Fluss ins Meer und von dort an einen Strand, an dem das Seehundbaby lebt. Geschichte 2: Hier kannst du erzählen, wie die Menschen erkannt haben, dass der Plastikmüll in den Meeren zu einer großen Gefahr geworden ist und wie sie gemeinsam daran gearbeitet haben, immer weniger Plastiktüten und Plastikverpackungen zu verwenden und wie es den Tieren dadurch allmählich wieder besser ging.